中華傳統文化核心讀本

余秋雨 題

传承中华文化精髓

建构国人精神家园

论语

全集

注译　张铭一
主编　唐品

天地出版社
TIANDI PRESS

图书在版编目（CIP）数据

论语全集 / 唐品主编. —成都：天地出版社，
2017.4（2018年重印）

（中华传统文化核心读本）

ISBN 978-7-5455-2390-4

Ⅰ．①论… Ⅱ．①唐… Ⅲ．①儒家②《论语》—通俗
读物 Ⅳ．①B222.2-49

中国版本图书馆CIP数据核字（2016）第283071号

论语全集

出 品 人	杨 政
主 编	唐 品
责任编辑	陈文龙 刘 倩
封面设计	思想工社
电脑制作	思想工社
责任印制	葛红梅

出版发行	天地出版社
	（成都市槐树街2号 邮政编码：610014）
网 址	http://www.tiandiph.com
	http://www.天地出版社.com
电子邮箱	tiandicbs@vip.163.com
经 销	新华文轩出版传媒股份有限公司

印 刷	河北鹏润印刷有限公司
版 次	2017年4月第1版
印 次	2018年5月第9次印刷
成品尺寸	170mm×230mm 1/16
印 张	31.75
字 数	535千字
定 价	39.80元
书 号	ISBN 978-7-5455-2390-4

　　上下五千年悠久而漫长的历史，积淀了中华民族独具魅力且博大精深的文化。中华传统文化是中华民族无数古圣先贤、风流人物、仁人志士对自然、人生、社会的思索、探求与总结，而且一路下来，薪火相传，因时损益。它不仅是中华民族智慧的凝结，更是我们道德规范、价值取向、行为准则的集中再现。千百年来，中华传统文化融入每一个炎黄子孙的血液，铸成了我们民族的品格，书写了辉煌灿烂的历史。

　　中华传统文化与西方世界的文明并峙鼎立，成为人类文明的一个不可或缺的组成部分。中华民族之所以历经磨难而不衰，其重要一点是，源于由中华传统文化而产生的民族向心力和人文精神。可以说，中华民族之所以是中华民族，主要原因之一乃是因为其有异于其他民族的传统文化！

　　概而言之，中华传统文化包括经史子集、十家九流。它以先秦经典及诸子之学为根基，涵盖两汉经学、魏晋玄学、隋唐佛学、宋明理学和同时期的汉赋、六朝骈文、唐诗宋词、元曲与明清小说并历代史学等一套特有而完整的文化、学术体系。观其构成，足见中华传统文化之广博与深厚。可以这么说，中华传统文化是华夏文明之根，炎黄儿女之魂。

　　从大的方面来讲，一个没有自己文化的国家，可能会成为一个大国甚至富国，但绝对不会成为一个强国；也许它会强盛一时，但绝不能永远屹立于世界强国之林！而一个国家若想健康持续地发展，则必然有其凝聚民众的国民精神，且这种国民精神也必然是在自身漫长的历史发展中由本国人民创造形成的。中华民族的伟大复兴，中华巨龙的跃起腾飞，离不开中华传统文化的滋养。从小处而言，继承与发扬中华传统文化对每一个炎黄子孙来说同样举足轻重，迫在眉睫。中华传统文化之用，在于"无用"之"大用"。一个人的成败很大程度上取决于他的思维方式，而一个人的思维能力的成熟亦绝非先天注定，它是在一定的文化氛围中形成的。中华传统文化作为涵盖经史子集的庞大思想知识体系，恰好能为我们提供一种氛围、一个平台。潜心于中华传统文化的学习，人们就会发现其蕴含的无穷尽的智慧，并从中领略到恒久的治世之道与管理之智，也可以体悟到超脱的人生哲学与立身之术。在现今社会，崇尚中华传统文化，学习中华传统文化，更是提高个人道德水准和构建正确价值观念的重要途径。

近年来，学习中华传统文化的热潮正在我们身边悄然兴起，令人欣慰。欣喜之余，我们同时也对中国现今的文化断层现象充满了担忧。我们注意到，现今的青少年对好莱坞大片趋之若鹜时却不知道屈原、司马迁为何许人；新世纪的大学生能考出令人咋舌的托福高分，但却看不懂简单的文言文……这些现象一再折射出一个信号：我们现代人的中华传统文化知识十分匮乏。在西方大搞强势文化和学术壁垒的同时，国人偏离自己的民族文化越来越远。弘扬中华传统文化教育，重拾中华传统文化经典，已迫在眉睫。

本套"中华传统文化核心读本"的问世，也正是为弘扬中华传统文化而添砖加瓦并略尽绵薄之力。为了完成此丛书，我们从搜集整理到评点注译，历时数载，花费了一定的心血。这套丛书涵盖了读者应知必知的中华传统文化经典，尽量把艰难晦涩的传统文化予以通俗化、现实化的解读和点评，并以大量精彩案例解析深刻的文化内核，力图使中华传统文化的现实意义更易彰显，使读者阅读起来能轻松愉悦并饶有趣味，能古今结合并学以致用。虽然整套书尚存瑕疵，但仍可以负责任地说，我们是怀着对中华传统文化的深情厚谊和治学者应有的严谨态度来完成该丛书的。希望读者能感受到我们的良苦用心。

在中国源远流长的历史长河中，积淀而成的文化成果硕大而丰富，为我们留下了极宝贵的文化遗产。而孔子及其《论语》对中华文化曾产生过的深远影响，直至今天，仍光芒四射。

《论语》是孔子及其弟子的言行辑录，是一部妇孺皆知的哲学巅峰之作，被称为中国人的《圣经》，在我国思想史、文化史和教育史上有很深广的影响，在文学史上也占有重要地位。历代注解、研究《论语》的专著，卷帙浩繁，各领千秋，形成了具有独特风貌的《论语》文化，从伦理道德、政治、文化、教育等诸多方面影响着人们的思想和社会前进的方向。《论语》在世界范围内也影响深远，被称为"世界最有影响的100部著作"之一。

对于《论语》的解读，历来就具有鲜明的时代特征，为读者所处时代的社会需要服务。在建设社会主义新文化的今天，我们需要学习了解传统文化；而要了解传统文化，必须了解儒家思想；要了解儒家思想，必须了解孔子思想；而要了解这一切，必须读《论语》。为此，我们精心编著了《论语全集》一书，力求以全新的解读方式和通俗易懂的语言使《论语》鲜活起来，使《论语》的思想精神与现实生活相结合，从而让每个读者都能沐浴到两千多年前圣贤先哲的深邃智慧。

时下注译《论语》的版本可谓汗牛充栋，所以我们在编著本书的过程中参考了大量权威注译版本，在编撰体例上对《论语》的二十篇分别逐一从原文、注释、译文、历代论引、评析等五个方面进行了全面的解读。原文部分以杨伯峻版的《论语译注》为主；注释部分主要是针对一些较为难懂和有争议的字词进行详细阐释，并对原文中涉及的一些历史人物进行了简单介绍；译文以直译为主，为了行文的顺畅我们还兼用了意译，但力求不背离《论语》的思想精神；书中所设的"历代论引"，引用历代名人经史典籍中的相关语句对《论语》进行进一步阐释，以期起到互为佐证、帮助理解的作用；最后，每一章的"评析"，重点是对原文内容及历史背景进行简短介绍，并结合当下现实生活，力求使人们的头脑变得清晰。内心变得丰盈，从而指导人们更好地生活。

　　在本书的编写过程中，编者注入了些许认识和感悟，但更多的还是参考了他人的著作，在这里，向这些著作的作者和编者表示衷心的感谢。由于学识水平所限，可能存在这样或那样的缺点和不足，敬请广大读者批评指正。

目录

学而第一

1-1

【原文】

子曰①："学②而时习③之，不亦说乎？有朋自远方来，不亦乐乎？人不知④而不愠⑤，不亦君子乎？"

【注释】

①子：中国古代对于有地位、有学问的男子的尊称，也泛称男子。《论语》中的"子曰"都是孔子所讲的话。②学：这里的学主要是指学习西周的礼、乐、诗、书等传统文化典籍。③习：温习。④人不知：别人不理解我。⑤愠：怨恨。

【译文】

孔子说："持之以恒地学习，并且不断温习，有什么能比这更令人感到喜悦的呢？志同道合的朋友从远方来访，还有什么能比这更令人感到快乐的呢？别人不理解自己，我也不生气，不也是君子吗？"

【历代论引】

朱子曰："人性皆善，而觉有先后，后觉者必效先觉之所为，乃可以明善而复其初也。"又曰："及人而乐者顺而易，不知而不愠者逆而难，故惟成德者能之。然德之所以成，亦曰学之正、习之熟、说之深而不已焉耳。"

程子曰："习，重习也。时复思绎，浃洽于中，则说也。"又曰："学者，将以行之也。时习之，则所学者在我，故说。"又曰："以善及人，而信从者众，故可乐。"又曰："说在心。乐主发散在外。"又曰："虽乐于及人，不见是而无闷，乃所谓君子。" "乐由说而后得，非乐不足以语君子。"

谢氏曰："时习者，无时而不习。"

尹氏曰："学在己，知不知在人，何愠之有！"

【评析】

这一章是孔子教育自己的学生如何求学、如何做人的一些基本道理。在孔子思想中，"学"具有根本性的地位，"学"的范围从来都是广泛的，其中既有学书本的一面，也有学做人、学礼乐、学从政、学生活等。在孔子看来，人不可离群索居，一定要相互学习，相互交流，并注意自身修养。

也正因此，李泽厚先生说："世俗中有高远，平凡中见伟大，这就是以孔子为代表的中国文化精神。"宋代著名学者朱熹对此章评价极高，说它是"入道之门，积德之基"。

1-2

【原文】

有子①曰："其为人也孝弟②，而好犯上者，鲜矣；不好犯上，而好作乱者，未之有也。君子务本，本立而道生。孝弟也者，其为仁之本与！"

【注释】

①有子：孔子弟子。姓有，字子有，一云子若。鲁国人。少孔子四十三岁。为人强识好古道。②弟（tì）：通"悌"，遵从兄长。

【译文】

有子说："做人，在家能够孝敬父母、尊爱兄长，那么处事用世而悖逆尊长，这样的事是很少有的（既然不愿违抗尊长命谕，又岂能去做逆理乱常的事）；能够尊奉师长，却惯于捣乱的人，从古至今这是从未有过的。有德行修养的人，专心致力于根本的修养，平时居家孝悌，一丝不苟，日积月累，那么其良好的德行就自然而然地养成了。因此，孝顺父母，敬爱兄长，友爱兄弟，这就是'仁'的根本啊。"

【历代论引】

贾谊曰："弟敬爱兄谓之悌，反悌为傲。"

"六本"之论，孔子曰："行已有六本焉，然后为君子也。立身有义矣，而孝为本；丧纪有礼矣，而哀为本；战阵有列矣，而勇为本；治政有理矣，而农为本；居国有道矣，而嗣为本；生财有时矣，而力为本。置本不固，无务农桑；亲戚不悦，无务外交；事不终始，无务多业；纪闻而言，无务多说；比近不安，无务求远。是故反本修迩，君子之道也。"

朱子曰："君子凡事专用力于根本，根本既立，则其道自生。所谓孝弟，乃是为仁之本，学者务此，则仁道自此而生也。""善事父母为孝，善事兄长为弟。"

程子曰："孝弟，顺德也，故不好犯上，岂复有逆理乱常之事？德有本，本立则其道充大。孝弟行于家，而后仁爱及于物，所谓亲亲而仁民也。故为仁以孝弟为本。论性，则以仁为孝弟之本。"或问："孝弟为仁之本，此是由孝弟可以至仁否？"曰："非也。谓行仁自孝弟始，孝弟是仁之一事。谓之行仁之本则可，谓是仁之本则不可。盖仁是性也，孝弟是用也，性中只有个仁、义、礼、智四者而已，曷尝有孝弟来？然仁主于爱，爱莫大于爱亲，故曰：'孝弟也者，其为仁之本与！'"

【评析】

在古代，人们把"孝悌"作为仁的根本，同时也是立国的根本、治天下的根本、为人的根本。孝悌与社会的安定有直接关系。孔子认为，在国家实行了孝悌，统治者内部就不会发生"犯上作乱"的事情；再把孝悌推广到民众中去，民众也会绝对服从，而不会起来造反，这样就可以维护国家和社会的安定。

1-3

【原文】

子曰："巧言令色①，鲜矣仁！"

【注释】

①巧言令色：装出和颜悦色的样子。

【译文】

孔子说："花言巧语，伪装和善，这种人很少有仁德。"

【历代论引】

朱子曰："好其言，善其色，致饰于外，务以悦人，则人欲肆而本心之德亡矣。圣人辞不迫切，专言鲜，则绝无可知，学者所当深戒也。"

程子曰："知巧言令色之非仁，则知仁矣。"

【评析】

巧言令色者，活脱脱一副伪君子的画像。

曾子说："胁肩谄笑，病于夏畦。"（《孟子·膳文公下》）耸起两个肩头，做出一副讨好人的笑脸。这真比顶着夏天的毒日头在菜地里干活还要令人难受啊！儒者对伪君子的鄙弃之情溢于言表。仅孔子对"巧言令色"的斥责，在《论语》中就记有三次，另外两次分别为：一是"不知其仁，焉用佞"（《公冶长》），一是"乡原德之贼也"（《阳货》）。

然而，在历史上，在现实中，这种巧言令色、胁肩谄笑的人却不因为圣人的鄙弃而减少。他们虽无仁德，难成正果，但却有其用武之地，能使妻离子散，家破人亡，国危天下乱。

所以，直到今天，我们仍然要牢记圣人提醒我们的话，时时警惕那些花言巧语，满脸堆着笑容的伪君子。

1-4

【原文】

曾子①曰："吾日三省②吾身：为人谋而不忠乎？与朋友交而不信乎？传不习乎？"

【注释】

①曾子：孔子弟子。姓曾，名参，字子舆。南武城人。据《仲尼弟子列传》，曾子少孔子四十六岁。曾子是孔子的得意门生，以孝子出名。②三省（xǐng）：检查、查看。古代在有动作性的动词前加上数字，表示动作频率多，不必认定为三次。

【译文】

曾子说："我每天对自己的言行多次进行反思：帮助别人筹谋，是竭尽忠诚吗？和朋友交往，信守诺言吗？传授的知识和道理，认真复习过了吗？"

【历代论引】

谢氏曰："诸子之学，皆出于圣人，其后愈远而愈失其真。独曾子之学，专用心于内，故传之无弊，观于子思、孟子可见矣。惜乎，其嘉言善行，不尽传于世也！其幸存而未泯者，学者其可不尽心乎。"

朱子曰："曾子以此三者日省其身，有则改之，无则加勉，其自治诚切如此，可谓得为学之本矣。而三者之序，则又以忠、信为传习之本也。"

尹氏曰："曾子守约，故动必求诸身。"

【评析】

这一章承接上章的意思，强调做人要从自身出发，注重内心的品德修养。这里所说的"三省"之事乃是寻常之事，也是常情所容易疏忽之事。看上去好像是从最简易处着手，实际上所要达到的却是最难之事。

一个人是否具有自我反省能力，是衡量其素质高低的一个重要标准。每个人都不可能是完美无缺的，只有具备了不断自我反省的能力，才能逐渐走向完美。一个人只有具备了自我反省能力，才能在与人交往时，设身处地地替他人着想，才能获得他人的信任。

我们每个人都要经常跳出自身反省自己，取出自己的心，一再地检视它，这样才能真正了解自己。古今许多伟大人物，就是通过反省来战胜自己的敌人，打扫自己思想灵魂生出的污垢尘埃，减轻精神痛苦，从而净化自己的心灵。

1-5

【原文】

子曰："道①千乘②之国，敬事而信，节用而爱人，使民以时③。"

【注释】

①道（dǎo）："导"的古字，治理。②乘（shèng）：古代用四匹马拉的一辆兵车称为一乘。③以时：按时，这里指不违背农时。

【译文】

孔子说："治理拥有千辆兵车的国家，必须做到：谨慎处世，敬其职责，以诚信取信于民；节省资财，力戒奢靡，爱护百姓；征用劳役应体恤民力，不违农时。"

【历代论引】

程子曰："此言至浅，然当时诸侯果能此，亦足以治其国矣。圣人言虽至近，上下皆通。此三言者，若推其极，尧、舜之治亦不过此。若常人之言近，则浅近而已矣。"

杨氏曰："上不敬则下慢，不信则下疑。下慢而疑，事不立矣。敬事而信，以身先之也。《易》曰：'节以制度，不伤财，不害民。'盖侈用则伤财，伤财必至于害民，故爱民必先于节用。然使之不以其时，则力本者不获自尽，虽有爱人之心，而人不被其泽矣。然此特论其所存而已，未及为政也。苟无是心，则虽有政，不行焉。"

胡氏曰："凡此数者，又皆以敬为主。"

朱子曰："五者反复相因，各有次第，宜细推之。"

【评析】

孔子在这一章主要是论说治理大国的基本原则。在孔子看来，要治理好一个国家，无论对内对外都要敬重行事，执政者的政策要言而有信，取信于民，取信于邻，并要倡导节俭省用，爱护民力，减轻百姓苦难，坚持德政治国。

这一章用于现代，主要是说：任何成功的管理者，都必须依赖于对自己手下的人和物的合理支配。因此，管理者应该有严肃认真的工作态度，有敬业精神，并且要讲究信义；要节省财物，不追求虚华奢侈浪费；要爱护自己的下属，支配下属的时候．要讲究时节，不可漫无节制，不顾时候。这是一种高明的做人做事之法。因为它既对自己有好处，又能惠及他人，而这种惠，又能返达自己。

1-6

【原文】

> 子曰："弟子①入则孝，出则弟，谨②而信，泛③爱众而亲仁。行有余力④，则以学文。"

【注释】

①弟子：一般有两种意义，一是年纪较小为人弟和为人子的人，二是指学生。这里是用第一种意义上的"弟子"。②谨：寡言少语称之为谨。③泛：广泛。④行有余力：有闲暇时间。

【译文】

孔子说："教育子弟，居家要孝敬父母，在外要敬重尊长；做事谨慎诚信，博爱众人，亲附有德行的人。闲暇之时，致力学习典籍文章，提高修养。"

【历代论引】

程子曰："为弟子之职，力有余则学文，不修其职而先文，非为己之学也。"

尹氏曰："德行，本也。文艺，末也。穷其本末，知所先后，可以入德矣。"

洪氏曰："未有余力而学文，则文灭其质；有余力而不学文，则质胜而野。"

朱子曰："力行而不学文，则无以考圣贤之成法，识事理之当然，而所行或出于私意，非但失之于野而已。"

【评析】

　　孔子要求自己的弟子把做人放在第一位，而文化学习则是第二位。孔子主张先处理好家庭关系，即齐家，然后再学文。在孔子看来，年少之人，一定要尊长敬老，言行谨慎；年轻人要有仁爱之心；从政的人则要以德为首，身体力行，并做到择要而举。

　　如今，独生子女越来越多，身为父母者在培养孩子品行和督促孩子学习上一定要双管齐下，不可偏废。

1-7

【原文】

　　子夏曰①："贤贤易色②，事父母，能竭其力；事君，能致③其身；与朋友交，言而有信；虽曰未学，吾必谓④之学矣。"

【注释】

　　①子夏：孔子弟子。姓卜，名商，字子夏。卫国人。少孔子四十四岁。习于《诗》，能诵其义，以文学著名。为人性不弘，好论精微，时人无以尚之。孔子卒后，教于西河之上，魏文侯师事之而谘国政。②贤贤易色：看重德行，轻视表面的姿态。易：轻视。③致：给予，献出。④谓：认为。

【译文】

　　子夏说："敬贤尚德，胜过喜好美色；敬奉父母，能够竭心尽力；敬事职责，能够做到竭忠尽智，赴汤蹈火不辞所命；敬重朋友，与其交往能够信守承诺。这样的人即使没有受到过正规的教育，我也认为他学习过了。"

【历代论引】

　　游氏曰："三代之学，皆所以明人伦也。能是四者，则于人伦厚矣。学之为道，何以加此？子夏以文学名，而其言如此，则古人之所谓学者可知矣。"

【评析】

孔子的弟子子夏认为，只要务本重实，能够尽力做一些表现良好品德的事情，那就是学习，那就是有学问。在当时的时代，能提出这种思想是非常难能可贵的。

溯及当今，子夏之言仍具积极意义。在经济发达的现代社会，如果你想成为一个有所成就的人，就要时常以"孝""忠""信"的标准来提醒自己、要求自己，以便使自己进步、成长。

1-8

【原文】

子曰："君子不重①则不威；学则不固②。主忠信③，无友不如己者，过，则勿惮改。"

【注释】

①重：庄重、自持。②固：固执己见。③主忠信：以忠信为主。

【译文】

孔子说："君子不自重就没有威严，知道学习就不会固执己见。为人当以忠厚诚信谦敬为本。人皆有长，总有我可以借鉴学习之处，不能认为别人都不如自己。谁也不可能不犯错误，知道自己错了，就勇于改正，切勿自我忌讳，畏怯而苟且掩饰。"

【历代论引】

朱子曰："友所以辅仁，不如己，则无益而有损。"又曰："轻乎外，必懈怠于内，则所学不深，所知肤浅，所行虚浮，自然德威无所从树。"

程子曰："人道惟在忠信，不诚则无物。且出入无时，莫知其乡者，人心也。若无忠信，岂复有物乎？"又曰："学问之道无他也，知其不善，则速改以从善而已。""君子自修之道当如是也。"

【评析】

在此，孔子谈论了作为一个君子如何进行自我修养的一些方法问题。

世界上没有不犯错误的人，差别是错误的大小和多少，更大的差别还在于对待错误的态度上。错误人人难免，有时不以人的意志为转移，但犯了错误不能改正，那就错上加错了；犯了错误，但能正视错误，不但对事情有所补救，而且也能从错误中吸取教训。从某种意义上讲，人不也就是在不断犯错误又不断改正错误中进步的么？

1—9

【原文】

曾子曰："慎终①追远②，民德归厚矣。"

【注释】

①终：人死为终。这里指父母的去世。②远：对于祖先的祭祀。

【译文】

曾子说："恭敬慎重地办理父母的丧事，虔诚敬慕地追祭历代的祖先，能够这样切实施行下去，老百姓的道德风尚就自然趋于敦厚了。"

【历代论引】

朱子曰："盖终者，人之所易忽也，而能谨之；远者，人之所易忘也，而能追之；厚之道也。故以此自为，则己之德厚；下民化之，则其德亦归于厚也。"

【评析】

政事的推行，期望得到一个好的结果，必须有一个好的开端。怀着慎重的态度去从事每一项事业，努力减少失误，这样老百姓的道德风尚就自然归于笃厚了。迈出成功的第一步，总是艰难的，但却是最重要的。《诗》所谓"君子之行，思其终也，思其复也"。《书》曰："慎始而敬终，终以不困。"《诗》曰："夙夜匪解，以事一人。"追思先贤，诚敬以礼，民德自厚，不教而化。

万事由因，任何结果，都可追溯到一个直接的原因，都是决定于一定的开始所得出的必然结果。因此，任何一个决定在做出时，都必须进行审慎的论证，在付诸实施的过程中，必须进行切实的准备和科学的设计，并予以严格的执行。

1-10

【原文】

> 子禽①问于子贡②曰："夫子至于是邦也，必闻其政，求之与？抑③与之与？"子贡曰："夫子温、良、恭、俭、让以得之。夫子之求之也，其诸④异乎人之求之与？"

【注释】

①子禽：即陈亢，字子禽。孔子弟子。一说子贡弟子。《史记·孔子世家》载：陈子禽问子贡曰："仲尼焉学？"子贡曰："文武之道未坠于地，在人，贤者识其大者，不贤者识其小者，莫不有文武之道。夫子焉不学，而亦何常师之有！"②子贡：孔子弟子。姓端木，名赐。卫国人。少孔子三十一岁。有口才，孔子常诎其辩。家富累千金。历相鲁、卫，终于齐。史载：子贡一出，存鲁，乱齐，破吴，强晋而霸越。子贡一使，使势相破，十年之中，五国各有变。③抑：表示选择的连词，还是，或是。④其诸：表示不肯定的推测语气。

【译文】

子禽问子贡："夫子沿途每到达一个国家，一定能听到那个国家的政治情况，是请求来的呢？还是人家主动告诉他的。"子贡说："夫子仁厚、贤良、庄敬、俭约、谦逊的品德兼备，夫子求取的方法，大概与比人求取的方法不同吧。"

【历代论引】

谢氏曰："学者观于圣人威仪之间，亦可以进德矣。若子贡亦可谓善观圣人矣，亦可谓善言德行矣。今去圣人千五百年，以此五者想见其形容，尚能使人兴起，而况于亲炙之者乎？"

张敬夫曰："夫子至是邦必闻其政，而未有能委国而授之以政者。盖见圣人之仪刑而乐告之者，秉彝好德之良心也；而私欲害之，是以终不能用耳。"

朱子曰："夫子未尝求之，但其德容如是，故时君敬信，自以其政就而问之耳，非若他人必求之而后得也。圣人过化存神之妙，未易窥测，然即此而观，则其德盛礼恭而不愿乎外，亦可见矣。学者所当潜心而勉学也。"

【评析】

这一章通过子贡的转述，说明孔子预闻国政的道理，完全是由于盛德感化而来。在这里，人们的智慧与道德力量：温、良、恭、俭、让，亦即和厚、秉直、庄敬、节制、谦逊的美德，恐怕只有在孔子这类哲人的身上才能融为一体。

温良恭俭让作为一种内心道德修养的外在表现，既是做人之德，又是做事之器。我们常可以在生活中见到那么一种人，他们态度蛮横，行为霸道，恨不得将所有的好东西都据为己有，但结果他们又真正得到了什么呢？而且有温、良、恭、俭、让这五种美好品德的人，虽然他并未成心有意地去索取，但上天并不负于他，那么理应属于他的，以及他所配得到的东西，都会尽其所用，伸手可及。

1—11

【原文】

子曰："父在观其①志，父没②观其行。三年③无改于父之道，可谓孝矣。"

【注释】

①其：指代儿子。②没（mò）：死去。③三年：泛指多年。

【译文】

孔子说："父亲在世的时候，就观察儿子的言谈志向；父亲去世后，就观察儿子的处世行为。如果他能够继续谨守父亲的教诲做人，可以说他是做到'孝'了。"

【历代论引】

尹氏曰："如其道，虽终身无改可也。如其非道，何待三年？然则三年无改者，孝子之心有所不忍故也。"

游氏曰："三年无改，亦谓在所当改而可以未改者耳。"

朱子曰："父在，子不得自专，而志则可知。父没，然后其行可见，故观此足以知其人之善恶。然又必能三年无改于父之道，乃见其孝；不然，则所行虽善，亦不得为孝矣。"

【评析】

在这一章中，孔子说一个人当其父亲死后，三年内都不改变他父亲所制定的那一套规矩，就是尽孝了。其实，这样的孝，片面强调了儿子对父亲的依从。人们的思想观念、言行举止都不能总停留在过去的水平上，历史总是在发展，社会总是在前进，这是历史的必然。

所以，我们可以从另外一种角度把这看成是一种做人之"道"：不忘本，不改志，坚持自己的操守，不因变故而改，不为外界所动，做一个真正高尚的自己。只有这样，才能坚定地走下去，并闯出广阔的天地来。

1-12

【原文】

有子曰："礼之用①，和②为贵。先王之道③，斯为美，小大由之。有所不行，知和而和，不以礼节之，亦不可行也。"

　　①用：施行。②和：调和、和谐、协调。③先王之道：指尧、舜、禹、汤、文、武、周公等古代帝王的治世之道。

【译文】

　　有子说："礼仪的效用，以和顺自然为可贵。前代的王道之治要中以此为最好，大事小事、国事家事无所例外。如此而有所行不通的事，只是徒知和为贵而一味追求，不懂得用礼来节制约束，自然是不可能行得通的。"

【历代论引】

　　程子曰："礼胜则离，故礼之用，和为贵，先王之道以斯为美，而小大由之。乐胜则流，故有所不行者，知和而和，不以礼节之，亦不可行。"

　　范氏曰："凡礼之体主于敬，而其用则以和为贵。敬者，礼之所以立也；和者，乐之所由生也。若有子可谓达礼乐之本矣。"

　　朱子曰："严而泰，和而节，此理之自然，礼之全体也。毫厘有差，则失其中正，而各倚于一偏，其不可行均矣。"

【评析】

　　"和"是儒家所特别提倡的伦理、政治和社会原则。《礼记·中庸》写道："喜怒哀乐之未发谓之中，发而皆中节谓之和。"杨遇夫的《论语疏证》中写道："事之中节者皆谓之和，不独喜怒哀乐之发一事也。和今言适合，言恰当，言恰到好处。"但是，凡事都要讲和谐，或者为和谐而和谐，不受礼文的约束也是行不通的。在奴隶社会，各等级之间的区别和对立是严肃的，其界限丝毫不容紊乱。上一等级的人，以自己的礼仪节文显示其威风；下一等级的人，则怀着畏惧的心情唯命是从。但到春秋时代，这种社会关系开始破裂，臣弑君、子弑父的现象已属常见。因此，提出"和为贵"，其目的是缓和不同等级之间的对立，使之不至于破裂，以维持当时的社会秩序。

　　在今天，"和为贵"也是我们一直所提倡的，将这个道理用于家庭关系的处理中就是既要讲团结，讲和睦，家和万事兴，又不能无视家庭矛盾的存在，一味地为和谐而和谐，要敢于正视家庭问题的存在，并妥善地将其处理掉。只有这样才能真正建立一个温馨和谐的家庭。

1-13

【原文】

有子曰："信近①于义，言可复②也。恭近于礼，远耻辱也。因③不失其亲，亦可宗④也。"

【注释】

①近：接近、符合。②复：因循，实践。③因：依靠，凭借。④宗：可靠。

【译文】

有子说："如果许下的诺言符合道义准则，诺言就是可以遵循实践的。如果恭敬的样子合乎礼仪，就可以避免遭受耻辱。凭借亲近的人，就有依靠了。"

【历代论引】

朱子曰："约信而合其宜，则言必可践矣。致恭而中其节，则能远耻辱矣。所依者不失其可亲之人，则亦可以宗而主之矣。此言人之言行交际，皆当谨之于始而虑其所终，不然，则因仍苟且之间，将有不胜其自失之悔者矣。"

【评析】

这一章是孔子学生有子的转述，教育学生要言而有理，言而有信，公正正义，并且在开始做每件事的时候，应该有周密的考虑，不能顾此失彼，不能因小失大，并要慎重对待开好头。

儒家非常重视诚信，但更重视诚信行为的正义性。换句话说，诚信是建立在正义和正当的事情上，而对于不正当、违法犯罪行为，则没有必要去遵守承诺。这一点，对于我们对青少年进行素质教育是非常必要的。

【原文】

子曰："君子食无求饱，居无求安，敏于事而慎于言，就①有道②而正③焉，可谓好学也已。"

【注释】

①就：靠近。②有道：有道德修养、有学问的人。③正：匡正。

【译文】

孔子说："君子对于饮食没有过分的要求，对于居住之处也没有太多的讲究，对于世事反应机敏，但是言辞谨慎，求教于有道德的人来匡正自己，如此可以说是善于学习的人啊。"

【历代论引】

尹氏曰："君子之学，能是四者，可谓笃志力行者矣。然不取正于有道，未免有差，如杨、墨学仁义而差者也，其流至于无父无君，谓之好学，可乎？"

朱子曰："不求安饱者，志有在而不暇及也。敏于事者，勉其所不足。慎于言者，不敢尽其所有余也。然犹不敢自是，而必就有道之人，以正其是非，则可谓好学矣。凡言道者，皆谓事物当然之理，人之所共由者也。"

【评析】

这一章是孔子教育学生不要追求舒适安逸，而要勤勉好学，力求上进，这样才能成为真正的君子。

吃穿住行虽然属于细节问题，然而一旦开始追求这些物质的享受，就会渐渐被它软化、腐蚀，以致让自己沉迷其中，不可自拔。所以，必须在一开始就树立起警惕性，并且用远大的事业目标来冲淡并取代它在生活中的地位。古往今来，能成就一番大业的人莫不如此。

1-15

【原文】

子贡曰："贫而无谄①，富而无骄②，何如？"子曰："可也。未若贫而乐，富而好礼者也。"子贡曰："《诗》云：'如切如磋，如琢如磨。'③其斯之谓与？"子曰："赐也，始可与言《诗》已矣！告诸往而知来者。"

【注释】

①谄：巴结，奉承。②骄：骄纵。③如切如磋，如琢如磨：《诗经·卫风·淇奥》中的句子。有两种解释：一说切磋琢磨分别指对骨、象牙、玉、石四种不同材料的加工，否则不能成器；一说加工象牙和骨，切了还要磋，加工玉石，琢了还要磨，有精益求精之意。

【译文】

子贡说："贫穷却不谄媚，富有却不骄纵，怎么样？"孔子说："这是可以的。但是，不如安于贫穷而以恪守道德为乐，身处富裕显贵而谦敬有礼的人好啊。"子贡说："《诗经》里说：'就像在削制骨器、打磨象牙、雕刻美玉、镂冶金石一样，精益求精，乐在其中。'就是这个意思吧？"孔子说："赐也，现在可以和你讲论《诗》的微言大义了。告诉你已有的道理，你便能够体悟到言下未尽之意了。"

【历代论引】

朱子曰："此章问答，其浅深高下，固不待辨说而明矣。然不切则磋无所施，不琢则磨无所措。故学者虽不可安于小成，而不求造道之极致；亦不可骛于虚远，而不察切己之实病也。"

【评析】

这一章是子贡与孔子的一段对话。由于子贡有广博的知识，良好的悟性，且又是经商致富之人，所以这段对话，从人如何对待贫富的态度和领悟，说明做学问要由浅入深、一步一步、精益求精的道理。

其实，人活在世上是否幸福，关键在于心态，贫或富只是一种外在因素，真正有道的人不会为其左右的。况且，贫或富也是一种像浮云一样变幻不定的东西，为之忧苦或因之骄纵，都是轻薄不明智的，不为智者所取。

1-16

【原文】

子曰："不患①人之不己知，患不知人也。"

【注释】

①患：担心，忧虑。

【译文】

孔子说："不要忧虑人们不理解自己，应当忧虑的是自己不能真正地理解别人。"

【历代论引】

尹氏曰："君子求在我者，故不患人之不己知。不知人，则是非邪正或不能辨，故以为患也。"

【评析】

这段话是孔子所传授给我们的为人处世之道。在孔子看来，对于要"知"的对象，不仅止于客观的观察，还要有关切。做人不要老是关注别人会对我或应该对我怎么样，应该注意换位思考，设身处地为他人想一想，要把关心他人放在首位。

为政第二

2-1

【原文】

子曰："为政以德。譬如北辰①居其所②而众星共③之。"

【注释】

①北辰：北极星。②所：处所、位置，即德治。③共：通"拱"，环抱、环绕。

【译文】

孔子说："治理国家必须实行德政。道德的教化，就像北极星在它自己的星座上，漫天星辰都拱卫着它运行。"

【历代论引】

程子曰："为政以德，然后无为。"

朱子曰："政之为言正也，所以正人之不正也。"又曰："为政以德，则无为而天下归之，其象如此。"

【评析】

这一章用众星拱卫北极星作比喻，说明治国施政要以德为主，只有施政德化，百姓才能自然归善，国家才会具有权威，天下才能太平。

其实，无论是治国，还是做人做事，高尚的道德品质和非凡的人格魅力都会形成一种像磁场那样的向心力，提升自己的"人气"。周围的人在不自觉中，都会把你当成"精神领袖"和衡量是非价值的"标准"。

2-2

【原文】

子曰："《诗》三百①，一言以蔽②之，曰'思无邪'③。"

【注释】

①《诗》三百：《诗经》实有305篇，三百只是取其整数。②蔽：概括。③思无邪：《诗经·鲁颂》中的诗句，思想纯正，没有虚情假意。

【译文】

孔子说："《诗经》三百篇，所蕴含的微言大义，归结为一句话，就是'思想纯正'。"

【历代论引】

司马迁曰："《诗》三百篇，大抵贤圣发愤之所为作也。"

程子曰："'思无邪'者，诚也。"

范氏曰："学者必务知要，知要则能守约，守约则足以尽博矣。经礼三百，曲礼三千，亦可以一言以蔽之，曰'毋不敬'。"

苏轼曰："《诗》之为教也，使人歌舞佚乐，无所不至，要在于不失正焉而已矣。"又曰："不观于《诗》，无以见王道之易。不观于《春秋》，无以知王政之难。"

【评析】

这一章是讲孔子评价《诗经》，认为《诗经》所言都是纯正的、公正的、合理的。在孔子看来，《诗经》的内容，不论是写孝子、忠臣，还是写怨男愁女，都是真情流露，直抒衷曲，毫无伪托虚徐之意，即所谓"《诗》言志"。

孔子此语一出，给诗与政治，乃至整个中国文学与政治结下了千年不解之缘。"文以载道""文学为政治服务"成为不容辩驳的信条，由此而主宰着中国文学的命运，形成了中国文学的总体特色——具有极强的政治倾向性。从实际情况来看，《诗经》305篇，哪能篇篇都"思无邪"，完全符合孔圣人或儒教的要求呢？只不过孔圣人把它当作服务于政治、"可施于仪礼"的工具。但不管怎样，《诗经》是我国文学史上具有划时代意义的作品，也是世界文化宝库中绚丽夺目的瑰宝。因此，我们要继承和总结《诗经》的现实主义传统精神。

2-3

【原文】

子曰："道①之以政，齐②之以刑，民免③而无耻。道之以德，齐之以礼，有耻且格④。"

【注释】

①道：引导、教导。②齐：整齐、约束。③免：避免、逃避。④格：至、来。

【译文】

孔子说："用政令来训导百姓，用刑法来整顿百姓，百姓只会尽量避免获罪，但是没有廉耻之心。用道德来引导百姓，用礼教来整顿百姓，百姓就会有廉耻心，而且人心服正。"

【历代论引】

刑昺曰："言君上化民，必以道德。民或未从化，则制礼以齐整，使民知有礼则安，失礼则耻。如此则民有愧耻而不犯礼，且能自修而归正也。"

朱子曰："政者为治之具，刑者辅治之法，德、礼则所以出治之本，而德又礼之本也。此其相为终始，虽不可以偏废，然政、刑能使民远罪而已，德、礼之效，则有以使民日迁善而不自知。故治民者不可徒恃其末，又当深探其本也。”

【评析】

孔子认为"道之以政，齐之以刑，民免而无耻"，行政命令、刑法这些强制性的手段只能起一时的震慑作用，老百姓不会心服。如果用"德治""礼治"的办法，老百姓就会"有耻且格"，服从统治了。孔子特别指出"《诗》三百，一言以蔽之，曰：'思无邪'"，因为《诗经》语言温柔敦厚，哀而不伤，乐而不淫，所以孔子十分重视"诗教"，出于政治的需要，《诗经》往往被断章取义，以附上许多道德观念。"思无邪"就是要"思想不邪恶"，不违背周礼。

管理者要"为政以德"，首先要自己具备良好的品德素质，礼贤下士，谦恭有礼，与下属同甘共苦，这样自然会得到下属的尊重和爱戴，同时也树立了良好的榜样。

2-4

【原文】

子曰："吾十有①五而志于学，三十而立，四十而不惑②，五十而知天命③，六十而耳顺④，七十而从心所欲，不逾矩。"

【注释】

①有：通"又"，古文中用于整数和零数之间，如"十有五"，即十五。②不惑：不被外界事物所迷惑。③知天命：懂得天命不可抗拒而听天由命。④耳顺：耳聪目明，心中有自己的主见，能够分辨出事情的是非曲直，能够听得进忠言。

【译文】

孔子说："我十五岁立志于学习，三十岁自立于社会，四十岁不再感到困惑，五十岁顺应天道因循之理，六十岁对于听到的人和事都能平静地容纳，七十岁顺乎本心天性，而又不超越礼的准则。"

【历代论引】

朱子曰："圣人生知安行，固无积累之渐，然其心未尝自谓已至此也。是其日用之间，必有独觉其进而人不及知者。故因其近似以自名，欲学者以是为则而自勉，非心实自圣而姑为是退托也。后凡言谦辞之属，意皆放此。"

【评析】

孔子用简单的几句话勾勒了自己的一生。这一段处在《为政》篇中，说明为政者不仅要"为政以德""思无邪""道之以德"，还要"学而不厌，诲人不倦"，重视学习和教育别人，培养人才。孔子志于办学授道，就是这个目的。

人的道德修养不能一下子炼成，要经历长时间的学习和锻炼，要有一个循序渐进的过程。但可惜的是，很多人忽略了这一点。他们一生浑浑噩噩，总是在追求一些华而不实的东西，到头来自己依然一无所有。

2-5

【原文】

孟懿子①问孝。子曰："无违②。"樊迟③御④，子告之曰："孟孙问孝于我，我对曰'无违'。"樊迟曰："何谓也？"子曰："生，事之以礼；死，葬之以礼，祭之以礼。"

【注释】

①孟懿子：姓仲孙，名何忌。鲁国大夫。在当时很有政治影响力。"懿"是谥号。②无违：不要违背。③樊迟：孔子弟子。姓樊，名须，字子迟。小孔子三十六岁。④御：驾驭车马。

【译文】

孟懿子向孔子请问为孝之道。孔子说："不要违背礼的准则。"樊迟给孔子驾车，夫子告诉樊迟说："孟孙问我什么是孝？我回答说'不要违背礼的准则'。"樊迟问："意旨是什么呢？"孔子说："在父母有生之年，按照礼的要求侍奉他们；父母去世了，按照礼的要求埋葬他们，按照礼的要求祭祀他们。"

【历代论引】

胡氏曰："人之欲孝其亲，心虽无穷，而分则有限。得为而不为，与不得为而为之，均于不孝。所谓'以礼'者，为其所得为者而已矣。"

朱子曰："人之事亲，自始至终，一于礼而不苟，其尊亲也至矣。是时三家僭礼，故夫子以是警之，然语意浑然，又若不专为三家发者，所以为圣人之言也。"

【评析】

这一章是孔子教育自己的弟子，作为晚辈，当自己的父母或者长辈在世时，要尽到自己的责任，以礼相待；去世了，要按照规定的礼仪去办好丧事，搞好祭祀，只有这样，才叫作尽孝了。

但是如果受"不要违背礼"这一理论的限制，就有点强人所难了。所以，做子女的要孝顺、尊重父母，而做父母的也要理解子女，双方互相理解，才能和谐相处，其乐融融。

2-6

【原文】

孟武伯①问孝。子曰："父母唯其疾之忧。"

【注释】

①孟武伯：名彘，孟懿子的儿子，鲁国"世家公子"。"武"是他的谥号。

【译文】

孟武伯问什么是为孝之心。孔子说："父母对儿女，只为他的疾病担忧。"

【历代论引】

朱子曰："父母爱子之心，无所不至，唯恐其有疾病，常以为忧也。人子体此，而以父母之心为心，则凡所以守其身者，自不容于不谨矣，岂不可以为孝乎？旧说：人子能使父母不以其陷于不义为忧，而独以其疾为忧，乃可谓孝。亦通。"

【评析】

孩子的身体发肤来自于父精母血，从这个意义上看，可以认为，孩子的生命就是父母生命的延续。所以我们为人处世宜当谨慎，守身珍重自爱，以释父母牵挂之怀。即使我们此生没有什么大的成就，我们也应当堂堂正正地做人，让父母放心。

2-7

【原文】

子游①问孝。子曰："今之孝者，是谓能养。至于犬马，皆能有养②；不敬，何以别乎？"

【注释】

①子游：孔子弟子。姓言，名偃，字子游。吴国人。少孔子四十五岁。特习于礼，以文学著名。仕为武城宰。尝从孔子适卫，与将军子兰相善，使之受学于夫子。②养：喂养。

【译文】

子游请教孝行之道。孔子说："现在的所谓孝子，只是能够奉养而已。对于犬马也都能得到饲养；养而不敬，那么用什么来区别孝顺和饲养呢？"

【历代论引】

胡氏曰："世俗事亲，能养足矣。狎恩恃爱，而不知其渐流于不敬，则非小失也。子游圣门高弟，未必至此，圣人直恐其爱逾于敬，故以是深警发之也。"

【评析】

孔子认为，所谓孝道，绝不仅仅是子女对父母、后辈对长辈的衣食住行的生存供养，而是不论为人父母还是为人子女，都要尽到做父母做子女应尽的社会责任与义务，这样才是真正的关爱孝顺。

由此可看出，孔子强调的"孝"应建立在"敬心"之上，他认为，孝顺父母要真心实意，如果只有物质奉养而无精神慰藉，则与牲畜无异。所以，做子女的要多关心体贴父母，尽可能为父母分担家务劳动，自己料理好个人生活，不让父母操心，减轻父母的负担。同时，当子女的，还应该经常关心父母的身体健康，嘘寒问暖。

2-8

【原文】

子夏问孝。子曰："色①难。有事，弟子服其劳②；有酒食，先生③馔④，曾是以为孝乎？"

【注释】

①色：脸色。②服其劳：服侍。③先生：年长者。④馔（zhuàn）：吃喝。

【译文】

子夏请教怎样做才是敬孝。孔子说："始终以和悦恭敬的态度奉养父母为难能可贵。有事情，年轻人去做；有酒食，让给长者享用，仅仅这样就算是孝了吗？"

【历代论引】

程子曰："告懿子，告众人者也。告武伯者，以其人多可忧之事。子游能养而或失于敬，子夏能直义而或少温润之色。各因其材之高下，与其所失而告之，故不同也。"

朱子曰："盖孝子之有深爱者，必有和气；有和气者，必有愉色；有愉色者，必有婉容。故事亲之际，惟色为难耳，服劳奉养未足为孝也。旧说：承顺父母之色为难。亦通。"

【评析】

《礼记·祭义篇》说："孝子之有深爱者必有和气，有和气必有愉色，有愉色者必有婉容。"所以，孔子回答子游和子夏的两段话实际上是同样的意思。无论你是否为老人做事，也无论你是否拿好吃的给老人吃。这一点，尤其值得我们今天的年轻人注意。

孝养父母身心兼奉，唯心为难。发乎内心，见之于辞色。辞色温婉和顺，就能够使父母愉快。让父母怀着愉快的心境颐养天年，重要的不仅仅是在衣食等方面侍奉、赡养，而是要有一颗善良、敬爱的心。心存爱敬，欢乐地度过每个日子，唯心诚孝，才是真正的孝行。

2-9

【原文】

子曰："吾与回①言终日，不违②，如愚。退而省其私，亦足以发③。回也不愚。"

【注释】

①回：即孔子弟子颜回。字子渊，鲁国人，是孔子所喜爱的最聪明、最有修养的一个学生。②不违：不提相反的意见和问题。③发：发挥。

【译文】

孔子说："我整天给颜回讲论经典要义，颜回都没有疑问，也没有不同的见解，一副迟钝愚笨的样子。等他回去，省察他的钻研和实践，又能对我所说的话有所发挥，其实，颜回并不愚钝。"

【评析】

有大智慧的人，不显山露水，不卖弄聪明，表面上看起来很愚笨，其实却很聪明。有句俚语说得生动："面带猪相，心头嘹亮。"

孔子非常不喜欢从来不提相反的意见和问题、总是随声附和的学生，这一点是值得我们每一位老师借鉴和学习的。因此，我们希望学生在接受教育的时候，要开动脑筋，思考问题，对老师所讲的问题要加以消化和理解，能够提出自己独到的见解，这样的学生才是聪明的学生，这样的教学才是成功的教学。

2-10

【原文】

子曰："视其所以^①，观其所由^②，察其所安^③。人焉廋^④哉？人焉廋哉？"

【注释】

①所以：所做的事情。②由：经历、经由。③安：居心。④廋（sōu）：隐藏、藏匿。

【译文】

孔子说："了解一个人，要看他的所作所为，观察他的经历，考察他做事时的心情所在，安于什么。那么，这个人怎么能隐蔽得了呢？这个人怎么能隐蔽得了呢？

【历代论引】

程子曰："在己者能知言穷理，则能以此察人伦如圣人也。"

【评析】

人是社会关系的集合体，具有多方面的特征，有时候这些特征之间甚至有相互矛盾冲突的，因此，想看透、了解一个人，并不是一件很容易的事，只有通过像孔子说的这种方式，才能由外而内，正确全面地去认识一个人的真面目。

当然，这种认识，并不只是就看别人的缺点，也应该据此发现一个人的闪光之处。否则，就难免会走向偏颇，那样，也就谈不上知人了。

2-11

【原文】

子曰："温故①而知新②，可以为师矣。"

【注释】

①故：已经学过的知识。②新：刚刚学到的知识。

【译文】

孔子说："重温已经学过的知识，能够领悟出新的意义，这样的人就可以做老师了。"

【历代论引】

朱子曰："学能时习旧闻，而每有新得，则所学在我，而其应不穷，故可以为人师。若夫记问之学，则无得于心，而所知有限，故《学记》讥其'不足以为人师'，正与此意互相发也。"

【评析】

历代以来，对于这句话的理解都是重在求取学问修养方面，这也是紧承《学而》的思路所做出的合乎逻辑的解释。

不过，我们还可以做出这样的理解：历史不仅是一种知识，还是一种智慧。"一切历史都是当代史"，看过去实际上就是看现在。任何历史事件的发生、发展，都是一定的历史进程的产物，都可以在历史中找到相似的踪迹，所以，研究过去已经发生的史实，可以学习到新的学问，增强对社会现状的理解和把握，可以把准历史发展的脉搏，从而对现实问题的解决，能提出新的思路，做出正确的应对。因此，往事是可供师法的。

2-12

【原文】

子曰："君子不器①。"

【注释】

①器：器皿。

【译文】

孔子说："君子不能像器具一样只有单一的用途。"

【历代论引】

何晏《集解》：器者各周其用，至于君子，无所不施。

朱子曰："成德之士，体无不具，故用无不周，非特为一才一艺而已。"

【评析】

孔子认为，作为一个君子，不能像器具一样，只有一种用途，言下之意就是说人应该具备多种才能，做全才式的人。

诚然，当今社会竞争激烈、变化多端，一个人如果总是静止不动，那么迟早一天会被淘汰，艺多不压身，只有具备多种生存的本领，只有精通各种"行业"，才能在社会中处变不惊、游刃有余。

2-13

【原文】

子贡问君子。子曰："先行其言而后从之。"

【译文】

子贡问怎样的人才配称君子。孔子说："先实践所要说的话，然后再说。"

【历代论引】

周氏曰："先行其言者，行之于未言之前。而后从之者，言之于既行之后。"

范氏曰："子贡之患，非言之艰而行之艰，故告之以此。"

【评析】

子贡问孔子怎样才是君子，孔子说："行动在先，说话在后。"做一个有道德修养、博学多识的君子，这是孔子对弟子进行教育的内容之一。他主张只有先做后说，才可以取信于人。因此，真正的君子就是言行一致，行重于言。这也正是做一个真正的君子的难处所在。

2-14

【原文】

子曰："君子周①而不比②，小人比而不周。"

【注释】

①周：合群。②比：勾结。

【译文】

孔子说："君子之交是互相团结但不勾结，小人则是相互勾结而不团结。"

【历代论引】

朱子曰："君子小人所为不同，如阴阳昼夜，每每相反。然究其所以分，则在公私之际，毫厘之差耳。故圣人于周比、和同、骄泰之属，常对举而互言之。"

【评析】

孔子在此说明君子与小人的区别点之一。

君子以天下为己任，以天下大众的利益为利益，没有自己的利益，心忧天下，不依附于任何一个集团，不需要结党营私。现实生活中的尔虞我诈、拉帮结派，凡此种种，为正人君子们所深恶痛绝。而君子之行，往往为小人所不容。

2–15

【原文】

子曰："学而不思则罔①，思而不学则殆②。"

【注释】

①罔：迷惘。②殆：疑惑。

【译文】

孔子说："只是学习而不思考，就可能茫然无知。只是思考而忽视学习，就会疑惑不解。"

【历代论引】

程子曰："博学、审问、慎思、明辨、笃行五者，废其一，非学也。"

朱子曰："不求诸心，故昏而无得。不习其事，故危而不安。"

【评析】

孔子认为，在学习的过程中，"学"和"思"不能偏废。他指出了学而不思的局限，也道出了思而不学的弊端。其实，在人的一生中，"思"和"学"是相辅相成的，是同等重要的。只有将学习与思考相结合，才可以使自己成为有道德、有学识的人。只有将学习与思考两者兼顾，才能悟出真理。读书是为了让人能够明辨是非，但读书不能囫囵吞枣地全盘接受，还必须用心思考所学的道理是否合乎常理。事实上，人天生就具备了灵敏的智慧，只不过受到外物所迷惑而封闭了。读书正是要启发这种智慧，使人能扫除一切外来的诱惑。

同样，做人处世既要学会适应生活，更要开放思维。在生活中学习，学习人生，学习社会，并能够运用全部的人生经验，从完全不同的角度进行深入的思考，从而获得尽可能多的新鲜思路。照搬他人的经验，没有自己的思想，是没有意义的，而且由于条件的不同而可能遭致误导。当然，只是一味地苦思冥想，而不借鉴已有的思想成果，就会重复别人，浪费生命。

2–16

【原文】

子曰："攻①乎异端②，斯害也已！"

【注释】

①攻：从事某事，进行某项工作。②异端：不符合正统思想的主张和言论。

【译文】

孔子说："批判异己的言论和思想，这些祸害就可以停止。"

【历代论引】

苏轼曰："圣人之所为恶夫异端尽力而排之者，非异端之能乱天下，而天下之乱所由出也。"

程子曰："佛氏之言，比之杨、墨，尤为近理，所以其害为尤甚。学者当如淫声美色以远之，不尔，则骎骎然入于其中矣。"

【评析】

每个人都有自己的长处和短处，只有抛弃短处，吸取他人的长处，才能充分发挥自己的才能。支持别人，就能最好地成就自己。

攻击别人对自己并没有益处，对事业也没有意义。不要眼红别人，也不要轻视自己。重要的是要有自己的主题，没有主题的争执是盲目的、混沌的，其最终也不会有什么结果。为了别人的思想，攻击他人，更是没有出息。顺境多干事，逆境多读书。干自己的事是第一，努力做好自己的事最为重要。

2-17

【原文】

子曰："由①，诲女②知之乎！知之为知之，不知为不知，是知③也。"

【注释】

①由：即仲由，字子路，一字季路。齐国人。少孔子九岁。有勇力才艺，以政事著名。为人果烈而刚直，性鄙而不达于变通。仕卫为大夫，遇蒉与其子辄争国，子路遂死辄难。②女：通"汝"，第二人称代词，你。③知：通"智"。

【译文】

孔子说："仲由！教给你'求知'的道理吧！知道就是知道，不知道就是不知道，这才是真正的智慧呀。"

【历代论引】

朱子曰："子路好勇，盖有强其所不知以为知者，故夫子告之曰：我教女以知之之道乎！但所知者则以为知，所不知者则以为不知，如此则虽或不能尽知，而无自欺之蔽，亦不害其为知矣。况由此而求之，又有可知之理乎！"

【评析】

本章言简意赅，却极富教育意义。"知之为知之，不知为不知，是知也。"对于学习文化知识和其他社会知识，人们都应当虚心学习、刻苦学习，尽可能多地加以掌握。但人的知识再丰富，总有不懂的问题。那么，就应当有实事求是的态度。只有这样，才能学到更多的知识。但世上总有一些不知以为知的人，不懂装懂，自欺欺人，到头来欺不了人，却降低了自己的品行，所以这种行为千万要不得。"知之为知之，不知为不知"的道德修养一定会给你带来意想不到的裨益。

做学问的敌人是不懂装懂或装腔作势。孔子对待学问的态度向来都是认真的，他的"知之为知之，不知为不知"是真正做学问的治学态度。"知之为知之，不知为不知"，这样才能变不知为已知，增加自己的知识，扩展自己的能力，为日后的成功奠定基础。谦虚好学、取长补短才能最终取得胜利。

2-18

【原文】

子张①学干②禄。子曰："多闻阙③疑，慎言其余，则寡尤④；多见阙殆，慎行其余，则寡悔。言寡尤，行寡悔，禄在其中矣。"

【注释】

①子张：即颛（zhuān）孙师，孔子弟子，字子张。②干：求。③阙：缺。此处为放置在一旁。④尤：过失。

【译文】

子张向孔子请教求取官职薪俸的方法。孔子说："多听各种言论，对于你所疑惑的地方，加以保留。其余有把握的地方，谨慎地发表意见，这样就可以少犯错误。多注意观察客观情势，对于有疑问的地方，加以保留，其余有把握的地方，谨慎地去做，这样就可以减少自责与懊悔。言语方面少犯错误，行为方面少生懊悔，官职俸禄就在这里面了。"

【历代论引】

吕氏曰："疑者所未信，殆者所未安。"

朱子曰："多闻见者学之博，阙疑殆者择之精，慎言行者守之约。凡言'在其中'者，皆不求而自至之辞。言此以救子张之失而进之也。"

【评析】

这一章孔子教育弟子，处理政务求得回报应当慎重，要多听多看，要注意了解实情，从而有自己的真情实感和独特见解。孔子认为，身居官位者，应当谨言慎行，说有把握的话，做有把握的事，这样可以减少失误，减少后悔，这是对国家、对个人负责的态度。其实，现在我们不管做什么事，也都提倡谨言慎行，这样才能少犯错误。

2-19

【原文】

哀公①问曰："何为则民服？"孔子对曰："举直②错③诸枉④，则民服。举枉错诸直，则民不服。"

【注释】

①哀公：鲁国的国君。姓姬，名蒋。公元前494年至公元前468年在位。"哀"是谥号。②直：正直公平。③错：通"措"。放置。④枉：不正直。

【译文】

鲁哀公问："怎么做才能使百姓顺服呢？"孔子回答说："任用正直的人，让他们位于不正直的人之上，百姓自然心服。任用不正直的人，让他们位于正直的人之上，百姓就不会服从。"

【历代论引】

程子曰："举错得宜，则人心服。"

谢氏曰："好直而恶枉，天下之至情也。顺之则服，逆之则去，必然之理也。然或无道以照之，则以直为枉、以枉为直者多矣，是以君子大居敬而贵穷理也。"

【评析】

孔子在此论述了用人之道，说明了任贤使能就能得到百姓的拥护，否则就会失去民心的道理。

"选贤任能""任人唯贤"，并放对位置，无论是一国之君还是具体单位的领导者、管理者，似乎个个都明白，但经验告诉我们，一个人到了那个权位的时候，真实行起来却困难了。所以，为政者必须有明辨是非的眼光和正直无私的心怀。否则，一旦出现"亲小人远贤者"的情形，不但会使局势危险，也会陷人民群众于苦难之中。

2-20

【原文】

季康子①问："使民敬、忠以②劝③，如之何？"子曰："临④之以庄，则敬；孝慈，则忠；举善而教不能，则劝。"

【注释】

①季康子：即季孙氏，名肥。鲁国大夫。"康"是谥号。②以：连词，和。③劝：勉励。④临：对待。

【译文】

季康子问："要使老百姓恭敬、忠诚和勤勉，如何才能够做到？"孔子说："居上位者能以庄重的态度对待百姓，则百姓自然恭敬；对长辈有孝行，则百姓自然忠诚；提拔好人，教导能力不足之人，百姓就会勤勉。"

【历代论引】

张敬夫曰："此皆在我所当为，非为欲使民敬忠以劝而为之也。然能如是，则其应盖有不期然而然者矣。"

【评析】

在孔子说的这句话中，他重点强调了一个执政者要以身作则，只有这样，老百姓才会按当官的意思办事。如果当官的能做到不拘一格提拔好人，让能者居上，就是令老百姓非常敬仰的好官了。

上尊则下敬，上正则民正。这不只是一种概念，更是一种态度。一旦失去庄敬的仪容，礼就由此而丧失了。一旦出言失当，义就由此而消亡了。正如孟子所说："君仁莫不仁，君义莫不义。"君之所向，天下趋附。

人生本来就是自己打磨自己。任何人也不会长久地站在潮头，因此，要以身作则。当自己被历史推上浪尖的这一瞬间能够绚烂地盛开。

2-21

【原文】

或①谓孔子曰："子奚②不为政？"子曰："《书》③云：'孝乎惟孝，友于兄弟，施于有政。'是亦为政，奚其为为政？"

【注释】

①或：不定代词，有人。②奚：疑问词，为何。③《书》：指《尚书》。

【译文】

有人问孔子："您为什么不做官参与治理政事呢？"孔子说："《尚书》中写道：'孝敬父母，友爱兄弟，用这种风气影响当政者。'这也是从事政治了，为什么一定要以是否做官才认为是参与政事呢？"

【历代论引】

朱子曰："盖孔子之不仕，有难以语或人者，故托此以告之，要之至理亦不外是。"

【评析】

这一章中，孔子说明了齐家也是为政、治家也是治国的道理。一个连家庭都团结不好、管理不好的人，是不能入仕为官治理天下的。

事实也是如此，只要为官者本身就孝敬父母，友爱兄弟，那老百姓还会不"上行下效"吗？社会还会不安定团结吗？所以，为官者只有做到这样，百姓才会和睦相处，社会才会长治久安，国家才会国泰民安。

2-22

【原文】

子曰："人而无信，不知其可也。大车无輗①，小车无軏②，其何以行之哉？"

【注释】

①輗（ní）：古代大车车辕与驾辕的衡木相衔接的活销。②軏（yuè）：古代小车车辕与驾辕的衡木相衔接的活销。

【译文】

孔子说："做人如果没有诚信，不知道那怎么可以。这正如大车没有安装衡木的輗和小车没有安装衡木的軏一样，怎么能够行驶呢！"

【评析】

古人断言："君臣不信，则百姓谤谤，社稷不宁。处官不信，则少不畏长，贵贱相轻。赏罚不信，则民易犯法，不可使令。交友不信，则离散郁怒，不能亲亲。百工不信，则器械苦伪，丹漆染色不贞。"而唯其减信，才"可与为始，可与为终，可与尊通，可与卑穷者"。"信足以一异，义足以得众。"信义是做人的根本，诚信如天，莫此为大。

信，是儒家传统伦理准则之一。孔子认为，信是人立身处世的基点。在《论语》书中，信的含义有两种：一是信任，即取得别人的信任，二是对人讲信用。"信"作为一种传统美德，是人与人之间和谐相处和各种社会事务顺利进行的有力保证。言而有信是做人的起码准则，无论是在生活中还是工作中，不诚实守信，必被人们所唾弃。诚实是一种美德，更是一种品质，是为人处世的基础，是成大事必备的要素之一。但现在，尤其是在商场上，人与人之间尔虞我诈，相互之间的信任越来越淡薄，长此以往，会严重地影响到个人乃至全社会的发展。因此，人要有"信"，唯有有"信"，才能在人生的道路上顺利地走下去，也才会越走越远。

2—23

【原文】

> 子张问："十世①可知也？"子曰："殷因②于夏礼，所损益，可知也；周因于殷礼，所损益，可知也。其或继周者，虽③百世，可知也。"

【注释】

①十世：古代称30年为一世，也有把世解释为朝代的。②因：因袭、沿用。③虽：即使。

【译文】

子张问："今后十世之事是可以推测知道的吗？"孔子说："殷商代替夏朝，对礼法制度的增删修订，这是可以知道的。周朝取代了殷商的统治，对礼仪规范的减少或增补，这也是可以知道的。此后或者有新的帝王承继周朝，即使是百世之事也是可以预知的。"

【历代论引】

马氏曰："所因，谓三纲五常。所损益，谓文质三统。"

胡氏曰："子张之问，盖欲知来，而圣人言其既往者以明之也。夫自修身以至于为天下，不可一日而无礼。天叙天秩，人所共由，礼之本也。商不能改乎夏，周不能改乎商，所谓天地之常经也。若乃制度文为，或太过则当损，或不足则当益。益之损之，与时宜之，而所因者不坏。是古今之通义也。因往推来，虽百世之远，不过如此而已矣。"

【评析】

"观今宜鉴古，无古不成今。"如今距离孔子的时代已经过去了两千多年，但中华民族一直是传承、沿袭古代的精神至今，可见，孔子的思想照古耀今，真可谓："古人未见今时月，今月曾经照古人。"当然，我们传承古人的东西，也应采取批判的态度，取其精华，去其糟粕，不要一味地接受，这样才能更好地运用，真正做到古为今用。

2-24

【原文】

子曰："非其鬼①而祭之，谄也。见义不为，无勇也。"

【注释】

①鬼：一般指死去的祖先。

【译文】

孔子说："不是你应该祭奠的魂灵，却去祭奠，这是谄媚的行为。遇见需要伸张正义的事情，却袖手旁观，这是懦弱畏怯的表现。"

【评析】

荀子也讲："义之所在，不倾于权，不顾其利。"道义所在，不会倾倒于权势，也不会只顾私利。荀子这句话是在谈论一个人的"大勇"时说的。荀子指出，只为争饮食而斗是无廉耻的猪狗之勇，为争货财而斗是唯利是图的贾盗之勇，无谓地械斗是小人之勇。君子之勇是为道义而斗争。他们不屈不挠，勇往直前，不畏权势，不为一己私利，所以会得到民众的支持。

面对应该挺身而出的事情而不敢去做，是怯懦的表现。这句话表达了"义"与"勇"的关系。其实，见义不为不仅是怯懦的表现，而且是十分可耻的事情；相反，见义勇为则是十分光荣的事情。为了使社会风气变得更好，应该提倡见义勇为的精神。

八佾第三

3-1

【原文】

孔子谓季氏①："八佾②舞于庭，是可忍③也，孰不可忍也？"

【注释】

①季氏：季孙氏。鲁国大夫。与叔孙氏、孟孙氏三家掌握着鲁国国政。②八佾（yì）：古代乐舞的行列，一行八个人叫一佾。按照礼的规定，天子用八佾，即六十四个人的舞蹈队伍；诸侯用六佾，大夫用四佾。③可忍：可以容忍或可以忍心。

【译文】

在谈论到季氏时，孔子说："季氏用天子八佾的舞蹈在家中宴乐，如果这样的事情都能够忍受，还有什么事情是不能忍受的呢？"

【历代论引】

朱子曰："季氏以大夫而僭用天子之礼乐，孔子言其此事尚忍为之，则何事不可忍为？或曰：'忍，容忍也。'盖深疾之之辞。"

范氏曰："乐舞之数，自上而下，降杀以两而已，故两之间不可以毫发僭差也。孔子为政，先正礼乐，则季氏之罪不容诛矣。"

谢氏曰："君子于其所不当为，不敢须臾处，不忍故也。而季氏忍此矣，则虽弑父与君，亦何所惮而不为乎？"

【评析】

这一章中，孔子谴责当时鲁国官员们如季氏等超越等级名分的无礼行为，用以说明不同等级的官员只能享受不同的礼遇。应该指出，孔子与季氏的矛盾并非个人之间的利害冲突，而是集中表现在一个"礼"字的道德原则上。

3-2

【原文】

三家①者以《雍》②彻③。子曰："'相维辟公，天子穆穆'④，奚取于三家之堂⑤？"

【注释】

①三家：鲁国当政的三家：仲孙、叔孙、季孙。三家都是鲁桓公的后代，又称三桓。②《雍》：《诗经·周颂》中的一篇，是周天子祭祀宗庙后撤去祭品的乐歌。③彻：撤除。④相维辟公，天子穆穆：《诗经·周颂·雍》中的诗句。相：助。辟公：诸侯。⑤堂：接客祭祖的地方。

【译文】

孟孙、叔孙、季孙三家祭祀家庙，歌奏《雍》诗撤出祭品。孔子说："'助祭的是诸侯，天子肃穆地主祭'，难道这是能用于三家大夫的庙堂上的祭礼吗？"

【历代论引】

程子曰："周公之功固大矣，皆臣子之分所当为，鲁安得独用天子礼乐哉？成王之赐，伯禽之受，皆非也。其因袭之弊，遂使季氏僭八佾，三家僭《雍》彻，故仲尼讥之。"

朱子曰："三家之堂非有此事，亦何取于此义而歌之乎？讥其无知妄作，以取僭窃之罪。"

【评析】

　　这一章中，孔子讥讽孟孙氏、叔孙氏、季孙氏三家严重违礼的行为，实质上是孔子为周礼正名定分，呼吁社会遵守周朝的礼乐制度，抨击混乱的社会现象和时常发生的非礼之事。对于这些越礼犯上的举动，孔子表现得极为愤慨。因为天子有天子之礼，诸侯有诸侯之礼，只有各守各的礼，才可以使天下安定。因此，"礼"是百姓和睦、社会安定的重要因素。

3-3

【原文】

　　子曰："人而不仁，如礼何？人而不仁，如乐何？"

【译文】

　　孔子说："人如果存心不仁，怎么来对待礼呢？人如果存心不仁，怎么来对待乐呢？"

【历代论引】

　　游氏曰："人而不仁，则人心亡矣，其如礼乐何哉？言虽欲用之，而礼乐不为之用也。"

　　程子曰："仁者天下之正理。失正理，则无序而不和。"

【评析】

　　在这里，孔子谈到了"礼""仁"和"乐"的关系，他把"礼""乐"与"仁"紧紧联系起来，认为没有仁德的人，根本谈不上什么礼、乐。大致来说，"仁"的思想早在西周就已经开始孕育了，后来在社会动荡、诸侯兼并的不稳定局势中，有识之士开始大力呼吁并提倡"仁"，其中的重要代表就是孔子。"仁"既包括同情人、尊重人，又包括博爱、谦让、宽容等许多个性优点，这就从更多层面上蕴含了人道和人权。

3-4

【原文】

林放①问礼之本。子曰："大哉问！礼，与其奢也，宁俭；丧，与其易②也，宁戚③。"

【注释】

①林放：鲁国人。具体事迹不可考。②易：铺张。③戚：心中悲哀。

【译文】

林放请教礼的本质。孔子说："你提出的问题意义重大，问得好！就礼来说，与其奢侈铺张，宁可朴素俭约。就丧礼来说，与其铺张，不如悲伤。"

【历代论引】

朱子曰："礼贵得中，奢、易则过于文，俭、戚则不及而质，二者皆未合礼。然凡物之理，必先有质而后有文，则质乃礼之本也。"

范氏曰："夫祭，与其敬不足而礼有余也，不若礼不足而敬有余也；丧，与其哀不足而礼有余也，不若礼不足而哀有余也。礼失之奢，丧失之易，皆不能反本而随其末故也。礼奢而备，不若俭而不备之愈也；丧易而文，不若戚而不文之愈也。俭者物之质，戚者心之诚，故为礼之本。"

【评析】

孔子虽然十分重视礼仪，但却反对形式主义的排场，而强调内心和感情上符合礼仪的要求。礼的精神就在于，凡事宜其适度。孔子说礼仪的过分铺张是不合情理的，宁可简单庄重。"丧以哀为本"。丧事太简易了是违心，太奢靡了也不好，宁可取悲戚的态度。

以我们今天的社会风气对照圣人的要求，恰恰是反其道而行之。一般礼仪不从简而尚奢，越奢侈越有排场就越体面越风光。丧礼更是铺张而无真正的悲哀。

丧礼仪式的隆重，只是一种作秀式的矫情，是做给人看的表面虚饰，并不能证明是否孝敬。真正的孝敬深存于心，表面的文饰是虚假的，是一种恶行。如果心存真正的孝敬，其心哀戚惨痛，哪里还有心思在表面上做足文章给人们看呢？

提倡朴素庄重的社会风气，崇尚节俭真诚，是社会长期稳定发展的根本。奢靡之风的盛行，必将导致竞相仿效攀比，必将造成社会财富极大的无序浪费，也会无端地耗损民力、民财，损伤经济元气，导致人心涣散。以我们现在的社会心态，我们所推崇的礼恰恰与此相悖，以奢侈排场为人称道。家人弃世，借口得其天年，扬扬之意见于容色，丧事不显其哀戚而办理豪侈，致祭接待，不见忧悲，形同儿戏。形式的作秀结束后，便如释重负，即刻又笙歌燕舞，乐也融融，实为寡情薄义。

3-5

【原文】

子曰："夷狄之有君，不如诸夏①之亡②也。"

【注释】

①诸夏：指周朝分封的大小诸侯国。②亡：同"无"。在《论语》中，"亡"字之后不带宾语，"无"字后带宾语。

【译文】

孔子说："夷狄部族都有君长，不像中原各国，君主已经名存实亡了。"

【历代论引】

程子曰："夷狄且有君长，不如诸夏之僭乱，反无上下之分也。"

尹氏曰："孔子伤时之乱而叹之也。亡，非实亡也，虽有之，不能尽其道尔。"

这一章是讲孔子对当时各路诸侯不讲礼乐制度、违反礼仪规定不满而发出的感慨，用以说明礼乐制度对于一个国家、一个社会和老百姓的重要性和作用。

文化是一种观念，一种氛围，一种素质，一种生活态度。任何丰功伟业，都只是暂时的，只有文化能够流传久远。所以，有哲人说："一个没有文化传承的民族是危险的，而一个拥有良好礼仪文化底蕴的民族必定是一个充满希望的伟大民族。"

3-6

【原文】

季氏旅①于泰山。子谓冉有②曰："女弗能救③与？"对曰："不能。"子曰："呜呼！曾谓泰山不如林放乎？"

【注释】

①旅：古时祭祀山川为旅。当时只有天子和诸侯才有祭祀名山大川的资格。②冉求：孔子弟子。姓冉，名求，字子有，仲弓之宗族。少孔子二十九岁。春秋末鲁国人，多才多艺，以政事著名，尤擅长理财。仕为季氏宰，进则理其官职，退则受教圣师。为性多谦退，故孔子曰："求也退，故进之"。致力于田赋的改革，被孔子斥为聚敛之臣。③救：劝阻、阻止。

【译文】

鲁大夫季氏要去祭祀泰山。孔子对冉有说："你能够劝阻他的这种僭窃的罪过吗？"冉有回答说："不能。"孔子说："哎呀！神明有知，也是不会享用非礼之祭所敬献的供奉，林放尚且知道礼之大节，何况明察如泰山之神，难道你还不如林放吗？"

【历代论引】

范氏曰："冉有从季氏，夫子岂不知其不可告也？然而圣人不轻绝人，尽己之心，安知冉有之不能救、季氏之不可谏也？既不能正，则美林放以明泰山之不可诬，是亦教诲之道也。"

【评析】

这一章中，孔子说明了他坚决反对诸侯、卿大夫不遵周礼，超越等级名分，搞那些越轨的事情。从孔子的语气中，我们感受到了孔子的无奈，其中也包含着讽刺、谴责。

3-7

【原文】

子曰："君子无所争，必也射①乎！揖②让而升，下而饮，其争也君子。"

【注释】

①射：古代的射礼。起源于人们借田猎而进行的军事训练活动，进而发展为以习射观德、求贤选能为目的的礼仪形式。②揖：拱手行礼，表示尊敬。

【译文】

孔子说："君子是没有什么要与人争胜的。如果有所争，一定像比赛射箭一样，互致揖让之礼，然后走到校位，射毕而退，共同饮酒。这种竞赛活动都不失为君子。"

【历代论引】

朱子曰："君子恭逊，不与人争，惟于射而后有争。然其争也，雍容揖逊乃如此，则其争也君子，而非若小人之争矣。"

【评析】

孔子在此说明，礼让是君子立身处世的风度，礼让是个人内在自动自发的道德精神。

君子之学是为了进德修业，与人无争，与世也无争。孔子以当时射箭比赛的情形，说明君子立身处世的风度。现代社会的人们，虽大多并不讲什么"君子风度"，但"游戏规则"还是要遵守的，否则，将难免会四面楚歌，被"请"出局。

3-8

【原文】

子夏问曰："'巧笑倩兮，美目盼兮，素以为绚兮。'①何谓也？"子曰："绘事后素。"②曰："礼后乎？"子曰："起③予者商也，始可与言《诗》已矣。"

【注释】

①"巧笑倩兮"三句：前两句是《诗经·卫风》中的诗句，第三句是佚的。②绘事后素：绘画的工作在素地上进行。③起：启发。

【译文】

子夏问："'盈盈笑语惹人怜，默默凝睇频顾盼，纯稚如花自天然。'这句诗中所传述的深意是什么呢？"孔子说："先有素色的底子，然后画五彩。"子夏说："那么，礼是在仁义之后产生的吗？"孔子说："能够阐发我的意思并能给我启示的卜商呀！从此可以开始和你谈论《诗经》了。"

【历代论引】

谢氏曰："子贡因论学而知《诗》，子夏因论《诗》而知学，故皆可与言《诗》。"

杨氏曰："'甘受和，白受采。忠信之人，可以学礼。苟无其质，礼不虚行。'此'绘事后素'之说也。孔子曰'绘事后素'，而子夏曰'礼后乎'，可谓能继其志矣。非得之言意之表者能之乎？商、赐可与言《诗》者以此。若夫玩心于章句之末，则其为《诗》也固而已矣。所谓'起予'，则亦相

论语全集

长之义也。"

【评析】

孔子赞扬子夏聪明有悟性，也提倡一种教学相长的精神。只有教学相长，互相切磋，交流心得，才能互相启发，得到真正的知识学问。孔子在这里还阐述了一个人的"礼"只有建立在"仁"的基础上，才是真正的君子的哲学思想。

3-9

【原文】

子曰："夏礼，吾能言之，杞①不足征②也；殷礼，吾能言之，宋③不足征也。文献④不足故也。足，则吾能征之矣。"

【注释】

①杞：国名，夏禹的后代所建，故城在今河南杞县。②征：证明。③宋：国名，商汤的后代所建，故城在今河南商丘。④文献：文，典籍贤才；献，即通晓历史掌故的人。

【译文】

孔子说："夏代的礼法仪制，我能讲述，但它的后代杞人不足以证明。殷商的礼仪法度，我也是清楚的，但它的后代宋人不足以证明。这都是两国的典籍和贤才不足所造成的。如果充足，那么我就能够引以为证了。"

【历代论引】

朱子曰："二代之礼，我能言之，而二国不足取以为证，以其文献不足故也。文献若足，则我能取之以证吾言矣。"

【评析】

本章表明两个问题：第一，孔子对夏周商代的礼仪制度等非常熟悉，他希望人们能恪守礼仪的规范，可惜当时僭礼的人实在太多了；第二，孔子认为对夏商周之礼的说明，要靠足够的历史典籍、贤人来证明，这反映了他对知识的求实态度和对历史文献的重视态度，这种求实、重视的态度对于我们后人研究历史有借鉴的作用。

3—10

【原文】

子曰："禘①自既灌②而往者，吾不欲观之矣。"

【注释】

①禘（dì）：祭名。古代只有天子才可以举行的祭祀祖先的非常隆重的典礼。
②灌：裸（guàn）祭，祭祀中的一个程序。用活人（一般为幼年男女）代替受祭者，叫作"尸"。禘祭要向尸献酒九次，第一次献酒叫裸。

【译文】

孔子说："禘祭的礼仪，自第一次献酒开始，我就不想看下去了。"

【历代论引】

谢氏曰："夫子尝曰：'我欲观夏道，是故之杞，而不足征也。我欲观殷道，是故之宋，而不足征也。'又曰：'我观周道，幽、厉伤之，吾舍鲁何适矣？鲁之郊禘非礼也，周公其衰矣！'考之杞、宋已如彼，考之当今又如此，孔子所以深叹也。"

【评析】

这一章是说，孔子认为鲁国当时祭拜上天的仪式，严重违反了周礼，因而表示十分不满。在孔子看来，一个人的等级名分，不仅活着的时候不能改变，死后也不能改变。生时是贵者、尊者，死后其亡灵也是贵者、尊者。

论语全集

3-11

【原文】

或问禘之说①。子曰："不知也。知其说者之于天下也，其如示②诸斯乎！"指其掌。

【注释】

①禘之说：关于禘祭的规定。②示：显示、展示。

【译文】

有人向孔子请教关于禘祭大奠的事。孔子说："我不知道。知道的人治理天下，就好像把东西摆在这里一样容易！"夫子指着自己的手掌说。

【历代论引】

朱子曰："先王报本追远之意，莫深于禘。非仁孝诚敬之至，不足以与此，非或人之所及也。而不王不禘之法，又鲁之所当讳者，故以'不知'答之。"又曰："盖知禘之说，则理无不明，诚无不格，而治天下不难矣。圣人于此，岂真有所不知也哉？"

【评析】

孔子在此表达了对鲁国的禘祭不满，因而故意说不知道禘祭的由来和道理。但紧接着又说，谁能懂得禘祭的道理，治天下就容易了。因为知道禘祭的意义之所在的人，才是贤明的人，才有传统文化根底，才懂礼乐治国的方略，才有孝悌化国的办法，才能遇事不会手足失措，才能更好地治理国家。

3-12

【原文】

祭如在，祭神如神在。子曰："吾不与①祭，如不祭。"

【注释】

①与：参与。

【译文】

祭祀天地祖先，就如同被祭祀的英灵就在面前一样。祭祀神灵就如同神存在。孔子说："我如果不能参与祭祀，就好像没有祭祀一样。"

【历代论引】

范氏曰："君子之祭，七日戒，三日齐，必见所祭者，诚之至也。是故郊则天神格，庙则人鬼享，皆由己以致之也。有其诚则有其神，无其诚则无其神，可不谨乎？'吾不与祭，如不祭'，诚为实，礼为虚也。"

苏轼曰："神不可知，而祭者之心，以为如其存焉。"

【评析】

本章说的是孔子对祭祀祖先和祭祀宗庙都是诚心诚意、亲自参加且毕恭毕敬的。信则有，不信则无。既献祭，必信其有，诚怀其心。无诚，何须祭？祭，在于心诚，礼仪只是形式。代祭乃虚设形式，诚不至，神明不享。做人贵在诚敬。无论是对于生者或死者，都要心怀诚敬，不相欺蒙，体现我们内心的诚敬。

因此，待人处世之"礼"，关键就在一个"诚"字。诚会让人感到得到了尊重，从而感到身心愉快，乐意为你尽心尽力，所谓以心换心便是如此；而不诚之"礼"，则会让人感到被戏弄，受了污辱，因此非但不帮忙，反而怀恨于心，伺机报复。

3-13

【原文】

> 王孙贾①问曰："'与其媚②于奥③，宁媚于灶④'，何谓也？"子曰："不然，获罪于天，无所祷也。"

【注释】

①王孙贾：卫国大夫。②媚：谄媚、巴结。③奥：屋内的西南角叫作奥，为室内最尊贵的处所。④灶：灶神。

【译文】

王孙贾问："'与其取悦于屋内西南角的神，不如尊祭自家的灶君。'是这样的吗？"孔子说："不对。如果违逆天理，祈祷也没有用了。"

【历代论引】

谢氏曰："圣人之言，逊而不迫。使王孙贾而知此意，不为无益；使其不知，亦非所以取祸。"

《太平御览》曰："明当媚其尊者。夫灶者，老妇之祭。"

【评析】

这里孔子用比喻的手法讽刺告诫王孙贾们，不要因为巴结上司攀结权贵而忘记天理。其实，孔子在这里要说的，还是一切要遵从"周礼"行事，要堂堂正正做人，不要违反道义。

世间万物都有一种标准，儒家将其提取、归纳、上升到理论层面上就是道义、礼节等标准。这其实也是一种事物发展规律的表现，一旦严重偏离，就会遭到规律的惩罚。比如见利忘义，唯利是图，争名于朝，争利于市，殚精竭虑，而自以为得计。即使于蝇营狗苟、纷纷扰扰之际得蝇头微末之利，却也丧失了长远根本之利；更有以邪恶手段攫取财富，到头来难免"机关算尽太聪明，反误了卿卿性命"。贪利损身、求荣反辱的事，古往今来，还见得少吗？

3-14

【原文】

子曰："周监①于二代②，郁郁③乎文哉！吾从周。"

【注释】

①监：通"鉴"，借鉴。②二代：这里指夏代和商代。③郁郁：丰富、浓郁。

【译文】

孔子说："周朝的礼仪法度取法借鉴于夏、商两代，多么丰富啊！我崇尚周朝的文化礼制。"

【历代论引】

尹氏曰："三代之礼，至周大备，夫子美其文而从之。"

【评析】

这一章是讲孔子高度赞美周代的礼乐制度。孔子认为，"周礼"是在夏商两朝的基础上发展演变而来的，是非常丰富完美的，但孔子也提出对夏商周的礼仪制度也应有所损益。因此，我们在接受事物时，也应察今鉴古，肯定它的精华，否定它的糟粕。

3-15

【原文】

子入太庙①，每事问。或曰："孰谓鄹人②之子知礼乎？入太庙，每事问。"子闻之，曰："是礼也。"

论语全集

【注释】

①太庙：古代开国之君太祖之庙。鲁国的祖庙是周公旦的庙。②鄹（zōu）人：鄹，是孔子的出生地。鄹人：孔子的父亲鄹梁纥。

【译文】

孔子晋谒太庙，每件事都要请教。有人就说："谁说鄹大夫的儿子是深知礼仪的？他进到太庙中，每件事都问别人。"孔子听到后，就说："这就是礼仪所确立的精神实质。"

【历代论引】

尹氏曰："礼者，敬而已矣。虽知亦问，谨之至也，其为敬莫大于此。谓之不知礼者，岂足以知孔子哉？"

【评析】

孔子到太庙，每事都问，正是表明孔子谦虚恭敬、虚心好学的品格。

知识不惧多，学问无止境。虚心求教、不懂就问的良好习惯，不仅体现出一个人良好的修养和深厚的内涵，而且在实际的学习和生活中，也会让自己受益匪浅。古今之伟人、名人，在学业、事业上有造诣的人，莫不具备这种精神。

3-16

【原文】

子曰："射不主皮①，为②力不同科③，古之道也。"

【注释】

①射不主皮：不专以是否射穿箭靶子的中心为善。②为：因为。③同科：同等。

【译文】

孔子说："比赛射箭不在于射穿箭靶的中心，因为各人的气力大小不同，这是古时候的规矩。"

【历代论引】

朱子曰："周衰，礼废，列国兵争，复尚贯革，故孔子叹之。"

杨氏曰："中可以学而能，力不可以强而至。圣人言古之道，所以正今之失。"

【评析】

"一个人能力有大小，只要有点精神，就是一个高尚的人，一个纯粹的人，一个有道德的人，一个脱离了低级趣味的人，一个有益于人民的人。"

更何况，衡量箭术的主要标准本来就在于能否射中靶心，是十环还是九环，何必要去苛求他能否射穿靶心呢？

射箭如此，为人处世也是如此。有的人对别人太过苛求，别人也反过来苛求于他，结果等于他自己作茧自缚，活得非常拘谨非常累。

所以，我们对人对事都要多一分理解，少几分苛求。只有这样才能使环境宽松，人际关系不那么紧张，大家心情愉快，过得轻松自在。

3-17

【原文】

子贡欲去告朔①之饩羊②。子曰："赐也，尔爱③其羊，我爱其礼。"

【注释】

①告朔：古代的一种制度。每年秋冬之交，天子把第二年的历书颁布给诸侯，历书中说明那一年有无闰月，每月的初一是哪一天，这个过程称为"颁告朔"。诸侯接受历书后藏于祖庙，每逢初一，以一只羊为牺牲祭于祖庙，这个过程

论语全集

称为告朔。②饩（xì）羊：活羊。饩：作为牺牲的活物。③爱：爱惜、顾惜。

【译文】

子贡打算把每月初一祭庙的活羊免去不用。孔子说："赐啊，你爱惜的只是一只羊，我珍惜的是那种祭祀之礼啊。"

【历代论引】

杨氏曰："告朔，诸侯所以禀命于君亲，礼之大者。鲁不视朔矣，然羊存则告朔之名未泯，而其实因可举。此夫子所以惜之也。"

【评析】

这一章中，孔子告诉他的弟子，不要随便改变过去的那些礼仪规定，而要保护爱惜过去的那种礼仪规定，说明孔子时时事事处处都在维护周代的礼乐制度。

传统的礼仪和文化是我们中华五千年发展的文化遗产，所以，我们必须重视和保护，以便今后借鉴。

3-18

【原文】

子曰："事①君尽礼，人以为谄也。"

【注释】

①事：侍奉、服务。

【译文】

孔子说："以礼仪之约敬事君王尊长，但有人认为你这是谄媚求荣。"

【历代论引】

黄氏曰："孔子于事君之礼,非有所加也,如是而后尽尔。时人不能,反以为谄,故孔子言之,以明礼之当然也。"

程子曰："圣人事君尽礼,当时以为谄。若他人言之,必曰'我事君尽礼,小人以为谄'。而孔子之言止于如此,圣人道大德宏,此亦可见。"

【评析】

孔子一生要求自己严格按照周礼的规定侍奉君主,这是他的政治伦理信条。但却受到别人的讥讽,认为他是在向君主谄媚。这表明当时的君臣关系已经遭到破坏,已经没有多少人再重视君臣之礼了。

这就像现在的人际关系,与人亲近,别人会以为你巴结他;与人疏远,别人会对你心怀抱怨,所以,如何才能把握其中的分寸,得到别人的理解是处理人际关系的关键所在。

3-19

【原文】

定公①问:"君使臣,臣事君,如之何?"孔子对曰:"君使②臣以③礼,臣事君以忠。"

【注释】

①定公:鲁君。姓姬,名宋。昭公之弟,继昭公而立。公元前509年至公元前495年在位。"定"是谥号。②使:驱使、使用。③以:按照。

【译文】

鲁定公问:"国君任用臣僚,臣属侍事君上,各自该怎么做呢?"孔子回答说:"君主任事臣下应该以礼待之,臣下敬事国君应该忠心耿耿。"

【历代论引】

吕氏曰："使臣不患其不忠，患礼之不至；事君不患其无礼，患忠之不足。"

尹氏曰："君臣以义合者也。故君使臣以礼，则臣事君以忠。"

【评析】

这一章是讲孔子针对"时臣失礼，君不能使"的情况，强调所有君主大臣都要按照周朝的礼仪制度行事，各自都尽到应尽的职责礼节。对于处理君臣关系，孔子要求双方都要有自律精神。

这种"礼"和"忠"的双向伦理关系，对于我们今天的生活依然有重要的启发。将心比心，即使是上下级关系，也要"使人以礼"，因为只有这样，才能换来对方的忠诚效劳。

3-20

【原文】

子曰："《关雎》①乐而不淫②，哀而不伤。"

【注释】

①《关雎》：《诗经》的第一篇。此篇写一君子"追求"淑女，思念时辗转反侧，窹寐思之的忧思，以及结婚时钟鼓乐之琴瑟友之的欢乐。②淫：过分而失当。

【译文】

孔子说："《关雎》这一乐章，热情明快而有节制，哀婉但不伤感。"

【历代论引】

朱子曰："《关雎》之诗，言后妃之德，宜配君子。求之未得，则不能无窹寐反侧之忧；求而得之，则宜其有琴瑟钟鼓之乐。盖其忧虽深而不害于和，其乐虽盛而不失其正，故夫子称之如此，欲学者玩其辞，审其音，而有以识其性情之正也。"

【评析】

《关雎》是一首欢乐的情歌，距今已有3000年之久，流传至今，仍大放异彩。它是中华民族的无价瑰宝，更是中华民族对世界文化的贡献。它对爱情的描述真挚自然，妙韵天成，所以孔子对它的评价为"乐而不淫，哀而不伤"。孔子认为这样做正符合中庸之道的原则。

3-21

【原文】

哀公问社①于宰我②。宰我对曰："夏后氏以松，殷人以柏，周人以栗，曰，使民战栗。"子闻之，曰："成事不说，遂事不谏，既往不咎③。"

【注释】

①社：土神，是国家的象征。这里指社主。古代在祭祀土神时要立一个木质的牌位，称之为"主"。②宰我：孔子弟子。姓宰，名予，字子我。③既往不咎：既，已经。往，过去了的。咎，职责、追究。

【译文】

鲁哀公向宰我问立社时土地神的神主应该用什么树木。宰我回答说："夏朝用松木，商朝用柏木，周朝用栗木，寓意是使百姓战栗害怕。"孔子听说这件事后，告诫宰我说："已经做过的事就不要解释了，已经完成的事就不再规劝了，对于过去的事不要追究了。"

【历代论引】

朱子曰："孔子以宰我所对，非立社之本意，又启时君杀伐之心；而其言已出，不可复救，故历言此以深责之，欲使谨其后也。"

论语全集

尹氏曰："古者各以所宜木名其社，非取义于木也。宰我不知而妄对，故夫子责之。"

【评析】

孔子不满意宰我关于"使民战栗"的解释，因为它不符合德政爱民的思想。但周代又确实用栗木做的土神牌位，所以孔子也不好正面批评宰我，而只是从思想方法上来说，既然已经过去了的事，就不要去追究它了。

孔子的"成事不说，遂事不谏，既往不咎"，强调的是往事本身的"不说、不谏、不咎"，然而现实生活中，有些人总是抓住过去的事不放，后悔、自责、抱怨，却因此而耽误了许多宝贵的时间。有些东西，虽然你可能很不愿意放弃，但是为了做事，为了有更大的空间容纳更多的东西，我们必须得丢掉它。

所谓破镜难圆，覆水难收、生米既已煮成了熟饭，说也无益，劝阻徒劳，追究也于事无补，不如当作一次心灵的清扫，该丢弃的就丢弃，不让心灵背负太重的负担。这样才能轻松赶路，快乐做事。

3-22

【原文】

子曰："管仲①之器小哉！"或曰："管仲俭乎？"曰："管氏有三归②，官事不摄③，焉得俭？""然则管仲知礼乎？"曰："邦君树塞门④，管氏亦树塞门。邦君为两君之好，有反坫⑤，管氏亦有反坫。管氏而知礼，孰不知礼？"

【注释】

①管仲：即管敬仲。名夷吾，字仲，谥号敬。颍上人。早年贫困，曾经商。后由鲍叔牙推荐，于周庄王十二年相齐桓公。执政四十年，辅佐齐桓公在内政外交上进行过一系列改革，使齐桓公在"尊王攘夷"的口号下，"九合诸侯，一匡天下"，成为春秋时代第一个霸主。②三归：市租。③摄：兼职。④树塞门：树，树立。塞门，在大门口筑的一道短墙，以别内外，相当于屏风、照壁等。⑤反坫（diàn）：坫，用以放置器物的设施，用土筑成，形似土堆，建于两楹之间。献酬

饮之后，将酒杯放回坫上，即反坫。

【译文】

孔子说："管仲的气量小啊！"有人说："管仲节俭吧？"孔子说："管仲娶有三室妻妾，政事方面机构臃肿、官员冗余，这哪里能说得上是节俭呢？"有人又说："那么管仲是识大礼的吧？"孔子说："国君在门前设立照屏，管仲也设屏以别内外。国君为了和别国的友好交往，在堂上设有放置酒杯的反坫，管仲也同样设置。如果说管仲是识大礼的人，那么还有谁不识礼仪呢？"

【历代论引】

朱子曰："孔子讥管仲之器小，其旨深矣。或人不知而疑其俭，故斥其奢以明其非俭。或又疑其知礼，故又斥其僭，以明其不知礼。盖虽不复明言小器之所以然，而其所以小者，于此亦可见矣。故程子曰：'奢而犯礼，其器之小可知。盖器大，则自知礼而无此失矣。'此言当深味也。"

苏氏曰："自修身正家以及于国，则其本深，其及者远，是谓大器。扬雄所谓'大器犹规矩准绳，先自治而后治人'者是也。管仲三归、反坫，桓公内嬖六人，而霸天下，其本固已浅矣。管仲死，桓公薨，天下不复宗齐。"

【评析】

这一章讲孔子从礼仪的角度批评管仲的为人，认为管仲气量狭小，不懂礼仪，是一个没有理想和远见的"庸俗小人"。孔子的批评是严谨的，批评也是采用反诘语气，真正做到了言不苟出、言不过辞、言必有据。所以，当我们要批评别人时，也不妨采用此种方式，一定会比直来直去效果好。

3-23

【原文】

子语①鲁大师②乐，曰："乐其可知也：始作，翕③如也；从之，纯如也，皦④如也，绎⑤如也，以成。"

【注释】

①语：告诉。②大（tài）师：乐官之长。③翕（xī）：合、聚、协调。④皦（jiǎo）：明晰。⑤绎（yì）：连绵不绝。

【译文】

孔子告诉鲁国太师演奏音乐的奥秘，说："音乐的原理是可以明了的。开始演奏，乐声很热烈，继续下去，乐声纯静和谐，清晰明快，连绵悠长，如此以至曲终。"

【历代论引】

谢氏曰："五音六律不具，不足以为乐。翕如，言其合也。五音合矣，清浊高下，如五味之相济而后和，故曰纯如。合而和矣，欲其无相夺伦，故曰皦如，然岂宫自宫商自商乎？不相反而相连，如贯珠可也，故曰'绎如也，以成'。"

【评析】

所谓音乐，只是一种个体情绪、情感的自然流露，是一种自在的韵律，与音符无关。在一种深刻的人生体验之下，特定的情感促使你有一种抒发的激情，于是你便可以随口吟出一段无韵的旋律，而且会令你自己感动，这就是音乐，而且是深入心灵的音乐，是音乐最自然纯真的境界。

3-24

【原文】

仪封人①请见。曰："君子之至于斯也，吾未尝不得见也。"从者见之。出，曰："二三子何患于丧②乎？天下之无道也久矣，天将以夫子为木铎③。"

①仪封人：仪，地名。封人，镇守边疆的官。②丧：失去，这里指失去官职。③木铎（duó）：铜制木舌的铃铛。古代颁布政令时要摇木铎，召集大家来听。

【译文】

仪地的边防官请求面见孔子。孔子说："凡是有道德的君子到这里来，我没有不会见的。"孔子的随从弟子来带他去见孔子。他出来对孔子的学生说："你们何必忧虑失掉官职呢？天下的道德沦丧已经很久了，上天将把你们的老师作为传播教化的'木铎'，以警世人啊。"

【历代论引】

朱子曰："乱极当治，天必将使夫子得位设教，不久失位也。封人一见夫子而遽以是称之，其所得于观感之间者深矣。或曰：木铎所以徇于道路，言天使夫子失位，周流四方以行其教，如木铎之徇于道路也。"

【评析】

这一章是通过仪封人之口，说明当时天下很乱，是因为天下无道，而要天下太平，就要复兴圣道，孔子将成为复兴圣道的一面旗帜。同时也从侧面反映了孔子的仁丰德厚，以及他在当时人们心目中的地位。

3-25

【原文】

子谓①《韶》②："尽美③矣，又尽善④也。"谓《武》⑤："尽美矣，未尽善也。"

【注释】

①谓：评论。②《韶》：舜时的乐曲名。③美：指乐曲的音调、舞蹈的形式而言。④善：指舞蹈的思想内容而言。⑤《武》：周武王时的乐曲名。

【译文】

孔子评论《韶》说："优雅到极致了，也完美到极致了。"评论《武》说："优美至极了，但是却还不是非常好。"

【历代论引】

程子曰："成汤放桀，惟有惭德，武王亦然，故未尽善。尧、舜、汤、武，其揆一也。征伐非其所欲，所遇之时然尔。"

朱子曰："舜绍尧致治，武王伐纣救民，其功一也，故其乐皆尽美。然舜之德，性之也，又以揖逊而有天下；武王之德，反之也，又以征诛而得天下；故其实有不同者。"

【评析】

孔子对音乐，提出了"善"和"美"两条标准。因为，他不仅重视艺术的形式美，更注意艺术内容的"善"。只有达到"尽善、尽美"才是上乘之作。

但我们觉得每种事物都有其缺点，也有其优点，不可能达到十全十美。这也是顺应自然界的规律，我们应该尊重每种事物的优缺点。当然，我们还应该凡事都力求尽善尽美，这是人的普遍心理。

3-26

【原文】

子曰："居上^①不宽^②，为^③礼不敬，临丧不哀，吾何以观之哉？"

【注释】

①居上：身居高位的人。②宽：宽厚。③为：实施。

【译文】

孔子说："身居上位却不宽厚，秉执礼仪却不严肃，身处丧祭之事却不哀痛，这样的人我怎么看得下去呢？"

朱子曰："居上主于爱人，故以宽为本。为礼以敬为本，临丧以哀为本。既无其本，则以何者而观其所行之得失哉？"

【评析】

宽厚爱人，恭敬有礼，祭丧哀戚，为人之本。

只有做人的基本素质具备了，然后才可以为官，才可以治事，才有可能成就事业。

做人失败了，其他的一切也就不值一提。

在中国历史上，有许多"宽则得众"的著名典故和故事，诸如楚庄王绝缨尽欢，孟尝君不杀与自己夫人通奸的门客，汉高祖重用陈平，曹操下《求贤令》选拔那些虽然有这样那样缺点但确有才干的人，唐太宗不追究郭子仪的儿子得罪自己，宋太祖宽容受贿的宰相赵普，宋太宗宽容酒醉的功臣孔守正和王荣，如此等等，不一而足。而与此相反，因"居上不宽"而自食其果的例子也同样是不胜枚举。

因此，可以说"居上不宽"是领导者的致命伤，而宽容的肚量则是作为一个领导者的起码要求。越是进入民主的时代，这一点就越发突出。这是所有领导者或想做领导者的人必须牢牢记在心上的信条。

里仁第四

4-1

【原文】

子曰："里①仁为美。择不处②仁，焉得知③？"

【注释】

①里：住处。②处：居住。③知：通"智"。

【译文】

孔子说："居住在仁德的地方多好啊，选择对待住处没有仁德，怎么能说是智慧的呢？"

【历代论引】

朱子曰："里有仁厚之俗为美。择里而不居于是焉，则失其是非之本心，而不得为知矣。"

【评析】

用现代教育学的观点来看，"里仁为美"就是强调环境对人的重要影响。

环境是重要的，是人才成长的决定因素。以德为邻，依仁而居，择善而处，古风如此。风俗教化影响至大，不容忽视。远亲不如近邻，说的就是这个道理。恭亲睦邻，是历来为人们所奉行的美德。因此，个人品德修养既是自身的事，又必然与所处环境有关。近朱者赤，近墨者黑，与仁德的人相处，耳濡目染，自会受到仁德的熏陶；反之，就会受到不良行为的影响。所以才有孟母三迁的故事流传。

尽管我们难于选择邻居，但是我们可以选择长相交往的朋友，我们可以按照"仁"的指引选择与人为善的待人态度。在漫长的人生之旅，我们总是面临许多的选择，需要在各种诱惑中做出自己的抉择，因此必须以仁德作为选择的出发点，勇于摒弃功利的诱惑，求得大仁大义。其实，"仁"就是"人"。依于人而成于人。与人为善，就是善待自己。只要我们内心存有仁德的美好愿望，那么，仁德就在我们内心，何必苛求别人？

4-2

【原文】

子曰："不仁者，不可以久处约①，不可以长处乐。仁者，安仁②。知者，利仁。"

【注释】

①约：穷困。②安仁：安于仁道。

【译文】

孔子说："没有仁德的人，是不可能长期地安处穷困的，也不能长久地享受安逸快乐。有仁德的人，安守仁道。聪明的人，则利用仁道。"

【历代论引】

谢氏曰："仁者心无内外远近精粗之间，非有所存而自不亡，非有所理而自不乱，如目视而耳听，手持而足行也。知者谓之有所见则可，谓之有所得则未可。有所存斯不亡，有所理斯不乱，未能无意也。安仁则一，利仁则二。安仁者非颜、闵以上，去圣人为不远，不知此味也。诸子虽有卓越之才，谓之见道不惑则可，然未免于利之也。"

朱子曰："不仁之人，失其本心，久约必滥，久乐必淫。"又曰："盖深知笃好而必欲得之也。惟仁者则安其仁而无适不然，知者则利于仁而不易所守。盖虽深浅之不同，然皆非外物所能夺矣。"

【评析】

提高人的素质绝不是一句空话，而是有着十分重要的现实针对性。品德的修养不仅决定着个人人生的发展，更影响着整个社会的风尚。缺乏仁德的人不可能长久地安处贫困或安乐之中。因为困穷的小人是没有立场和原则的，他们不可能长期地遵守原则的约束，也不能够长久地享受生活的富裕，必然挥霍无度而自我膨胀，最终又陷于窘困。他们会因为贫困而做出反社会的行为，为非作乱；也会因为沉迷于骄奢淫逸之中，忘了自己是谁，自我膨胀到蔑视一切的程度，做出危害社会的事情。

真正有智慧有修养的人，无论处于贫富之际，还是得意失意之间，都能够把握自己，既不因得意而忘形，也不因失意而怨天尤人。"君子固穷"，真君子能始终保持着平和中正的心境，矢志不移，乐天知命，安之若素。

4-3

【原文】

子曰："唯仁者能好①人，能恶②人。"

【注释】

①好：喜爱、爱好。②恶：讨厌、憎恶。

【译文】

孔子说："只有那些有仁德的人才有资格褒扬人、批评人。"

朱子曰：“盖无私心，然后好恶当于理，程子所谓‘得其公正’是也。”

游氏曰：“好善而恶恶，天下之同情，然人每失其正者，心有所系而不能自克也。惟仁者无私心，所以能好恶也。”

【评析】

在孔子看来，只有有仁德的人，才是公正无私的，才会爱憎分明，敢爱那些值得爱的人，恨那些应该恨的人。

“谁个人前不说人，谁又背后无人说”，我们总是生活在是是非非之中。那么，在我们对别人做出褒贬的同时，先须自己做一番反省：自己的行为如何，又有什么资格对别人的行为做出是与否的评议，又怎么能够做出令人信服的爱或恨的评定。与其热衷于品评别人，不如反躬自问，好好修养自己的德行。

对于别人的评述，同样也体现着自己的人品。

4-4

【原文】

子曰：“苟志于仁矣，无恶也。”

【译文】

孔子说：“假如一个人立志于修行仁道，就不会有恶行了。”

【历代论引】

朱子曰：“其心诚在于仁，则必无为恶之事矣。”

杨氏曰：“苟志于仁，未必无过举也，然而为恶则无矣。”

【评析】

在孔子看来，人只要立志积德行善，怀有仁德，就可以做到一生不做坏事，成为仁人之士。所以，"仁者无敌"，并不是一句高调的言论。

无论在古代还在当前，时代的变化并不能改变事物自身的规律。用心险恶、手段卑劣，虽有时候能获取蝇头小利和短暂的好处，但毕竟不是正道；只有内心仁德平和，行为光明正大，才是能够成就大事、行之久远的正确的做人做事的途径。

4-5

【原文】

子曰："富与贵，是人之所欲也，不以其道得之，不处也。贫与贱，是人之所恶也，不以其道得之，不去也。君子去仁，恶乎成名？君子无终食之间违仁，造次①必于是，颠沛必于是。"

【注释】

①造次：仓促、极速。

【译文】

孔子说："富有与显贵，是人人所想要拥有的。但是，如果使用不合乎道义的手段而得到，君子是不能接受的。穷困与贫贱，是人人所厌弃的。但是，如果用不正当的手段摆脱它，君子也是不能接受的。君子如果放弃了仁德，又何以称其为君子呢？君子不会在一顿饭的时间里远离仁德，即使处于仓促急迫的时刻也必定谨守仁德，困顿的境地也一定固守仁德。"

【历代论引】

朱子曰："君子之不去乎仁如此，不但富贵、贫贱取舍之间而已也。言君子为仁，自富贵、贫贱取舍之间，以至于终食、造次、颠沛之顷，无时无处而不用其力也。然取舍之分明，然后存养之功密；存养之功密，则其取舍之分益明矣。”

【评析】

这一章孔子谈论君子如何加强自我修养，努力追求并实行仁义道德。

富与贵，是每个人都向往的，人们都希望有前途，得意顺遂，有所成就。相反的，贫与贱，是人人都讨厌的，任何人都不会甘愿过贫穷困顿、流离失所的生活，都希望富贵安逸。即使一个有仁德修养的人，也是不愿意接受困顿贫贱、毫无着落的生活。但是，这一切都必须通过正当的手段和途径获取，否则宁守清贫而不享受富贵。

凡事总是要付出代价的，不要想着有什么不劳而获的美事。在当今社会的经济大潮冲击下，应当保持清醒头脑，有所为有所不为。往往人们在身处寒微之时为了改变自己的处境能够拼搏上进，但是当目的达成，得到了他想要的，以后就会有所变化，一些人变得贪婪，生活腐化糜烂，骄奢淫逸，更有甚者，狂妄自大，把什么都不放在眼里，其后果也就可想而知了。因此，加强"仁"的修养是每一个人都必须重视而不可须臾放松的。

4-6

【原文】

子曰："我未见好仁者、恶不仁者。好仁者，无以①尚②之；恶不仁者，其为③仁矣，不使不仁者加乎其身。有能一日用其力于仁矣乎？我未见力不足者。盖有之矣，我未之见也。"

【注释】

①无以：不可。②尚：超过。③为：施行。

【译文】

孔子说："我不曾见过一个真正喜爱仁和憎恶不仁的人。真正爱好仁德的人，认为天下没有什么是超过仁德的。憎恶不仁的人，之所以崇尚仁德，是为了不至于使不仁的行为落在自己的身上。有谁能够在一天之内尽力修行仁德呢？我还没有发现有力不从心的人。或许也是确有这样的人，但我还没有见到过。"

【历代论引】

朱子曰："夫子自言未见好仁者、恶不仁者。盖好仁者真知仁之可好，故天下之物无以加之；恶不仁者真知不仁之可恶，故其所以为仁者，必能绝去不仁之事，而不使少有及于其身。此皆成德之事，故难得而见之也。"又曰："好仁、恶不仁者，虽不可见，然或有人果能一旦奋然用力于仁，则我又未见其力有不足者。盖为仁在己，欲之则是，而志之所至，气必至焉。故仁虽难能，而至之亦易也。"又曰："人之气质不同，故疑亦容或有此昏弱之甚、欲进而不能者，但我偶未之见耳。盖不敢终以为易，而又叹人之莫肯用力于仁也。"

【评析】

这一章表达了孔子的一个重要思想，即"仁"的标准虽然很高，但并非不可企及。其实"仁"距离我们并不遥远，它存在于我们的每一个意念之中，体现在我们生活的每一个时刻每一个细节，是从普通百姓所能做到的细微之处开始的。因此，只要经过个人的努力，是可以达到"仁"的境界的。

4-7

【原文】

子曰："人之过也，各于其党①。观过，斯知仁②矣。"

【注释】

①党：类。②仁：通"人"。

【译文】

孔子说："人的过错，总是与他同类的人所犯错误性质一样。考察一个人犯的错误，就可以确知这个人是哪一类人了。"

【历代论引】

何晏曰："观过，使贤愚各当其所，则为仁矣。"

尹氏曰："于此观之，则人之仁不仁可知矣。"

吴氏曰："后汉吴祐谓：'掾以亲故，受污辱之名，所谓观过知仁。'是也。"

【评析】

这一章孔子教育人们学会观察别人的方法。观察一个人，一般不外乎态度言行。一个人说什么，做什么，往往就是他内心思想、爱好、喜恶、需要的客观反映。因此，观察一个人所犯错误的类型，就能知道他是怎样的人。观察他对待过错、失误的态度，就可以了解他的为人和人品。

4-8

【原文】

子曰："朝闻道，夕死可矣。"

【译文】

孔子说："早晨我悟知了真理，即使当晚就死去，也没有什么遗憾。"

【历代论引】

程子曰："言人不可以不知道，苟得闻道，虽死可也。"又曰："皆实理也，人知而信者为难。死生亦大矣！非诚有所得，岂以夕死为可乎？"

朱子曰："道者，事物当然之理。苟得闻之，则生顺死安，无复遗恨矣。朝夕，所以甚言其时之近。"

【评析】

"朝闻道，夕死可矣！"正是一种探索真理、献身真理的态度和精神。

生命是短暂的，不论是谁，我们都无法置身自然规律之外，眼前的一切，很快就会成为过去，无论荣辱成败，都只是一瞬，只有事业永存。生命会渐渐离我们而去，肉体终将消亡，而只有名字是能够流传的，但也是必须附丽于对人类有所贡献的事业与道德上。重要的是我们能在生命存在时干完自己该干的事，明白自己孜孜以求的"道"。因此，我们一生都应当为此努力，用自己的双手努力给世间留下一些无法抹去的刻痕，将我们旳名字，这个能够代表我们自己的唯一品牌做得精美，让它能够长久传颂，让人们为我们鼓掌。

4-9

【原文】

子曰："士志于道，而耻恶衣恶食者，未足与议也。"

【译文】

孔子说："读书人有志于德行的修养，但是却以敝衣陋食为耻辱，不能安于清贫，这种人是不值得与他共谋大事的。"

【历代论引】

程子曰："志于道而心役乎外，何足与议也。"

朱子曰："心欲求道，而以口体之奉不若人为耻，其识趣之卑陋甚矣，何足与议于道哉？"

【评析】

西汉著名学者董仲舒认为："尽小者大，慎微者著；积善在身，犹长日加益而人不知也；积恶在身，犹火销膏而人不见也。"这几句话的意思是：能做好每件小事的人，能建立大的功业；每一细微言行都能谨慎的人，能留芳于社会；积累好的东西在身上，就像人一天天长高但别人并没有觉察到；积累邪恶的东西在身上，就像灯慢慢燃去灯油而别人也发现不了一样，董仲舒把这个问题讲得形象而又明了。

立志高远的人应该省悟到这段话的精神，并且落实到行动中去。要行千里路，就必须一步一步向前走，披荆斩棘，风雨无阻，持之以恒，这样才能到达目的地。那种只会在路边品头论足的人，或者见了荆棘、遇上风雨就害怕的人，或者刚走了几步就徘徊不前的人，都是不可能到达目的地的。

斤斤计较个人的享乐，必然不会怀有远大的志向。虽然表面上立志做一番事业，但是却又贪图享受，这样的人不可能成就什么大事。只有那些能够安于清贫，耐得寂寞，向着既定的方向不懈努力的人才会有所作为。

4-10

【原文】

子曰："君子之于天下也，无适①也，无莫②也，义③之与比④。"

【注释】

①适：可以。②莫：不可以。③义：适宜、妥当。④比：亲近。

【译文】

孔子说："君子对于任何事，都没有厚薄、远近、亲疏之分，只以道义为准绳而不偏袒。"

【历代论引】

谢氏曰："适，可也。莫，不可也。无可无不可，苟无道以主之，不几于猖狂自恣乎？此老佛之学，所以自谓心无所住而能应变，而卒得罪于圣人也。圣人之学不然，于无可无不可之间，有义存焉。然则君子之心，果有所倚乎？"

【评析】

孔子在此说明有高尚人格的君子为人公正、友善，处世严肃灵活，不会厚此薄彼。

易经上说："君子藏器于身，待时而动。"无此器最难，有此器不患无此时。锋芒对于年轻人，有的是害处，而好处却很少。这种锋芒好比是额头上长出的角，额上生角必然会很容易触伤别人，如果你不去想办法磨平自己的角，时间久了，别人也必将去折你的角，角一旦被折，其伤害也就更大了。

正所谓要低调做人，就不要太露锋芒，正如那句俗话说的：人怕出名猪怕壮。太露锋芒很有可能招致"毁灭"，而盖其锋芒低调处世方可图日后更大发展。

4-11

【原文】

子曰："君子怀①德，小人怀土②。君子怀刑③，小人怀惠④。"

【注释】

①怀：记挂。②土：乡土。③刑：法制惩罚。④惠：好处、恩惠。

【译文】

孔子说："君子致力于德行的修养，小人看重的是生活的安逸。君子关心法度，小人关心好处。"

【历代论引】

朱子曰："君子小人趣向不同，公私之间而已矣。"

尹氏曰："乐善恶不善，所以为君子。苟安务得，所以为小人。"

【评析】

　　这一章孔子谈论了君子和小人的区别，君子有高尚的道德，他们的风范，在于舍己为人，道人之善，成人之美。道德高尚，胸怀远大。而小人是损人利己的事抢着去干，即使损人不利己的事也竟然干得出来。

4-12

【原文】

　　子曰："放①于利而行，多怨。"

【注释】

　　①放（fǎng）：依据。

【译文】

　　孔子说："依据个人的利益肆意而行，必然招致更多的怨愤不平。"

【历代论引】

　　程子曰："欲利于己，必害于人，故多怨。"

【评析】

　　孔子认为，作为具有高尚人格的君子，他不会总是考虑个人利益的得与失，更不会一心追求个人的利益，否则，就会招致来自各方面的怨恨和指责。也就是说一定要以大家的利益、仁义为行动的依据。

　　现代商场上，制造商和经销商形成了一个供需依存的紧密关系，若没有经销商的渠道，制造商制造山来的产品无法流通获利，而如果没有制造商的产品，经销商也是巧妇难为无米之炊。制造商和经销商是一种唇齿相依的关系，做生意是要讲求双赢的，绝不能让其中的一方感到委屈，双方在合作的折中谈判里，找到一个平衡点，让双方都能赚钱，才是长久之道。但有些经销商却吃定了制造商，不是压低进货，就是退货冲账，自己赚足了好处，却让制造商无利可图；自己大块吃肉，却让对方无处喝汤。像这种损人利己的行为，终将让对方唾弃，到头来自己变成了无货可销，还不是得吃大亏？所以说，损人利己像风中的残烛，虽有短暂的亮光，但却经不起时间的考验。损人利己的公司，绝对不会是一个好公司。

损人是绝对无法利己的，唯有成就别人，才能成就自己。智者说："帮助别人，就是实现自己。"这句话说的就是这个道理。

4-13

【原文】

子曰："能以礼让为国乎？何有？不能以礼让为国，如礼何？"

【译文】

孔子说："能够用礼让治理国家吗？那么又有什么困难呢？不能用礼让治理国家，又怎样对待礼仪呢？"

【历代论引】

朱子曰："有礼之实以为国，则何难之有？不然，则其礼文虽具，亦且无如之何矣，而况于为国乎？"

【评析】

这一章孔子认为，礼让精神是安邦治国的根本要求，也只有提倡礼让，一个国家才可以成为礼仪之邦。孔子所讲的礼让治国，实质在于提醒只有做领导的以身作则、文明治国，才能获得广大人民群众的衷心爱戴和拥护，从而上下一心，同心同德，一起把国家的物质文明和精神文明搞上去。

4-14

【原文】

子曰："不患无位，患所以立；不患莫己知，求为可知也。"

【译文】

孔子说："不必忧虑没有地位，应当担心自己没有立身的本领；不必忧虑没有人知道自己，而应该忧虑自己不具备让人知晓的本领。"

【历代论引】

程子曰："君子求其在己者而已矣。"

【评析】

孔子在这里勉励人们不要担心自己的社会地位，而要掌握自立于社会的真正本领，只要自己有本领，总是会为人们所知晓为社会所承认的。

但是现代社会的现实竞争和快节奏的变化，让许多人不再在坚定自己的修为方面下功夫了，他们认为，事情的关键在于谋求一个好的职位，把自己的名头做大做响。

这种观念和行为也许很合乎时宜，而且也有那么一点道理，但是墙上芦苇终究不会长成参天大树。其实，与其成为一个名不副实的自己，还不如先苦练内功、充实自己更实在些。无论别人知不知道自己，了不了解自己，对于一个真正有品位、有内涵的人来讲，都是次要的。

其实，每一个时代都有每一个时代的生存环境，每一个时代的人也都有各自的生存方式。目前的社会是一个信息化、知识经济的社会，在这样一种高科技的生存环境中，与远古时代相比，生存技能已发生了很大变化。一个人需要掌握的生存技能也在变化。

4-15

【原文】

子曰："参乎！吾道一以贯①之。"曾子曰："唯。"子出，门人②问曰："何谓也？"曾子曰："夫子之道，忠恕而已矣。"

【注释】

①贯：贯穿。②门人：曾子弟子。

【译文】

孔子说："曾参啊！我的学说有一个核心贯穿其中，始终不变。"曾子说："是。"孔子离开后，同学们问："是什么呢？"曾子说："夫子的思想，概括起来就是'忠恕'二字。"

【历代论引】

朱子曰："圣人之心，浑然一理，而泛应曲当，用各不同。曾子于其用处，盖已随事精察而力行之，但未知其体之一尔。夫子知其真积力久，将有所得，是以呼而告之。曾子果能默契其指，即应之速而无疑也。"又曰："夫子之一理浑然而泛应曲当，譬则天地之至诚无息，而万物各得其所也。自此之外，固无余法，而亦无待于推矣。曾子有见于此而难言之，故借学者尽己、推己之目以着明之，欲人之易晓也。盖至诚无息者，道之体也，万殊之所以一本也；万物各得其所者，道之用也，一本之所以万殊也。以此观之，'一以贯之'之实可见矣。"

【评析】

忠恕之道是儒家思想的重要内容，待人忠恕，这是"仁"的基本原则和方法，贯穿于孔子思想的各个方面。

"己所不欲，勿施于人"，这在孔子的教育思想中居于重要位置；它强调了仁爱之心，又注意到了人我、群己的权界。其间蕴含的宽容平和与不强加于人的心态，正是人类个体之间、社群之间、种族之间、国家之间、乃至天、地、人、物之间，相互尊重、共存共生的相依之道。他认为人与人之间在利益上是相互依存、不可分割的整体。无论什么样的人物，要想在社会上安身立命，成就一番事业，就必须以他人的生存与发展为前提。因此，孔子断言说："不仁者不可以久处约，不可以长处乐。仁者安仁，知者利仁。""唯仁者能好人，能恶人。"

4-16

【原文】

子曰："君子喻①于义，小人喻于利。"

【注释】

①喻：知晓、懂得。

【译文】

孔子说："君子知晓的是义，小人懂得的是利。"

【历代论引】

程子曰："君子之于义，犹小人之于利也。唯其深喻，是以笃好。"

杨氏曰："君子有舍生而取义者。以利言之，则人之所欲无甚于生，所恶无甚于死，孰肯舍生而取义哉？其所喻者义而已，不知利之为利故也。小人反是。"

【评析】

君子与小人的分野就在于其面对"义"与"利"的态度，功利与势利，是区分君子与小人的试金石。君子以道义为先，小人以利益为重。君子蹈义，小人趋利。君子以义兴，小人奔利亡。

"君子喻于义，小人喻于利。"是孔子学说中对后世影响较大的一句话。孔子认为，利益要服从义，要重义轻利，他的"义"指服从等级秩序的道德，一味追求个人利益，就会犯上作乱，破坏等级秩序。所以，孔子把追求个人利益的人视为小人。但其实义与利两者有不相容的一面，也有相容的一面，因此不能单纯以"义"和"利"来区分君子和小人，而只能以是否合法来区分。

4-17

【原文】

子曰："见贤思齐焉，见不贤而内自省也。"

【译文】

孔子说："看到贤德的人，就向他学习、看齐。看见没有良好德行修养的人，就自我反省是否和他有一样的行为。"

【历代论引】

胡氏曰："见人之善恶不同，而无不反诸身者，则不徒羡人而甘自弃，不徒责人而忘自责矣。"

【评析】

本章谈的是个人道德修养问题。

《法华经》说："人若知自爱，则应慎护自己。有心者应于三时之一，严以自我反省。"

任何人，不管出身多么高贵，受过的教育多么良好，也不可能是十全十美的，都需要一个自我不断完善的过程。相反，一个人不管出身多么低微，受过的教育多么不全面，只要不断地完善自我，也能受到社会的认可和尊重。在今天"见贤思齐"已经演变成我们对自我修养的一种要求，是值得我们继续发扬光大的。但生活中，总是有一些人看见别人的成就就心怀嫉妒，看到比自己差的人就加以鄙视和嘲笑，这种人最终的结果只能是难成大气候，落得不堪收拾的下场。

4-18

【原文】

子曰："事父母几①谏。见志不从，又敬不违，劳②而不怨。"

【注释】

①几：轻微、婉转。②劳：操劳。

【译文】

孔子说："侍奉父母，对他们的过错应该委婉地劝谏。自己劝谏的意思没有被父母采纳，就应该更为谨敬谨孝，不要违拗父母的意志，要任劳任怨，不能心怀抱怨。"

【历代论引】

朱子曰："此章与《内则》之言相表里。"又曰："所谓'父母有过，下气怡色，柔声以谏'也。"

【评析】

侍奉父母，这是子女应该做的，但如果要求子女对父母一味地绝对服从，百依百顺，甚至父母不听劝说时，子女仍要对他们毕恭毕敬，毫无怨言，这就成了封建专制主义维护封建宗法家族制度的重要纲常名教。因此，这个观点是错误的，是应该摒弃的。

但话说回来，中国是一个崇尚孝道的民族，孝文化是传统文化的一个重要组成部分，是衡量一个人品质的主要依据，你能否在所处的生活环境中站得住，取决于你对待老人的行为态度。你可以没有本事赚钱，可以贫穷，可以没有才能，可以什么都没有，但是，你不能没有孝心。只要你是一个孝敬的人，就可以得到亲戚邻里的称赞，你就可以站得起来，得到人们的信任。孝行，就是从最基本的方面做起，就是在衣食等生活方面尽心侍奉、体贴赡养，并且要有一颗善良诚敬的心，以自己的一言一行救助抚恤幼弱鳏寡，使父母教养子弟的大德得以弘扬，使他们因为你的德行而感到高兴自豪，这才称得上是真正的孝顺。

4-19

【原文】

子曰："父母在，不远游①，游必有方②。"

【注释】

①游：游学、游官、经商等外出活动。②方：一定的地方。

【译文】

孔子说："父母健在，儿子不宜到远方游历。即使不得已要外出，也一定要有方向。"

【历代论引】

范氏曰："子能以父母之心为心，则孝矣。"

【评析】

杨伯峻的《论语译注》在本章的"余论"中说："古代交通不便，又没有私人通信的设备，同时儒家又把'养亲''慎终'看作大事，自然主张'父母在，不远游'。"

今天，世界变成了"地球村"，交通、通信设备日新月异，几千里外，也可以朝发夕至。何况今天想有大的发展，必须放眼世界。但是不管走多远，也应该"游必有方"，以免老人挂念。当然，这一切的前提是长辈亲人们健康没有大碍，生活亦能自理。否则，在情理上就有些说不过去了。

4-20

【原文】

子曰："三年无改于父之道，可谓孝矣。"

【译文】

见《学而第一》11章。

【历代论引】

见《学而第一》11章。

【评析】

见《学而第一》11章。

4-21

【原文】

子曰："父母之年，不可不知也。一则以喜，一则以惧。"

【译文】

父母的年龄，不能不谨记在心。一方面为父母颐年高寿而高兴，一方面又因为父母年迈体衰而忧惧。

【历代论引】

朱子曰："常知父母之年，则既喜其寿，又惧其衰，而于爱日之诚，自有不能已者。"

【评析】

这一章孔子提醒人们要随时注意父母的年龄，既要为他们的高寿而高兴，也要为他们的逐渐衰老而担忧，做到及时行孝，尽到自己的孝心。

反观时下，那些不知父母年庚，连父母的养育之恩都不感激而一味自私索取的人，怎么会去感恩别人？又怎么能够担当大任呢？一个不关爱父母的人，又怎么能奢望他去关心国家和社会？又怎么能以天下之事为重呢？一个不在乎自己父母生老病痛的人，难道能够为社会公众事业尽力吗？记得父母的生日并送上一份祝福，是每个儿女最起码的为人之道。

4-22

【原文】

子曰："古者言之不出，耻躬之不逮①也。"

【注释】

①逮：及、达到。

【译文】

孔子说："古人不轻率地发表言论。因为，耻于言而无行、躬行不及。"

【历代论引】

范氏曰："君子之于言也，不得已而后出之，非言之难，而行之难也。人惟其不行也，是以轻言之。言之如其所行，行之如其所言，则出诸其口必不易矣。"

孔子认为，在德行的视野里，"言"与"行"是一体的。"言"本身意味着一种"行"，是一种承诺。如果"言"与"行"失衡，"言"远远地超过了"行"，"行"之中没有实现诺言的保证，"言"就成了空头支票。

俗话说："言而无信，人之大忌。"承诺别人的事一定要兑现，这样才能受到人们的信任和尊重。一诺千金不仅是立身处世之道，而且也是一种提升自己的方法。

4-23

【原文】

子曰："以约①失之者鲜②矣。"

【注释】

①约：约束。②鲜：少。

【译文】

孔子说："因为约束自己而发生失误的是很少的。"

【历代论引】

谢氏曰："不侈然以自放之谓约。"
尹氏曰："凡事约则鲜矣，非止谓俭约也。"

【评析】

古贤有云："三日而省乎己。"这句话所体现出来的自律精神，是每一个有志于做有品位的人，以及想成就一番事业的人必须学习的。做不到这一点，即使能有一个良好的开始，但未见得会有良好的发展过程和结果。

因此，经常性地检点自己的言行，并及时做出调整和约束，是十分有必要的。从积极方面来讲，自查自省是修德建业的需要；从消极方面讲，这是少犯和不犯错误的关键所在。一个人能够做到这一点，凡事皆可善始善终。

4-24

【原文】

子曰："君子欲讷①于言而敏②于行。"

【注释】

①讷：这里指说话谨慎。②敏：敏捷。

【译文】

孔子说："君子说话要谨慎，做事要行动敏捷。"

【历代论引】

谢氏曰："放言易，故欲讷；力行难，故欲敏。"

【评析】

我们说话时，务必要把握时机，如果该说的时候不说，便失去表达的机会。同样，如果不顾及说话对象的心态，不注意周边的环境气氛，或者是不该说话时却急于抢说，都极有可能引起对方的误解甚至反感。

同时，对于自己说过的话，一定要快速承诺，不要只耍嘴皮子，要多干实事。总之，我们不能做"语言的巨人，行动的矮子"。少说多做，绝对是至理名言。

4-25

【原文】

　　子曰："德不孤，必有邻①。"

【注释】

　　①邻：邻居，这里指志向相同的人。

【译文】

　　孔子说："有仁德修养的人是不会孤立的，必然会有志同道合的人和他相处。"

【历代论引】

　　朱子曰："德不孤立，必以类应。故有德者必有其类从之，如居之有邻也。"

【评析】

　　这一章孔子赞扬他所提倡的仁德具有无所不在的力量，甚至可以说具有很强的穿透力和凝聚力。

　　一个人有了美德，自己就不会感到孤单，会得到很多朋友，人不能把自己孤立起来，真正的有德之人是生活在人群中间的，有德之人的朋友遍布天下。这就是孔子讲的"仁义"，即爱己就是爱人，"仁义"就是大家好，"仁义"就是快乐。

4-26

【原文】

　　子游曰："事君数①，斯辱矣；朋友数，斯疏矣。"

【注释】

①数：屡次、频繁。

【译文】

子游说："对待君主，频繁进谏，这是自取其辱。朋友交往，多次劝导他的言行，就会被疏远。"

【历代论引】

胡氏曰："事君，谏不行，则当去；导友，善不纳，则当止。至于烦渎，则言者轻，听者厌矣，是以求荣而反辱，求亲而反疏也。"

范氏曰："君臣朋友，皆以义合，故其事同也。"

【评析】

这一章子游谈论了侍奉君主和结交朋友所应注意的方式方法。

说起来也是，人各有志，不能勉强。君臣之间也好，朋友之间也好，保持一定的距离反而会走向真正的和谐，所谓"远香近臭"。"君子之交淡如水，小人之交甘若醴"，其实都有这种意思在内。

公冶长第五

5-1

【原文】

子谓公冶长①："可妻也。虽在缧绁②之中，非其罪也。"以其子③妻之。子谓南容④："邦有道，不废；邦无道，免于刑戮。"以其兄之子妻之。

【注释】

①公冶长：孔子弟子。姓公冶，名芝，字子长。鲁国人。为人能忍耻。孔子以女妻之。相传通禽语。②缧（léi）绁（xiè）：捆绑犯人的绳子。③子：古时儿女的泛称。④南容：孔子弟子。姓南宫，名适，字子容，谥敬叔。孟懿子之兄。

【译文】

孔子说公冶长："可以把女儿嫁给他。虽然他现在身陷牢狱之中，但这并不是他自己有什么罪过呀。"就把女儿嫁给了他。孔子说南容："国家兴盛的时代，他不会被废弃不用；国家昏乱的时期，他也能够免除受到刑罚杀戮。"就把他哥哥的女儿嫁给了他。

【历代论引】

或曰："公冶长之贤不及南容，故圣人以其子妻长，而以兄子妻容，盖厚于兄而薄于己也。"程子曰："此以己之私心窥圣人也。凡人避嫌者，皆内不足也。圣人自至公，何避嫌之有？况嫁女必量其才而求配，尤不当有所避也。若孔子之事，则其年之长幼、时之先后皆不可知，惟以为避嫌，则大不可。避嫌之事，贤者且不为，况圣人乎？"

【评析】

人的一生，总是有起有落，而能否看准时机、把握机遇，在关键时刻做出正确的决策是决定一个人成败的关键。如此方可时时处于生活的"起"点，不至于跌入人生谷底，这也是做人处世的必备素质。

面对瞬息万变的社会，任何个人的力量都是有限的，谁也无法改变历史，只是在条件许可的境况下对社会和历史发生有限的影响。即使是伟大杰出的人物，也不例外。自己所能够做到，也应该努力做到的就是保存自己。保护自己的生命，保持自己人格的完美。不论身处顺逆，都能够做到不被埋没而为国家为人民尽力，也能够做到安身立命，就是难得的大智慧，高深的大修养。

5-2

【原文】

子谓子贱①："君子哉若人②！鲁无君子者，斯焉取斯③？"

【注释】

①子贱：即宓不齐。字子贱。名不齐，春秋末鲁国人。孔子学生。其治理单父时，鸣琴不下堂而治。孔子称为"君子"。后世追封为单父侯。②若人：这个人。③斯焉取斯：第一个"斯"指子贱，第二个"斯"指子贱的品德。

【译文】

孔子评价子贱，说："这个人真是一个君子！如果说鲁国现在没有可以称为君子的人，他从哪里学到这样的好品德呢？"

【历代论引】

苏氏曰："称人之善，必本其父兄师友，厚之至也。"

【评析】

这一章孔子称赞子贱是一位有才学知识、善于向别人学习的贤才。

创新是发展的基本质量，不论我们从事何种事业，要做到有所建树，就要敢于在无疑处存疑。要有自己的立场和见解，并力求证明之。重要的是坚持，坚持到底，找到一个结果，也给自己一个结论。师古不泥，信而存疑，这是求真务实的基本方法。

5-3

【原文】

子贡问曰："赐也何如？"子曰："女，器也。"曰："何器也？"曰："瑚琏①也。"

【注释】

①瑚琏（hú lián）：古代祭祀时盛粮食用的器物，是相当贵重的。

【译文】

子贡问道："我这个人怎么样？"孔子说："你呀，就像是一个器皿。"子贡又问："是什么样的器具？"孔子说："就像宗庙里的瑚琏。"

【历代论引】

朱子曰："子贡见孔子以君子许子贱，故以己为问，而孔子告之以此。然则子贡虽未至于'不器'，其亦器之贵者欤？"

【评析】

这一章孔子称赞子贡有济世才能，但同时，孔子还告诉子贡他还没有达到"君子之器"那样的程度。

老师对学生的真实印象和评价，大概是许多学生愿意了解的，这样的对话一直在发生着，不过几千年来老师们的回答，既把握分寸、真实到位，又能让对话生动的，大概无过于孔子此语。孔子的这种坦率是值得今天我们所有的老师学习的，因为只有坦率地告诉学生真实情况，才能有助于其更好地成长。

5-4

【原文】

> 或曰："雍①也仁而不佞②。"子曰："焉用佞？御③人以口给④，屡憎于人。不知其仁，焉用佞？"

【注释】

①雍：孔子弟子。姓冉，名雍，字仲弓。②佞：能言善辩，有口才。③御：抵挡、对付。④口给：口齿伶俐，言语便捷。

【译文】

有人说："冉雍有仁德但是不善言辞。"孔子说："何必一定要善于辞令呢？强词夺理与人辩论，必然常常惹人憎恶。我不知道他是否有仁德，但为什么要有口才呢？"

【历代论引】

朱子曰："仲弓为人重厚简默，而时人以佞为贤，故美其优于德，而病其短于才也。"又曰："何用佞乎？佞人所以应答人者，但以口取辨而无情实，徒多为人所憎恶尔。我虽未知仲弓之仁，然其不佞乃所以为贤，不足以为病也。再言'焉用佞'，所以深晓之。或疑仲弓之贤而夫子不许其仁，何也？曰：仁道至大，非全体而不息者，不足以当之。如颜子亚圣，犹不能无违于三月之后；况仲弓虽贤，未及颜子，圣人固不得而轻许之也。"

【评析】

孔子早就说过"巧言令色，鲜矣仁"，在此又一再主张"敏于事而慎于言"，因此，孔子是绝对不主张耍嘴皮子，靠伶牙俐齿来说服人的，他主张的是以事实、以道理来服人。

修养仁德是根本，语言是次要的，重在躬行。不论话语滔滔，讲到何种深度，总代替不了自己去做。这世间语言的泡沫已经很多了，但并不能决定一切，任何美妙的语言都不能代替一个踏踏实实的行动。总有一些事是任何别的东西替代不了的，空谈毫无意义。夸夸其谈无助于仁德的修养，反而有损于做人的诚笃。

5—5

【原文】

子使漆雕开①仕。对曰："吾斯之未能信。"子说。

【注释】

①漆雕开：孔子弟子。姓漆雕，名开，字子若。

【译文】

孔子让漆雕开去做官。漆雕开回答说："我还没有足够的自信。"孔子为此感到高兴。

【历代论引】

程子曰："漆雕开已见大意，故夫子说之。"又曰："古人见道分明，故其言如此。"

谢氏曰："开之学无可考。然圣人使之仕，必其材可以仕矣。至于心术之微，则一毫不自得，不害其为未信。此圣人所不能知，而开自知之。其材可以仕，而其器不安于小成，他日所就，其可量乎？夫子所以说之也。"

【评析】

知其可为而为之，知其不可为而即止，必为智者。知其不可为而强为之，必取其辱。知人者明，自知者胜。漆雕的确是具有自知之明的智者。

凡事都有个基础，成功也需要铺垫，"没有人能随随便便成功"，这个铺垫就是自己的能力、本事。得失寸心知，客观地对自己评价是你能有多大作为的标尺。

因此，既承认自己的能力，又看清自己不足的人最值得敬佩，因为他的心态非常健康。国际上知名的大企业都非常在意员工的人格魅力，因为人格成本尽管"看不见"，却是非常昂贵的，可见，"人贵有自知之明"已经不仅仅是一种人生素质，更是时代需要的成功资本了。

5-6

【原文】

子曰："道不行，乘桴①浮于海。从②我者，其由与？"子路闻之喜。子曰："由也好勇过我，无所取材。"

【注释】

①桴（fú）：用竹或木编制的小筏子。②从：跟随。

【译文】

孔子说："我的主张如果不能被实行，我就乘坐着竹木筏子，泛游海外。能够跟从我远游的，那时恐怕就只有仲由一个人吧？"子路听后心里很高兴。孔子接着说："仲由的武勇好义胜过我，这没有什么可取的了。"

【历代论引】

程子曰："浮海之叹，伤天下之无贤君也。子路勇于义，故谓其能从己，皆假设之言耳。子路以为实然，而喜夫子之与己，故夫子美其勇，而讥其不能裁度事理以适于义也。"

【评析】

这一章十分委婉地记述了孔子忧世而感到无聊的心情。孔子觉得自己的社会理想不能实行，于是采用假设的办法把希望寄托在自己的弟子身上，但自己的弟子们又都是好勇胜事，而不能裁度事理，因而孔子总是忧世而不忘世。

虽然，这句话只是孔子的一时感叹，但也表明了他洒脱、不偏执的一面。所谓"生活在别处"，人要高于道，无论"道"是否能行，人都要有一种出路，而不能走进生活的死胡同。其实人生的选择是多种多样的，不一定非要一竿子插到底，学会选择，学会变通，是一种聪明之举。当不能实现自己设定的理想时，不妨选择另一条道路，也许你就会意外发现自己本来就可以有另外一种活法。

5—7

【原文】

孟武伯问："子路仁乎？"子曰："不知也。"又问。子曰："由也，千乘之国，可使治其赋①也。不知其仁也。""求也何如？"子曰："求也，千室之邑②，百乘之家③，可使为之宰④也。不知其仁也。""赤⑤也何如？"子曰："赤也，束带立于朝⑥，可使与宾客⑦言也，不知其仁也。"

【注释】

①赋：兵赋，向百姓征收的军事费用，包括兵员和装备。②邑：古代百姓聚居地的通称，小的只有十几家，大的可有上万家。③家：大夫的封地采邑。④宰：这里指总管。⑤赤：孔子弟子。姓公西，名赤，字子华。⑥束带立于朝：穿着礼服立于朝堂。⑦宾客：贵客为宾，一般客人为客。指一般客人和来宾。

【译文】

孟武伯问："子路是有仁德的人吗？"孔子说："我不知道。"孟武伯又问。孔子说："仲由，一个拥有千辆兵车的国家，可以任用他掌管军事，但是我不知道他是否有仁德。"孟武伯就问："冉求这个人怎么样？"孔子说："冉求呀，对于有千家居民的城邑或百辆兵车的封地，可以让他承担管理之责。但是，我不知道他有没有仁德。"孟武伯就又问："公西赤怎样？"孔子说："公西赤呀，穿着官服，束起绅带，立于朝堂之中，可以让他接待宾客，办理交涉。只是我不知道他是否有仁德。"

【评析】

这一章主要是说明孔子把"仁德"的标准看得很高很神圣，因而难得有人能够达到他所说的"仁德"的标准，孔子也不轻易把"仁"的桂冠送给某一个人，也不轻易表态说某某人"有仁无仁""是仁不仁"，即使是对他的弟子也是如此。

人不论具有多高的才能，重要的是要有德行，人生的真谛就在于仁德的修养。纵使我们有通天彻地之能，但是如果没有可为人称道的德行，最终也必将是一个失败者。人生在世，不论功名大小，成败如何，这些都不重要，也都不能说明什么。我们要在这个世间立足，必须首先具备良好的品德。只要你真正拥有良好的品德，只要你真正具有某种卓越的才能，总是会有人关注。未来的一切如何，我们都不知道答案。只有努力修养自己的德行才是唯一的途径。处于一个讲求实际的时代，凡事都以现实的功利为唯一标准，但是，仁德是永远的，使我们可以从容立于天地之间。

5-8

【原文】

子谓子贡曰："女与回也孰愈①？"对曰："赐也何敢望②回？回也闻一以知十，赐也闻一以知二。"子曰："弗如也，吾与③女弗如也。"

【注释】

①愈：超过、胜过。②望：比。③与：赞同、同意。

【译文】

孔子问子贡说："你与颜回相比谁更优秀？"子贡回答说："我哪里敢与颜回比高下？颜回听到一点就能推知很多，我充其量也只是能够由此及彼罢了。"孔子说："你是不如颜回！我同意你的话，是不如颜回呀。"

【历代论引】

胡氏曰："子贡方人，夫子既语以'不暇'，又问其与回孰愈，以观其自知之如何。闻一知十，上知之资，生知之亚也。闻一知二，中人以上之资，学而知之之才也。子贡平日以己方回，见其不可企及，故喻之如此。夫子以其自知之明，而又不难于自屈，故既然之，又重许之。此其所以终闻性与天道，不特闻一知二而已也。"

【评析】

这一章孔子在赞美颜回有学问、有悟性的同时，也感到子贡尚有自知之明，并勉励子贡继续努力，不断提高自己的学识水平和推断能力。

老子说："知人者智，自知者明。"能够知人，能够了解别人的人，才是有大智慧的人，能够认识自己，才是明白人。人们的眼睛总是盯着别人，很少回视自己。人们总是自以为比别人高明，以己之长较人之短，不论自己是否具备比别人高的才智或德行，总认为别人不及自己。但是，真正有德能的人，却总是看到别人的长处，深知自己的不足。

5–9

【原文】

宰予昼寝。子曰："朽木不可雕也，粪土①之墙不可杇②也。于予与何诛③？"

【注释】

①粪土：腐土、脏土。②杇（wū）：建筑时用来抹墙的工具，这里指用抹子

粉刷墙壁。③诛：谴责、批评。

【译文】

宰予大白天睡觉。孔子说："朽烂了的木质不能雕刻，用粪土所筑的墙壁不能粉刷。对于宰予，我还能有什么要求呢？"

【历代论引】

范氏曰："君子之于学，惟日孜孜，毙而后已，惟恐其不及也。宰予昼寝，自弃孰甚焉，故夫子责之。"

胡氏曰："宰予不能以志帅气，居然而倦，是宴安之气胜，儆戒之志惰也。古之圣贤未尝不以懈惰荒宁为惧，勤励不息自强，此孔子所以深责宰予也。"

【评析】

这一章孔子严厉批评宰予的懒惰。

要成就人生，一切在于自己的努力。一切都得靠自己，从源头开始一点一点干起。古人说：君子能勤小物，故无大患。别人许诺的生活前景无论多么美好，都是骗人的陷阱。只有通过自己的努力所得到的，才是实实在在的生活。谁也不会给我们美好的生活，除了我们自己的努力。天才出于勤奋，学习要持之以恒。任何的技巧与手段都不能代替自己的努力。

5-10

【原文】

子曰："始吾于人也，听其言而信其行；今吾于人也，听其言而观其行。于予与改是。"

【译文】

孔子说："先前我对待别人，听到他的话便相信他的行为；现在我对待别人，听取他的话，还要考察他的行为，这是由于宰予给予我的启发，使我改变了以前的做法。"

【历代论引】

胡氏曰："听言观行，圣人不待是而后能，亦非缘此而尽疑学者，特因此立教，以警群弟子，使谨于言而敏于行耳。"

【评析】

这一章孔子提出了一个观察人的有效方法，即不仅要看他怎么说，而且要看他怎么做。这样观察一个人才是全面的、具体的、公正的。真正认识一个人，不仅要听他的言论，更重要的是考察他的行为，深入他的精神世界。不仅要看他的衣饰容貌，更要考察他内心的思想境界，不能褊狭而停留于表象的直感。

5-11

【原文】

子曰："吾未见刚者。"或对曰："申枨①。"子曰："枨也欲②，焉得刚？"

【注释】

①申枨（chéng）：孔子弟子。姓申，名枨，字周。②欲：欲望。

【译文】

孔子说："我还没有见到真正的刚毅不屈的人。"有人就说："申枨就是这样的人。"孔子说："申枨啊，有贪欲，怎么能够做到刚毅不屈呢？"

【历代论引】

程子曰："人有欲则无刚，刚则不屈于欲。"

谢氏曰："刚与欲正相反。能胜物之谓刚，故常伸于万物之上；为物掩之谓欲，故常屈于万物之下。自古有志者少，无志者多，宜夫子之未见也。枨之欲不可知，其为人得非悻悻自好者乎？故或者疑以为刚，然不知此其所以为欲尔。"

【评析】

"欲"是人的一种生理本能。人要生活下去，就会有各种各样的"欲"：饿了有食欲，渴了有饮欲，困了有睡欲，冷了有暖欲，缺东西用时有物欲，情窦初开时有情欲。但是，凡事总要有个尺度。欲望过多过大，必然欲壑难填。贪求私欲者往往被财欲、物欲、色欲、权欲等迷住心窍，攫求不已，终至纵欲成灾。

贪求私欲的危害实在太大了。《韩非子·解老》说："有欲甚，则邪心胜。"私欲太多，邪恶的心思便占上风。《刘子·防欲》说："欲炽则身亡。"私欲太强烈了，全使人丧命。《慎言·见闻篇》说："贪欲者，众恶之本。"把贪求私欲作为一切罪恶的根源。贪欲，不知吞食了多少无辜良善，又不知使多少人作茧自缚，名败身亡。

5-12

【原文】

子贡曰："我不欲人之加诸我也，吾亦欲无加诸人。"子曰："赐也，非尔所及也。"

【译文】

子贡说："我不愿意别人强制我，我也不愿意强制别人。"孔子说："赐啊，这不是你所能够完全做到的。"

【历代论引】

程子曰："'我不欲人之加诸我，吾亦欲无加诸人'，仁也；'施诸己而不愿，亦勿施于人'，恕也。恕则子贡或能勉之，仁则非所及矣。"

朱子曰："子贡言我所不欲人加于我之事，我亦不欲以此加之于人。此仁者之事，不待勉强，故夫子以为非子贡所及。"又曰："'无'者自然而然，'勿'者禁止之谓，此所以为仁、恕之别。"

【评析】

这一章孔子说明了，不把自己的思想观点强加给别人是可以做到的，但不被别人强迫是做不到的。人不可能单独生存，必须与他人共生，这就必然会与他人有各种联系，必然会彼此影响。为了生存，我们又不得不接受别人的强迫，这是做人的学问，也是我们立足社会的学问。

5—13

【原文】

子贡曰："夫子之文章①，可得而闻也；夫子之言性②与天道③，不可得而闻也。"

【注释】

①文章：文献典籍，这里指孔子传授的诗书礼乐等。②性：人的本性。③道：天道。

【译文】

子贡说："夫子的学问我们可以听得到。夫子对于人性与天道的言论，我们却无从听得到。"

【历代论引】

朱子曰："夫子之文章，日见乎外，固学者所共闻；至于性与天道，则夫子罕言之，而学者有不得闻者。盖圣门教不躐等，子贡至是始得闻之，而叹其美也。"

程子曰："此子贡闻夫子之至论而叹美之言也。"

【评析】

孔子注重仁德，不讲天道，对天和社会的关系存而不论，也很少谈论人的本性问题。反躬求诸己，以"仁"为核心。在子贡看来，孔子所讲的礼乐诗书等具体知识是有形的，只靠耳闻就可以学到了，但关于人性与天道的理论，深奥神秘，不是通过耳闻就可以学到的，必须要有内心的体验，才有可能把握住。

5-14

【原文】

子路有闻，未之能行，唯恐有①闻。

【注释】

①有：通"又"。

【译文】

子路听到好的德行，如果还没有付诸行动，则唯恐听到新的善行。

【历代论引】

范氏曰："子路闻善，勇于必行，门人自以为弗及也，故着之。若子路，可谓能用其勇矣。"

【评析】

一个人能亲自实践所认识的道理固然是一件好事，但如果只是因为不能去实践就拒绝接受新的道理是非常无知的。因为不是所有的道理都需要亲自去实践，而且道理是彼此相通的，对于不能亲自实践的道理，接受了之后，也可能会启发我们，有利于我们的行动。尤其是在今天这样一个信息时代，我们更要以开放的心态和思维去接受一切新的东西。

5–15

【原文】

　　子贡问曰："孔文子①何以谓之'文'也？"子曰："敏②而好学，不耻下问③，是以谓之'文'也。"

【注释】

　　①孔文子：名圉（yǔ）。卫国大夫。②敏：敏捷、勤勉。③下问：向地位比自己低、知识比自己少、能力比自己差的人请教。

【译文】

　　子贡问："孔文子凭什么谥为'文'呢？"孔子说："聪敏好学，又能虚心向地位低于自己的人求教，而不感到耻辱，因此谥号月'文'是可以的。"

【历代论引】

　　朱子曰："凡人性敏者多不好学，位高者多耻下问。故谥法有以'勤学好问'为'文'者，盖亦人所难也。孔圉得谥为文，以此而已。"

　　苏氏曰："孔文子使太叔疾出其妻而妻之。疾通于初妻之娣，文子怒，将攻之。访于仲尼，仲尼不对，命驾而行。疾奔宋，文子使疾弟遗室孔姞。其为人如此而谥曰文，此子贡之所以疑而问也。孔子不没其善，言能如此，亦足以为文矣，非经天纬地之文也。"

【评析】

　　这一章孔子称赞孔文子思维敏捷、谦虚好学的精神。在孔子看来，做学问就说要向别人请教、不耻下问，否则就成就不了大学问。

　　"敏而好学，不耻下问"是一种非常积极的治学态度，也是中国传统文化中最优秀的思想观点之一，我们应该将此发扬光大。然而要"不耻下问"，谈何容易，尤其身居高位者往往会自恃身份，自以为永远正确，总觉得高瞻远瞩、英明睿智，无所不通，自始至终透出的是一副居高临下、先知先觉、盛气凌人的指导姿态，并无半点虚心与诚恳，周身所展示的除了傲慢与养尊处优、颐指气使的霸态外，只剩下可怜的虚荣与无知。由此可见，孔文子之"文"是难能可贵，谥之为"文"是相称的，是可以称其为"文"的。

5-16

【原文】

> 子谓子产①："有君子之道四焉：其行己②也恭，其事上也敬，其养民也惠，其使民也义。"

【注释】

①子产：即公孙侨。双姓太叔。郑国贵族子国之子。字子产，又字子美。谥成子。郑简公十二年（前554年）为卿，十三年执政。历定、献、声公三朝。时晋楚争霸，郑国弱小，处两强之间，子产周旋其间，卑抗得宜，保持无事。执政期间曾实行了农业、税赋、法令等一系列改革，曾平定贵族叛乱，使郑一时强盛。改革整顿贵族田地和农户编制，有利于农业生产，创立按"丘"征赋制度。把"刑书"铸在鼎上公布，不毁乡校，以听取国人意见，给郑国带来兴盛，世称其贤。②行己：自我修养。

【译文】

孔子说子产："他在四个方面有君子的修养：自我修养严肃认真，侍奉君上谨慎恪敬，治理政务多用恩惠，征用民力合乎道义。"

【历代论引】

吴氏曰："数其事而责之者，其所善者多也，'臧文仲不仁者三、不知者三'是也。数其事而称之者，犹有所未至也，'子产有君子之道四焉'是也。今或以一言盖一人、一事盖一时，皆非也。"

【评析】

这一章孔子赞扬子产具有为官之道中的四大美德：行为庄重、恭敬君主、惠及民众、实行人道。

执政就在于坚持原则，不要总是想着讨好任何人，或是给别人留下好的印象，其实大可不必，谁也不可能永远得到别人的赞美，任何的评价都是暂时的，不可能留下永久的印迹，重要的是维护共同的原则。只要你坚持了公正的原则，即使是由于你的坚持而没有达到目的的那些人，也能够谅解你。如果随意出卖原则，那么到头来被真正出卖的就是自己的人格。古今真正为老百姓所拥戴传唱的，也就是那些坚持了原则的人，而不是那些投机者。

5-17

【原文】

子曰："晏平仲①善与人交，久而敬之。"

【注释】

①晏平仲：夷维人。名婴。齐国大夫。春秋时齐国正卿，事齐灵公、庄公，相齐景公，以节俭力行，食不重肉，妾不衣帛。其在朝，君语及之，即危言；语不及之，即危行。国有道，即顺命；无道，即衡命。名显诸侯。

【译文】

孔子说："晏平仲很好相处，与其交往，时间越长久，越令人钦敬。"

【历代论引】

程子曰："人交久则敬衰。久而能敬，所以为善。"

【评析】

这一章孔子赞扬晏平仲懂得交友的道理，善于交友，笃于交友。

在当今这样的一个合作的社会中，人与人之间更是一种互动的关系。只有我们先去善待别人，善意地帮助别人，才能处理好人际关系，从而才能与他人愉快合作。

5-18

【原文】

子曰："臧文仲①居蔡②，山节藻棁③，何如其知也？"

【注释】

①臧文仲：臧孙氏，名辰。即臧孙达。鲁国大夫。②蔡：国君用以占卜的大龟。蔡这个地方产龟，所以把大龟叫作蔡。③山节藻棁（zhuō）：节，柱上的斗拱。棁，房梁上的短柱。把斗拱雕成山形，在短柱上画着海藻样的花纹，这是天子之庙的装饰。

【译文】

孔子说："臧文仲造了间房子给大龟住，柱子雕刻成山的形状，梁上的短柱画着海藻样的花纹。他怎么如此'聪明'呢？"

【历代论引】

张子曰："山节藻棁为藏龟之室，祀爰居之义，同归于不知，宜矣。"

【评析】

这一章孔子批评讽刺鲁国大官员臧文仲不懂礼仪、越级越位。

时间总会还历史以真实的面目，即使时过境迁，终会予以清算。不论是以何种形式做出何种高明的遮掩，狐狸的尾巴最终还是要露出来的。正应了那句老话："若要人不知，除非己莫为。"在这里，孔子教育人们要根据自己的身份，找准自己的位置，不要越级越位去做那些本不属于自己所为之事。

5-19

5-19

【原文】

子张问曰："令尹①子文②三仕为令尹，无喜色；三已③之，无愠色；旧令尹之政，必以告新令尹。何如？"子曰："忠矣。"曰："仁矣乎？"曰："未知。焉得仁？""崔子④弑齐君。陈文子⑤有马十乘，弃而违⑥之。至于他邦，则曰：'犹吾大夫崔子也。'违之。之一邦，则又曰：'犹吾大夫崔子也。'违之。何如？"子曰："清矣。"曰："仁矣乎？"曰："未知。焉得仁？"

【注释】

①令尹：楚国的宰相叫令尹。②子文：楚国著名的宰相。③已：罢免。④崔子：齐国的大夫崔杼（zhù）。⑤陈文子：齐国的大夫。⑥违：逃跑。

【译文】

子张问："令尹子文三次出任令尹之职，没有得意的神态和颜色；三次被罢黜，也没有流露出懊恼的怨气；对已实施的政令事务，必定告诉新的继任者。您以为如何？"孔子说："这是忠臣的行为。"子张又问："也是有仁德的吧？"孔子说："不得而知。怎么能称得上仁德呢？"子张问："崔子弑杀齐国的君主。陈文子有兵车十辆，马四十匹，但却遗弃不要，去到别的国家，说：'这里的执政者如同我们国家的崔大夫。'便离去。到另一个国家，则又说：'这里的执政者也如同我们国家的崔大夫。'又离去。如此，您以为陈文子这个人怎么样？"孔子说："陈文子是清白的。"子张问："那么，陈文子是有仁德的吗？"孔子说："无从得知，怎么能称得上仁德呢？"

【历代论引】

朱子曰："文子洁身去乱，可谓清矣，然未知其心果见义理之当然，而能脱然无所累乎？抑不得已于利害之私，而犹未免于怨悔也？故夫子特许其清，而不许其仁。"又曰："愚闻之师曰：当理而无私心，则仁矣。今以是

论语全集

而观二子之事，虽其制行之高若不可及，然皆未有以见其必当于理而真无私心也。子张未识仁体，而悦于苟难，遂以小者信其大者，夫子之不许也宜哉！"又曰："于此，更以上章'不知其仁'、后篇'仁则吾不知'之语并与三仁、夷、齐之事观之，则彼此交尽，而仁之为义可识矣。今以他书考之：子文之相楚，所谋者无非僭王猾夏之事；文子之仕齐，既失正君讨贼之义，又不数岁而复反于齐焉，则其不仁亦可见矣。"

【评析】

这一章中，孔子把"仁德"看得十分重要而神圣，不轻易赞许一个人已经达到"仁"的标准要求。令尹子文和陈文子，一个忠于君主，算是尽忠了；一个不与逆臣谋事，算是清高了，但他们都还算不上"仁"。因为在孔子看来，"忠"只是"仁"的一个方面，"清"则是为维护礼而献身的殉道精神。

5-20

【原文】

季文子①三思而后行。子闻之，曰："再②，斯可矣。"

【注释】

①季文子：姓季孙，名行父，谥文，鲁国大夫。②再：两次。

【译文】

季文子每件事都经过多次考虑，然后付诸行动。孔子听到后，说："只须再次思考，就可以去做了。"

【历代论引】

程子曰："为恶之人，未尝知有思，有思则为善矣。然至于再则已审，三则私意起而反惑矣，故夫子讥之。"

朱子曰："季文子虑事如此，可谓详审，而宜无过举矣。而宣公篡立，文子乃不能讨，反为之使齐而纳赂焉，岂非程子所谓'私意起而反惑'之验欤？是以君子务穷理而贵果断，不徒多思之为尚。"

【评析】

有人往往把"三思而行"作为孔子的教导，实在是张冠李戴，歪曲了圣人的意思。

凡事不想一想就行动叫作莽撞，会导致严重的负面后果。但想得太多，瞻前顾后，翻来覆去，则容易陷入犹豫不决的狐疑之中，导致优柔寡断。当然，也绝不能只看到眼前而不顾及身后。如果只盯着眼前的利益，而不注意前后左右的种种利害，则必然会顾此失彼，甚至给居心叵测者留下可乘之机，一旦时机成熟，反戈一击，自己便会一败涂地，曾经获得的胜利也将烟消云散。

5-21

【原文】

子曰："宁武子①，邦有道，则知②；邦无道，则愚③。其知可及也，其愚不可及也。"

【注释】

①宁武子：姓宁，名俞，卫国大夫。其仕卫于文公、成公之时。"武"是谥号。②知：聪明、智慧。③愚：装傻。

【译文】

孔子说："宁武子在国家政事清明时就聪明，在国家历乱至于失国时就装傻。他的智慧是谁都可以做到的，但他的装傻却不是谁都能做到的。"

【历代论引】

程子曰："邦无道，能沈晦以免患，故曰不可及也。亦有不当愚者，比干是也。"

朱子曰："文公有道，而武子无事可见，此其知之可及也。成公无道，至于失国，而武子周旋其间，尽心竭力，不避艰险。凡其所处，皆知巧之士所深避而不肯为者，而能卒保其身以济其君，此其愚之不可及也。"

【评析】

这一章孔子称赞宁武子对待治世和乱世的不同态度。在孔子看来，当一个国家安定有道时，就要显得聪慧明智；而当一个国家混乱无道时，则要装聋卖傻。

郑板桥有句名言："聪明难，糊涂更难；由聪明而转入糊涂尤难。"这其中包含了对把握人生的态度之难的感慨。其实，不管人自身的素质，诸如智商、情商等各种做人做事的本领如何，相对于强大的外部环境，都显得比较弱小，尤其当局势动荡变化，人成为其中一颗身不由己的小棋子时，必须采取适当的手段，该智则智，当愚则愚，这样才能守住平安，才能图谋机会以求发展。

5-22

【原文】

子在陈①，曰："归与！归与！吾党之小子狂②简③，斐然④成章，不知所以裁⑤之。"

【注释】

①陈：春秋时诸侯国名，大约在今河南东部和安徽北部一带。②狂：狂傲。③简：志向远大。④斐然：有文采的样子。⑤裁：节制、约束。

【译文】

孔子在陈国，说："回去吧！回去吧！留在家乡的那些学生志大意远，但是行为粗疏狂放，虽然文采斐然，却不知道如何持守中正，亟待指点栽培。"

【历代论引】

朱子曰："孔子周流四方，道不行而思归之叹也。夫子初心，欲行其道于天下，至是而知其终不用也。于是始欲成就后学，以传道于来世。又不得中行之士而思其次，以为狂士志意高远，犹或可与进于道也。但恐其过中失正，而或陷于异端耳，故欲归而裁之也。"

【评析】

这一章记述孔子在公元前492年，周游列国到达陈国传播自己的学说思想，但却屡遭挫折后，决心回到鲁国，裁正自己的弟子，将自己的学说传给自己的弟子，以传道后世。

人何必在一条路上走到黑呢？大道朝天，各自去走自己的路，换个方向或许就是不朽。不必总是幻想着拯救世界，这昏昏衰世到处充斥着卑行和阴谋，小人塞道，奢靡风行，何必费心呢？这个世界已经到了如此的地步了，即使苟用于世，又能怎样？其实，任何一个方向上，都有太阳朗照，都可成就事业。

5-23

【原文】

子曰："伯夷、叔齐①不念旧恶，怨是用希。"

【注释】

①伯夷、叔齐：商末孤竹君墨胎初之二子。伯夷名允，字公信。叔齐名致，字公达。其父将死，遗命立叔齐。父卒，叔齐逊伯夷。伯夷曰："父命也。"遂逃去。叔齐亦不立而逃之，国人立其中子。

【译文】

孔子说："伯夷、叔齐不计较过去的仇恨，怨恨他们的人很少。"

【历代论引】

程子曰："不念旧恶，此清者之量。"又曰："二子之心，非夫子孰能知之？"

【评析】

孔子从伯夷、叔齐不记别人旧怨的角度出发，阐述了我们为人处世应有的态度。世界是多元的、多彩的，要做到"薰莸不同器，泾渭不同流"是不可能的，那就不如化干戈为玉帛，化庚气为祥和。冤冤相报何时了？冤冤相报于人于己都是有害无益的事。忘记旧恶是一种博大的胸怀，它能包容人间的喜怒哀乐；忘记旧恶是一种境界，它能使人生又上一个新的台阶。

洪元明的《菜根谭》中也有："邀千百人之欢，不如释一人之怨；希千百事之荣，不如免一事之丑。"为人处世不要因一言伤和，也不要因一事成仇，要以自己宽广的胸襟去感化他人。

5-24

【原文】

子曰："孰谓微生高①直？或乞醯②焉，乞诸其邻而与之。"

【注释】

①微生高：姓微生。鲁国人。素有直名。②醯（xī）：醋。

【译文】

孔子说："谁说微生高率直？有人来向他乞讨一点醋，他家里没有，就去邻居家讨来而给予行乞的人。"

【历代论引】

程子曰："微生高所枉虽小，害直为大。"

范氏曰："是曰是、非曰非、有谓有、无谓无，曰直。圣人观人于其一介之取予，而千驷万钟从可知焉。故以微事断之，所以教人不可不谨也。"

【评析】

做人做事要直爽。如果为了面子而活受罪，最后只能弄得自己心里不安，别人心里也不痛快。爱面子问题，几乎成为从古至今中国人的共同心态。半个世纪以前，林语堂在《中国人的脸》一文中就说过："中国人的脸，不但可以洗，可以刮，并且可以丢，可以赏，可以留，有时好像争脸是人生的第一要义，甚至倾家荡产而为之，也不为过"，深刻地刻画了这种特性。

但是，做人无论是"直"还是"曲"，都应有一个度，否则一旦过了头，就会变成憨直和虚伪做作了。尤其是后者，其出发点是自私的，而且还常常伤到自己。

5-25

【原文】

子曰："巧言、令色、足恭①，左丘明②耻之，丘亦耻之。匿怨③而友其人，左丘明耻之，丘亦耻之。"

【注释】

①足恭：过分恭敬。②左丘明：春秋鲁国人，曾为鲁国太史。与孔子同时代人。为《春秋》作传，成《春秋左氏传》，简称《左传》，并有《国语》传世。③匿怨：背地里埋怨。

【译文】

孔子说："花言巧语、满面伪善、过分的恭顺，左丘明认为这是可耻的，我也以此为耻辱。内心深藏着怨恨，表面上却同他表现得十分亲近，左丘明认为这是卑劣无耻的，我同样也耻于这样的行为。"

【历代论引】

谢氏曰："二者之可耻，有甚于穿窬也。左丘明耻之，其所养可知矣。夫子自言'丘亦耻之'，盖'窃比老彭'之意。又以深戒学者，使察乎此而立心以直也。"

【评析】

这一章孔子告诫人们，做人一定不能花言巧语、狡猾奸诈，而要直爽、心地善良并以此为荣。

这种思想在我们今天仍有一定的意义，对那些人前一套、人后一套的人，我们与其相处，不仅要听其言，还要观其行，不要被假象所迷惑，要擦亮眼睛仔细分辨，以免被人欺骗。

5-26

【原文】

颜渊、季路侍①。子曰："盍②各言尔志？"子路曰："愿车马衣轻裘与朋友共敝之而无憾。"颜渊曰："愿无伐善③，无施劳④。"子路曰："愿闻子之志。"子曰："老者安之，朋友信之，少者怀之⑤。"

【注释】

①侍：服侍，站在旁边陪着尊贵者叫侍。②盍：何不。③伐善：夸耀好处。④施劳：表白功劳。⑤少者怀之：让年轻人得到关怀。

【译文】

颜渊、季路恭侍孔子身旁。孔子说："何不各自谈谈你们的志向呢？"子路说："我愿意把车马衣服，与朋友共同分享使用，即使用坏了，也没有什么可惜而抱怨的。"颜渊说："我愿意不夸耀自己的长处，不宣扬自己的功劳。"子路说："希望知道老师的志向。"孔子说："我向往老人都得到很好的赡养，朋友能够互相信守誓约，年幼的孩子得到关怀。"

【历代论引】

程子曰："夫子安仁，颜渊不违仁，子路求仁。"又曰："子路、颜渊、孔子之志，皆与物共者也，但有小大之差尔。"又曰："子路勇于义者，观其志，岂可以势利拘之哉？亚于浴沂者也。颜子不自私己，故无伐善；知同于人，故无施劳。其志可谓大矣，然未免出于有意也。至于夫子，则如天地之化工，付与万物而已不劳焉，此圣人之所为也。今夫羁靮以御马而不以制牛，人皆知羁靮之作在乎人，而不知羁靮之生由于马。圣人之化，亦犹是也。先观二子之言，后观圣人之言，分明天地气象。凡看《论语》，非但欲理会文字，须要识得圣贤气象。"

【评析】

理想，古代叫作志。有志，就是有理想；没有志，也就是没有理想。历史名人是很重视理想的，即使到了"贫无立锥之地"，也要恪守"人穷志不穷"的信念，坚持他们的理想。

欲起步的人生贵立志，已起步的人生贵坚持。

立志，也是道德修养中的主观动机问题。立志可以使人按既定的方向去进行修养和锻炼，预先确定在道德修养中所要实现的自身改变，以成为对社会有用的人。

但是成就志向的道路是很长的，需要经历生活的磨砺，只有经历了各种干扰而坚持到底的人，才有成功的可能。这种成功只是一个小小的生活目标的达成，距仁德的养成还差得很远。但是，做人就是要首先从平凡的生活开始，在这平凡之中孕育自己的仁德。

5-27

【原文】

子曰："已矣乎！吾未见能见其过而内自讼①者也。"

【注释】

①讼：批评。

【译文】

孔子说："算了吧！我还没有看见过一个人，能发现自己的错误而及时在内心自我批评的人啊。"

【历代论引】

朱子曰："人有过而能自知者鲜矣，知过而能内自讼者为尤鲜。能内自讼，则其悔悟深切而能改，必矣。夫子自恐终不得见而叹之，其警学者深矣！"

【评析】

孔子在这里告诫人们要有自知之明，要能知错就改，而不能犯了错误不责备自己总怪别人。

古往今来，人们往往能够一眼看到别人的缺点和错误，却看不到自己的缺点。即使有人明知自己有错，也因碍于面子或其他原因而拒绝承认自己有错，更谈不上从内心去责备自己了。甚至有的人自己犯了错误，也不去认真检讨自己，反而把责任推到别人头上。我们要奉劝这些人：死不认错不仅于事无补，而且还会让人鄙视，失信于人，最终适得其反。其实，犯了错误并不可怕，坦率地承认错误比虚伪的隐瞒更能获得别人的谅解。

5–28

子曰："十室之邑①，必有忠信如丘者焉，不如丘之好学也。"

【注释】

①邑：古时，九夫为井，四井为邑，一邑共有三十二户人家，也就是说地方极小。

【译文】

孔子说："即使是十户人家的小村落，也一定有忠诚守信如我一样的人，但是不如我好学啊。"

【历代论引】

朱子曰："美质易得，至道难闻，学之至则可以为圣人，不学则不免为乡人而已。可不勉哉！"

【评析】

这一章孔子使用夸张的手法，促使人们去努力学习。

不管我们出生在富裕家庭还是贫困家庭，好学是不受限制的。只要我们都能做到好学，我们的素质和学识就会一天天提高。只要我们以好学之心待人接物，我们做人的水平也会慢慢提高。

雍也第六

6-1

【原文】

子曰："雍也可使南面①。"仲弓②问子桑伯子③，子曰："可也，简④。"仲弓曰："居敬⑤而行简，以临其民，不亦可乎？居简而行简，无乃⑥大简乎？"子曰："雍之言然。"

【注释】

①南面：泛指做官治民。②仲弓：即孔子弟子冉雍。伯牛宗族，少孔子二十九岁。生于不肖之父，以德行著名。孔子称其可使南面。③桑伯子：鲁国人。其行为散漫。一说以为庄周所称子桑子。④简：简要、不烦琐。⑤居敬：为人严肃认真。⑥无乃：岂不是。

【译文】

孔子说："冉雍啊，可以承担治理国家的重任。"仲弓请教孔子对桑伯子如何评价。孔子说："有可取之处，只是简单了些。"仲弓进一步问道："平时严谨自律，政事清明简要快捷，用这种办法治理百姓，不也是可以的吗？平时简单潦草，行动散漫疏缓，不是太简单了吗？"孔子说："你说的对。"

【历代论引】

程子曰："子桑伯子之简，虽可取而未尽善，故夫子云'可'也。仲弓因言内主于敬而简，则为要直；内存乎简而简，则为疏略。可谓得其旨矣。"

又曰："居敬则心中无物，故所行自简。居简则先有心于简，而多一'简'字矣，故曰'大简'。"

朱子曰："自处以敬，则中有主而自治严，如是而行简以临民，则事不烦而民不扰，所以为可。若先自处以简，则中无主而自治疏矣，而所行又简，岂不失之大简，而无法度之可守乎？"

【评析】

古代以面向南为尊位，天子、官员、诸侯听政都是面向南面而坐，所以这一章是孔子肯定冉求是一个有德行的人，是可以成为国家的治理者并受到尊重的人。这是孔子实行他的"学而优则仕"这一教育方针的典型事例。反映到当今为政上，就是要求从政者要掌握简洁、高效、公开原则。政简不繁，服务快捷，才是理想的政治体制。但是如何做才能达到政简而事功，这需要有一个较为先进的体制设计。

6-2

【原文】

哀公问："弟子孰为好学？"孔子对曰："有颜回者好学，不迁怒，不贰过①。不幸短命死矣！今也则亡，未闻好学者也。"

【注释】

①不贰过：这里指不犯同样的错误。

【译文】

鲁哀公问："你教导的弟子中谁最好学？"孔子回答说："只有颜回是善于学习的人，他从来不迁怒别人，也从来不重犯曾经犯过的过失。不幸的是他短命早夭，现在也还没有发现这样的人，再也没有听到有像他那样好学的人了。"

【历代论引】

程子曰："颜子之怒，在物不在己，故不迁。有不善，未尝不知，知之未尝复行，不贰过也。"又曰："喜怒在事，则理之当喜怒者也，不在血气则不迁。若舜之诛四凶也，可怒在彼，己何与焉？如鉴之照物，妍媸在彼，随物应之而已，何迁之有？"又曰："如颜子地位，岂有不善？所谓不善，只是微有差失。才差失便能知之，才知之便更不萌作。"

张子曰："慊于己者，不使萌于再。"

【评析】

这里，孔子极为赞赏他的得意门生颜回，认为他好学上进，自颜回死后，已经没有如此好学的人了。

值得我们注意的是，在孔子说到颜回好学时，并没有说他文学如何如何了得，历史如何如何了得，语言如何如何了得，而是说他"不迁怒，不贰过"，既不迁怒于人，又不两次犯同样的错误。

所谓"进德修业"，在儒学里，都是属于"学"的范畴。

所谓不迁怒，就是自己有什么不顺心的事，有什么烦恼和愤怒，不发泄到别人身上去，说得通俗一点，就是不拿别人做自己的出气筒。

"不贰过"，就是知错而改。不两次犯同样的错误，这更是难上加难的修养。

一个人在同一个地方跌倒两次是不可思议的，重复犯同样的过失是愚蠢的。人的生命是有限的，在这有限的时间里，我们应当努力让自己的生命得以升华，使自己的人生放射出灿烂的火花，使自己的生活过得有意义，使自己的德行为人所效法，为人所称道。颜子虽"不幸短命死矣"，但其宅心仁厚，"不迁怒，不贰过"，堪称做人的楷模。

6-3

【原文】

子华使于齐，冉子为其母请粟。子曰："与之釜①。"请益。曰："与之庾②。"冉子与之粟五秉③。子曰："赤之适④齐也，乘肥马，衣轻裘。吾闻之也，君子周⑤急不继富。"原思⑥为之宰，与之粟九百，辞。子曰："毋！以与尔邻里乡党⑦乎！"

①釜：古代的量名，容积为当时的六斗四升。②庾：古代的量名，容积为当时的十六斗。③秉：古代的量名，容积为当时的十六斛。④适：前往。⑤周：周济。⑥原思：孔子弟子。姓原，名宪，字子思。⑦邻里乡党：古代以五家为邻，二十五家为里，五百家为党，一万两千五百家为乡。此处指原思家乡的人们。

【译文】

子华出使齐国，冉有为他的母亲请求给予资粮。孔子说："就给六斗四升吧。"冉子请求增多一些。孔子说："那就给十六斗吧。"冉子实际给了八十斛。孔子说："公西赤到齐国去，乘坐着肥壮的马驾的车子，穿着轻软贵重的华丽皮袍。我听古人说，君子周济处于困顿窘急的人，而不必接济富有的人。"原思当孔子家的总管，孔子给他的薪酬是小米九百，原思不肯接受。孔子说："不必推辞了，有多余的，就给你们那个地方穷困的乡邻吧。"

【历代论引】

程子曰："夫子之使子华，子华之为夫子使，义也，而冉子乃为之请。圣人宽容，不欲直拒人，故与之少，所以示不当与也；请益而与之亦少，所以示不当益也。求未达而自与之多，则已过矣，故夫子非之。盖赤苟至乏，则夫子必自周之，不待请矣。原思为宰，则有常禄。思辞其多，故又教以分诸邻里之贫者，盖亦莫非义也。"

张子曰："于斯二者，可见圣人之用财矣。"

【评析】

孔子主张君子应该周济的只是穷人而不是富人，应当"雪中送炭"，而不是"锦上添花"。

同时，他也告诉了我们一个做人的原则：人生在世，难免会遇到不测风云、旦夕祸福的时候，助人为乐是为人处世的根本。但也要量力而行，为求虚名，只能有损自己的形象，其他的于事无补。

怎样才能做到"周急不继富"呢？在周济对象上，通过花费千金来巴结权贵和纳容贤士，比不上倾尽自己仅有的半瓢去接济那些饥饿的人；在时机选择上，坚持"雪中送炭"，少搞"锦上添花"。

6-4

【原文】

子谓仲弓曰："犁牛①之子骍②且角③，虽欲勿用，山川其④舍诸？"

【注释】

①犁牛：即耕牛。古代祭祀用的牛不能以耕牛代替，系红毛长角，单独饲养的。②骍（xīng）：赤色。③角：角长得端正。④其：难道，怎么会。

【译文】

孔子对仲弓说："耕牛的幼犊长着赤色的毛，整齐的角，虽然不愿用它做牺牲来祭祀，但是山川之神难道会舍弃它吗？"

【历代论引】

范氏曰："以瞽瞍为父而有舜，以鲧为父而有禹。古之圣贤，不系于世类，尚矣。子能改父之过，变恶以为美，则可谓孝矣。"

朱子曰："仲弓父贱而行恶，故夫子以此譬之。言父之恶，不能废其子之善，如仲弓之贤，自当见用于世也。然此论仲弓云尔，非与仲弓言也。"

【评析】

这一章孔子说明只要是真正的贤才，就一定能够脱颖而出，决不会因为家庭社会的影响而埋没人才。

一个人的出身是无法选择的，但后天的命运却掌握在自己的手里。所以，不要因出身门第而自弃，也不必因为物质的贫穷而自感卑微，重要的是自己要有真正的德才，要能够真正站得起来。一个德行高尚的人总会给这个世界留下痕迹、功业或者德泽，影响着当世或者惠泽于后代。不要急于做出什么惊天动地的大事，也不要牢骚太盛而放弃努力。真正走过挫折的人，才是历史所刻意造就的。

【原文】

子曰："回也，其心三月①不违仁。其余则日月②至焉而已矣。"

【注释】

①三月：指较长的时间。②日月：指较短的时间。

【译文】

孔子说："颜回呀，心地仁厚，他能够长期做到不违背仁义，其余的学生只能在短时间做到仁罢了。"

【历代论引】

程子曰："三月，天道小变之节，言其久也，过此则圣人矣。不违仁，只是无纤毫私欲。少有私欲，便是不仁。"

尹氏曰："此颜子于圣人，未达一间者也，若圣人则浑然无间断矣。"

张子曰："始学之要，当知'三月不违'与'日月至焉'内外宾主之辨。使心意勉勉循循而不能已，过此几非在我者。"

【评析】

成功难在何处？不是方法，不是目标，难就难在"恒心"二字，换句话说就是"贵在坚持"。

举凡做事、学艺、锻炼身体，世上事几乎无不适应这一规律。而孔子更将它当成了进德修业的关键所在——仁心的修养。

世界上没有任何东西能够代替恒心。才干不能，有才干的失败者多如过江之鲫；天才不能，"天才无报偿"已成为一句俗语；教育不能，被遗弃的教养之士到处充斥着。唯有恒心才能征服一切。

生命就是一场马拉松比赛，最大的敌人不是别人，而是自己。每个人在向事业迈进的过程中，唯有靠恒心与毅力，才能成为一个真正的成功者。

6-6

【原文】

> 季康子问："仲由可使从政也与？"子曰："由也果①，于从政乎何有②？"曰："赐也可使从政也与？"曰："赐也达③，于从政乎何有？"曰："求也可使从政也与？"曰："求也艺④，于从政乎何有？"

【注释】

①果：果断。②何有：有什么困难。③达：通达。④艺：有才艺。

【译文】

季康子问："仲由能够办理政事吗？"孔子说："仲由处事果决，处理政事有什么难的呢？"季康子又问："端木赐能够办理政事吗？"孔子说："子贡处世灵活练达，对于政事，有什么困难呢？"季康子继续问道："冉求能够办理政事吗？"孔子说："冉求多才多艺，治理政事有什么难的呢？"

【历代论引】

程子曰："季康子问三子之才可以从政乎？夫子答以各有所长。非惟三子，人各有所长。能取其长，皆可用也。"

【评析】

孔子从不同方面，框定了执政者所必须具备的基本素质：果决、练达、才艺以及最重要的仁德。

人各不同，其所处理事务的方法有别，所走的路线也不同，但是都可收到既定的效果，所得到的结果也都是符合其处世逻辑的，没有什么正确与否，虽有时效性差异，但又可以说是没有什么可供比较的标准。条条大道通罗马，就是这个道理。谁都可以用自己的方法取得自己的结果。

6-7

【原文】

季氏使闵子骞^①为费^②宰。闵子骞曰："善为我辞焉。如有复我^③者，则吾必在汶上^④矣。"

【注释】

①闵子骞：孔子的弟子。姓闵，名损，字子骞。②费：古地名，故城在今山东费县西北二十里。③复我：再来找我。④汶上：汶水的北岸。

【译文】

季氏派人请闵子骞治理费邑。闵子骞对使者说："请你替我好好辞掉吧。如果再来找我，我一定逃到汶水岸边去了。"

【历代论引】

程子曰："仲尼之门，能不仕大夫之家者，闵子、曾子数人而已。"

谢氏曰："学者能少知内外之分，皆可以乐道而忘人之势。况闵子得圣人为之依归，彼其视季氏不义之富贵，不啻犬彘；又从而臣之，岂其心哉？在圣人则有不然者，盖居乱邦、见恶人，在圣人则可；自圣人以下，刚则必取祸，柔则必取辱。闵子岂不能早见而豫待之乎？如由也不得其死，求也为季氏附益，夫岂其本心哉？盖既无先见之知，又无克乱之才故也。然则闵子其贤乎！"

【评析】

这一章记述孔子的弟子闵子骞不愿依附权贵为官的事情，实际上也是通过弟子之口，以表达孔子对现实的不满。

朱熹说："处乱世，遇恶人当政，'刚则必取祸，柔则必取辱'。"即硬碰或者屈从都要受害，又刚又柔，刚柔并济，才能应付自如，保存实力。持这种态度才能处乱世而不惊，遇恶人而不辱，这是极富智慧的处世哲学，是我们现代人也应学习的处世之道。

6-8

【原文】

伯牛①有疾，子问之，自牖②执其手，曰："亡之③，命矣夫④！斯人也而有斯疾也！斯人也而有斯疾也！"

【注释】

①伯牛：孔子的弟子。姓冉，名耕，字伯牛。鲁国人。孔子以为有德行。②牖（yǒu）：窗户。③亡之：不得活了。④夫：语气词，相当于"吧"。

【译文】

冉伯牛病危，孔子去探问，从窗口握着他的手，说："无可救治了啊，这是命里注定的啊！这样的人却得了如此的病！让这样的人却得了如此的病！"

【历代论引】

侯氏曰："伯牛以德行称，亚于颜、闵。故其将死也，孔子尤痛惜之。"

【评析】

死生有命，疾不择人。圣贤犹对命运无奈，只能徒呼慨叹。生老病死，人皆不免；贫富显达，过眼烟云，谁也不可能长久拥有。这一章是孔子珍惜师生感情，为有德行但却患有重病的伯牛深感痛惜和惋惜。现存《论语》记载伯牛的仅此一章。

6-9

【原文】

子曰："贤哉，回也！一箪①食，一瓢饮，在陋巷②。人不堪其忧，回也不改其乐。贤哉，回也！"

【注释】

①箪（dān）：古代盛饭的圆形竹器。②陋巷：这里指颜回的住处。

【译文】

孔子说："颜回贤明啊！一小竹筒饭，一瓢冷水，住在偏僻狭窄的街巷里。别人不能忍受那种生活的忧苦，颜回却不改变自得其乐。颜回是真正的贤明之士啊！"

【历代论引】

程子曰："颜子之乐，非乐箪瓢、陋巷也，不以贫窭累其心而改其所乐也，故夫子称其贤。"又曰："箪瓢陋巷非可乐，盖自有其乐尔。'其'字当玩味，自有深意。"又曰："昔受学于周茂叔，每令寻仲尼、颜子乐处，所乐何事。"

【评析】

这一章孔子赞美自己的弟子颜回安贫乐道。

人应当能够承受物质生活对人的身心所产生的影响。现实中的"俗人"往往因穷困而潦倒，整天牢骚满腹，愤世嫉俗，只会害己害人。但聪明的智者，却能随遇而安或穷益志坚，不受任何影响地充分享受人生，并且能做出一番不平凡的事业来。

6-10

【原文】

冉求曰："非不说①子之道，力不足也。"子曰："力不足者，中道而废。今女画②。"

【注释】

①说：通"悦"。②画：原地不动、停止前进。

【译文】

冉求说："并非不喜欢夫子的学说，只是自感力不从心。"孔子说："力不从心的人，会半途而废。现在，你这是先画地为牢。"

【历代论引】

胡氏曰："夫子称颜回不改其乐，冉求闻之，故有是言。然使求说夫子之道，诚如口之说刍豢，则必将尽力以求之，何患力之不足哉？画而不进，则日退而已矣，此冉求之所以局于艺也。"

【评析】

所谓"世上无难事，只要肯登攀"。一个人不管做什么事情，只要肯立志，坚决地去做，做到什么程度算什么程度，走到哪一步算哪一步。换句话说，只问耕耘，不问收获。事实上就总会有所收获。相反，凡事太功利，还没有起步就问终点何在，利益何在。期望值太高，太迫切，往往会产生畏难情绪，结果便很容易画地为牢，自己把自己限定在一个范围内，甚至裹足不前，打退堂鼓了事。

133

【原文】

> 子谓子夏曰："女为君子儒，无为小人儒。"

【译文】

孔子告诫子夏说："你应该努力做君子式的学者，不要做小人式的学者。"

【历代论引】

程子曰："君子儒为己，小人儒为人。"

谢氏曰："君子、小人之分，义与利之间而已。然所谓利者，岂必殖货财之谓？以私灭公，适己自便，凡可以害天理者皆利也。子夏文学虽有余，然意其远者大者或昧焉，故夫子语之以此。"

【评析】

这一章孔子针对子夏求学保守而心灵封闭的学究弱点，告诫或者说批评子夏要提升自己的为学之方和修身之道，成为真正的君子而不要堕落成"小人"。

6-12

【原文】

> 子游为武城宰。子曰："女得人焉尔乎？"曰："有澹台灭明^①者，行不由径。非公事，未尝至于偃^②之室也。"

【注释】

①澹（tán）台灭明：字子羽。武城人。少孔子四十九岁。有君子之姿。状貌猛恶，欲事孔子，孔子以为才薄。既已受业，退而修行。行不由径，非公事不见

卿大夫。孔子尝以容貌望其才，其才不充孔子之望。然其为人公正无私，以取与去就，以诺为名。仕鲁为大夫。②偃：即子游，这是他自称其名。

【译文】

子游担任武城的邑治。孔子说："你得到有才德的人了吗？"子游说："有一个叫澹台灭明的人，走路从不走小路，没有公务，从来不到我的住处来。"

【历代论引】

杨氏曰："为政以人才为先，故孔子以得人为问。如灭明者，观其二事之小，而其正大之情可见矣。后世有不由径者，人必以为迂；不至其室，人必以为简。非孔氏之徒，其孰能知而取之？"

朱子曰："持身以灭明为法，则无苟贱之羞；取人以子游为法，则无邪媚之惑。"

【评析】

这一章记述子游作为孔子的弟子，有识别人才的才能和本领。

为政在于得人。但是，当政者还须具备识人的慧眼和品格。"天下之广，人物之众"，谁为贤才，谁当擢用，取决于当政者的德行。但是，在现实生活中，真正的有德才之士拘泥于君子之行，不跑（官）不送（礼），则常常受到压制、排挤，寸步难行，进退无门。因此，历代的志士仁人也总要降低自己的品格来求得官职，以求得晋用。不至"偃之室"，何人报国门？试想，身处其境，你要想做一个正人君子，还有可能么？

6-13

【原文】

子曰："孟之反①不伐。奔②而殿③，将入门，策其马，曰：'非敢后也，马不进也。'"

【注释】

①孟之反：名侧。鲁国大夫。②奔：逃跑。③殿：殿后，行军走在最后。

【译文】

孔子说："孟之反不夸耀其功绩。出师不利而败退，主动独任后卫；进入城门，却用箭杆鞭打着战马，说：'不是我敢于殿后，只是由于我的马跑得慢。'"

【历代论引】

朱子曰："战败而还，以后为功。反奔而殿，故以此言自掩其功也。"

谢氏曰："人能操无欲上人之心，则人欲日消、天理日明，而凡可以矜己夸人者，皆无足道矣。然不知学者，欲上人之心无时而忘也，若孟之反，可以为法矣。"

【评析】

这一章孔子称赞孟之反不居功自傲的谦让品德，劝诫人们不要争功夺功。

俗话说，有福同享，有难同当。当你在事业上干出点名堂小有成就时，这当然是值得庆幸之事，你也应当为自己高兴。但是有一点，如果这一成绩的取得是集体的功劳，或者离不开他人的帮助，那你千万别独占功劳，否则他人会觉得你好大喜功，抢占了他人的功劳。如果某项成绩的取得确实是你个人的努力，当然应该值得高兴，而且他人也会向你祝贺。但对于你来说，千万别高兴得过了头，一方面可能会伤害有些人的自尊心，另一方面，现实社会中害"红眼病"的人不少，如果你过分狂喜，可不逼得人家眼红吗？所以，当你在工作上有特别表现而受到肯定时，千万要记住一点——别独享荣耀，否则这份荣耀会给你的人际关系带来障碍。

在现代社会，在人际关系复杂的环境下，不居功自傲，不锋芒毕露才是真正的生存大智慧。

6-14

【原文】

子曰："不有祝鮀①之佞②，而有宋朝③之美，难乎免于今之世矣！"

【注释】

①祝鮀（tuó）：字子鱼。有口才，是当时卫国的大夫。祝是当时的官名，管宗庙、国家祭祀的官，《左传》鲁定公四年"祝鮀长卫于祭"，各诸侯国于召陵会盟。祝鮀随卫灵公出使，据理力陈，维护了卫国在联盟中的地位和尊严。②佞：有口才。③宋朝：是宋国的公子。公子是世袭的官名，所谓"世家公子"，他的名字叫朝，长得很漂亮。

【译文】

孔子说："没有祝鮀的敏捷善辩，而仅有宋朝的容貌之美，在当今之世是很难避免灾祸的。"

【历代论引】

朱子曰："衰世好谀悦色，非此难免，盖伤之也。"

【评析】

这一章孔子用比喻的方法，抨击当时那种崇尚能说会道、相貌堂堂的社会风气。虽出语无一骂字，然而讽刺之意却溢于言表，而且入木三分，揭示深刻。因此，我们在为人处世时，千万不要被一表人才的长相和花言巧语的伎俩所迷惑。只有真正有才能的人，才是实干的人，才是善良的人。

6-15

【原文】

子曰：“谁能出不由户？何莫①由②斯道③也？”

【注释】

①何莫：何不，为什么不。②由：经过。③斯道：这条道路。

【译文】

孔子说：“谁能走出屋子而不经过房门呢？为什么没有人经由我这条路走呢？”

【历代论引】

朱子曰：“人不能出不由户，何故乃不由此道邪？怪而叹之之辞。”

洪氏曰：“人知出必由户，而不知行必由道。非道远人，人自远尔。”

【评析】

这一章孔子以出门上道作比喻，告诫人们要信任他的大道，要走正道。但当时的人心不古，对这条人生必由之道固然无知，这使孔子感到苦恼和不快。

当今时代，科技已将人类的距离缩短，如果谁都只强调自己的文明或理论是唯一的正道，那么世界将永无宁日。所以，我们应该以包容的心态看待一切不同的文明和理论，这样才有助于世界的和平和发展。

6-16

【原文】

子曰："质①胜文②则野③，文胜质则史④。文质彬彬⑤，然后君子。"

【注释】

①质：朴实、自然。②文：文采。③野：这里指粗野。④史：虚浮不实。⑤彬彬：文采和质朴搭配得当。

【译文】

孔子说："质朴信实胜于文采就显得粗野，文采胜过质朴，就显得虚浮。只有文采和质朴搭配得当，才是君子的气质。"

【历代论引】

杨氏曰："文质不可以相胜。然质之胜文，犹之甘可以受和，白可以受采也。文胜而至于灭质，则其本亡矣。虽有文，将安施乎？然则与其史也，宁野。"

【评析】

孔子认为，任何东西只有把形式和内容结合起来，融会贯通，才会配合得当，相得益彰。

这种思想经过两千多年的实践，不断得到丰富和发展，极大地影响了人们的思想和行为，这也要求我们不管做人还是做事，都要做到表里如一。

6-17

【原文】

子曰："人之生也直，罔①之生也幸而免。"

【注释】

①罔：污罔不直的人。

【译文】

孔子说："人活在世上应该是正直的，不正直的人也能生存，是由于侥幸而免于灾祸。"

【历代论引】

程子曰："生理本直。罔，不直也；而亦生者，幸而免尔。"

【评析】

做人要做一个正直的人，这是为人处世、立足于社会的一个最根本的基点。然而在这个世界上，靠正直而立身处世的人毕竟还不是太多，而那些邪曲的人却纷纷靠着个人的小聪明碰运气，靠侥幸而避免了祸害。但是一个人如果做了不正义的事情，终究会得到报应。

6-18

【原文】

子曰："知之者不如好之者，好之者不如乐之者。"

【译文】

孔子说："对于任何事情了解的人不如对此有兴趣爱好的人，有这种兴趣爱好的人不如以此为乐趣的人。"

【历代论引】

张敬夫曰："譬之五谷，知者知其可食也，好者食而嗜之者也，乐者嗜之而饱者也。知而不能好，则是知之未至也；好之而未及于乐，则是好之未至也。此古之学者所以自强而不息者与？"

尹氏曰："知之者，知有此道也。好之者，好而未得也。乐之者，有所得而乐之也。"

【评析】

在这里，孔子提出了求知的三种境界：认知、好学、乐学。其实这也说明人生的三种境界，即无论做什么事情，认知不如爱好，爱好不如以此为乐。

兴趣是最好的老师，知道一件事不如喜欢一件事。喜欢是一种大知识，佛经上把喜欢佛学的人称为"善知识"，也是这个意思。

但是，做一件事光凭爱好还不行，还必须不断收获快乐才能成功。这时人是忘我的、天真的、自然的、活泼的。

6-19

【原文】

子曰："中人以上，可以语上也；中人以下，不可以语上也。"

【译文】

孔子说："具有中等以上天资的人，可以教给他较为高深的学问；智力在中等以下的人，是不可以教给他较为高深的学问的。"

【历代论引】

刑昺疏："语谓告语也；上谓上智之所知也。"

张敬夫曰："圣人之道，精粗虽无二致，但其施教，则必因其材而笃焉。盖中人以下之质，骤而语之太高，非惟不能以入，且将妄意躐等，而有不切于身之弊，亦终于下而已矣。故就其所及而语之，是乃所以使之切问近思，而渐进于高远也。"

这一章孔子认为，对不同天赋资质的人，要因材而异，因材施教。

现实生活中有许多的家长望子成龙心切，让孩子学某一种知识和技能，谁知孩子偏偏不感兴趣，可是家长硬是逼着他们学，结果越逼越糊涂，越逼越愚，逼得他索性不学。还有的家长见自己的孩子学这行不成，学那行又不行，孩子这也不想学，那也不想学，于是心烦气躁，恨铁不成钢；有的家长心灰意冷，听之任之；有的家长则感到绝望，撒手不管。

从孔子的因材施教理论，我们的家长们应受到这样的启发，即决不可搞强迫命令，必须根据孩子的兴趣爱好、性格、气质等具体情况而采用与之相适的教育方法，只有这样才能让孩子扬长避短，顺利成材。

6-20

【原文】

> 樊迟问知①。子曰："务②民之义③，敬鬼神而远之，可谓知矣。"问仁。曰："仁者先难而后获，可谓仁矣。"

【注释】

①知：通"智"。②务：从事、致力于。③民之义：符合人民利益的事。

【译文】

樊迟问什么是真正的大智慧。孔子说："专心致力于人们切身利益相关的事务，敬奉鬼神而远离一些，这就是智能。"樊迟又问什么是仁德，孔子说："有仁德的人，先经历实践的困苦，而后才会有所得。这就是'仁'。"

【历代论引】

朱子曰："专用力于人道之所宜，而不惑于鬼神之不可知，知者之事也。先其事之所难，而后其效之所得，仁者之心也。此必因樊迟之失而告之。"

【评析】

在这里，孔子提出"先难而后获"的工作作风，这是有科学依据的，因为凡事实事求是、知难而进，才能办好事情，才能办成事情。

所以，当樊迟问什么是"仁"时，圣人做出了"先难而后获"的回答，而且不仅这次这样回答。另有一次，樊迟跟随孔子到舞雩台下去游览，当他问孔子怎样才能提高道德修养时，孔子照样回答说：问得好！

"先事后得，非崇德与？"意思是说，先做事后收获，这不是提高了道德修养了吗？

先难后获，先事后得，用我们的话来说，就是：没有耕耘，哪来的收获？或者从正面说，只问耕耘，不问收获。这种理论即使在现代也有很高的使用价值，是值得我们每一个人牢记在心，坚决遵守的。

6-21

【原文】

子曰："知者乐水，仁者乐山。知者动，仁者静。知者乐，仁者寿。"

【译文】

孔子说："智慧的人爱好流动的水，仁德的人爱好稳重的山。智慧的人勇于实践，仁德的人安于义理。智慧的人快乐逍遥，仁德的人长寿安泰。"

【历代论引】

程子曰："非体仁、知之深者，不能如此形容之。"

朱子曰："知者达于事理而周流无滞，有似于水，故乐水；仁者安于义理而厚重不迁，有似于山，故乐山。动、静以体言，乐、寿以效言也。动而不括故乐，静而有常故寿。"

【评析】

这一章孔子用对比的手法对仁者和智者两种不同类型的人做了分析。在孔子看来，水是流动的，能给人以快乐，很符合智者的心态，因为智者总是会利用自己的智慧，遇强则弱，遇弱则强，能直行就直行，不能直行就绕行，在人生中游刃有余，而且总是向前行进。山是静止不动的，符合仁者稳重的心态，仁者也不会寻找生活的蹊径，消极地躲避现实，而是会去迎接挑战，任凭风吹雨打，总是心态平和，不存杂念。每个人的性情不同，到底是仁者好，还是智者好，其实就说仁者见仁，智者见智。

其实，快乐是一种心境，忧戚也是一种心绪。或忧或乐，在于我们自己的心灵。只要我们拥有仁者的胸怀、智者的心灵，我们又有什么忧愁不能放弃呢！

6-22

【原文】

子曰："齐一变，至于鲁；鲁一变，至于道。"

【译文】

孔子说："齐国经过改革，可以赶上鲁国。鲁国经过改革，就合乎正道了。"

【历代论引】

朱子曰："孔子之时，齐俗急功利，喜夸诈，乃霸政之余习。鲁则重礼教，崇信义，犹有先王之遗风焉；但人亡政息，不能无废坠尔。"

程子曰："夫子之时，齐强鲁弱，孰不以为齐胜鲁也？然鲁犹存周公之法制。齐由桓公之霸，为从简尚功之治，太公之遗法变易尽矣，故一变乃能至鲁。鲁则修举废坠而已，一变则至于先王之道也。"

【评析】

这一章孔子希望并呼吁鲁国实行仁政，进行政治改革。

在春秋战国时代文化的演变历程中，齐、鲁两国，无论在西周还是在东周，都具有核心性的影响，齐鲁文化比较完整地保存了周代文化的精神，因而孔子从文化复古的思想出发发出这样的感叹。但是，发展是必然的，文化思潮所体现的是社会发展的要求，新兴的文化必然代替陈旧的思想。文化时尚，取决于民俗风气，决定着政治进步的方向。在急剧变革的时代，新兴的生产力发展，带来了人们活动方式的根本改变。全新的思想模式已经深刻地融入了每个社会成员的生活。在一再轮回的宿命中人们并没有弄清楚到底发生了什么，旧的文明不可避免地被历史扬弃而衰落了。有衰微，就有新生，新的先进的文明应运而生，并将逐步发展壮大起来，走上历史的舞台，这是不可抗拒的。

时代是发展变化的，每个时代有每个时代的历史和主流思潮，时代的文化精神呼唤新的社会体制，一个新的历史时期已经开始了，何必孜孜固守旧俗？

6-23

【原文】

子曰："觚①不觚，觚哉？觚哉！"

【注释】

①觚（gū）：酒器，喇叭口，细腰，高圈足。

【译文】

孔子说："觚，不像个觚的样子，还能算是觚吗？还能算是觚啊！"

【历代论引】

程子曰："觚而失其形制，则非觚也。举一器，而天下之物莫不皆然。

故君而失其君之道，则为不君；臣而失其臣之职，则为虚位。"

范氏曰："人而不仁则非人，国而不治则不国矣。"

【评析】

这一章孔子借物生情，感叹周朝礼制的日渐衰败。在孔子的思想中，周礼规定的一切都是不可更动的，都是尽善尽美，甚至是神圣不可侵犯的。我们常说无规矩无以成方圆，这与孔子的主张相得益彰，同时也蕴含了做事要有原则。

6—24

【原文】

宰我问曰："仁者，虽告之曰'井有仁焉'，其从之也？"子曰："何为其然也？君子可逝①也，不可陷②也；可欺也，不可罔也。"

【注释】

①逝：通"折"，往。②陷：陷入。

【译文】

宰予问："有仁德的人，如果告诉他说'井里掉下了一个仁德的人'，他是不是会跟着跳下去？"孔子说："为什么要这样做呢？有仁德的人是可以前往救助的，但是不能陷自己于井中；可以被诳骗前往，但是不可能被人愚弄而跳入井中。"

【历代论引】

朱子曰："身在井上，乃可以救井中之人；若从之于井，则不复能救之矣。此理甚明，人所易晓，仁者虽切于救人而不私其身，然不应如此之愚也。"

【评析】

在这里，孔子说明了仁德之人虽有急切的救人之心，但绝不会被不合情理的事情所欺骗蒙蔽。孔子告诉人们：对于仁者，你可以用看来似乎有理的办法去诱骗他去做某件事，但如果对于明显不合理的事，他还是可以分辨是非的。

做人要有自己的信仰，在行为上要能够顺应变化。如果君子为了追求仁义道德对一切事务都死心塌地去遵守、去执行，不懂得因时因势灵活而变的话，则只能是虚假的仁义道德，只能走向仁义道德的反面。

6-25

【原文】

子曰："君子博学于文，约之以礼，亦可以弗畔①矣夫！"

【注释】

①畔：通"叛"。

【译文】

孔子说："君子广泛地学习历书文献，用礼仪来规范自己，其言行也就不可能离经叛道。"

【历代论引】

程子曰："博学于文而不约之以礼，必至于汗漫。博学矣，又能守礼而由于规矩，则亦可以不畔道矣。"

朱子曰："君子学欲其博，故于文无不考；守欲其要，故其动必以礼。如此，则可以不背于道矣。"

【评析】

这一章孔子认为，君子特别是那些有官位吃俸禄的君子，只要广闻博学，用礼仪约束自己，就可以起到示范作用，以保稳定，安天下。

在这里，孔子告诉我们一些做学问、做人的道理。做学问，要将博学而来的知识，用一种文化精神、理论原则来统率、规范，并以此为标准、尺度来分析、研究，加以系统化、理论化，真正变成自己的东西。做人也一样，只有把自己宝贵的人生经验加以总结、归纳和升华，才能达到一定的水平。

6-26

【原文】

> 子见南子①，子路不说。夫子矢②之曰："予所否③者，天厌之！天厌之！"

【注释】

①南子：卫灵公夫人，操行失矩，行为有失检点，为时人所非。②矢：通"誓"，发誓。③否：不对，这里指做了不正当的事。

【译文】

孔子不得已去见南子，子路愤然不悦。孔子正告他说："我如果有不当之处，天厌弃我吧！天厌弃我吧！"

【历代论引】

朱子曰："圣人道大德全，无可不可。其见恶人，固谓在我有可见之礼，则彼之不善，我何与焉？然此岂子路所能测哉？故重言以誓之，欲其姑信此而深思以得之也。"

【评析】

这一章记述孔子会见南子引起一些弟子的猜测，孔子便用发誓的方式向自己的学生表白自己。

"众口铄金，积毁销骨，积羽沉舟。"人言可畏如此。凡事要有自己的立场，不要因为别人对某人某事的毁誉而毁誉，要有自己的主见，不要做谣言的帮凶，更不要在不明是非的情况下，主观臆度别人，将自己的思想强加于人。

6-27

【原文】

子曰："中庸①之为德也，其至②矣乎！民鲜久矣。"

【注释】

①中庸：适当、折中。②至：至高无上。

【译文】

孔子说："中庸作为一种道德标准，应该算是最高了吧！长期以来人们已经很少能够做到了。"

【历代论引】

程子曰："不偏之谓中，不易之谓庸。中者天下之正道，庸者天下之定理。自世教衰，民不兴于行，少有此德久矣。"

【评析】

什么是中庸？中庸是一种哲学思想，又是一种道德实践的原则和待人处世的方法。最早提出"中庸"概念的是孔子，其后的儒家学者又不断地完善，使之成为了一种政治手段。中庸的核心是要求人们把握适当的限度，以保持事物的平衡，达到"和而不流""中立不倚"的境界，从而使社会秩序稳定，处于高位者不骄横，处于下层者不背叛，最终实现对立的平衡和矛盾的调和。

一个人想做到中庸，必须加强品德修养。提高自我调控能力，使自己的言行、情感、欲望等要适度、恰当，避免"过"与"不及"。

6-28

【原文】

　　子贡曰："如有博施于民而能济众，何如？可谓仁乎？"子曰："何事于仁，必也圣乎！尧、舜其犹病①诸！夫仁者，己欲立而立人，己欲达而达人。能近取譬②，可谓仁之方也已。"

【注释】

　　①病：担忧。②能近取譬：推己及人。

【译文】

　　子贡说："如果有人对百姓广泛地施与好处，又能赈济大众，怎么样？可以算是仁德之人了吗？"孔子说："怎么能只是仁呢？那一定是圣人了！像唐尧、虞舜这样的圣人恐怕都难以做到。凡是仁德的人，自己想要有所建树，必先帮助别人成就事业；自己想要显达，必先帮助别人通达。这样凡事做到推己及人，就可以说是实践仁德的方法了。"

【历代论引】

　　程子曰："医书以手足痿痹为不仁，此言最善名状。仁者以天地万物为一体，莫非己也。认得为己，何所不至？若不属己，自与己不相干，如手足之不仁，气已不贯，皆不属己。故博施济众，乃圣人之功用。仁至难言，故止曰：'己欲立而立人，己欲达而达人。能近取譬，可谓仁之方也已。'欲令如是观仁，可以得仁之体。"

　　吕氏曰："子贡有志于仁，徒事高远，未知其方。孔子教以于己取之，庶近而可入。是乃为仁之方，虽博施济众，亦由此进。"

【评析】

　　推己及人，显示了宽容体谅的道德情怀，数千年来，它一直是中华民族的传统美德。我国古代之所以成为举世著称的文明礼仪之邦是与此分不开的。

今天，随着社会的不断进步和发展，人们的交往越来越密切，人际关系也越来越复杂。所以，在先人优良传统的基础上，继承和发扬推己及人的美德，搞好人际关系，就显得尤为重要了。

　　怎样才能做到推己及人呢？它要求我们以爱己之心来对待周围的人，无论做什么事，都要以自己的感受去体会别人的感受，以自己的处境去想象别人的处境；站在对方的位置上，将心比心，把别人当作自己对待，设身处地为对方着想。如果你能从别人的角度着想，你就不难找到妥善处理问题的方法，你就会成为一个通情达理的人，并能得到别人的理解。即使未能获得别人的理解，自己也是问心无愧，因为自己是在堂堂正正地做人。

述而第七

7-1

【原文】

子曰："'述①而不作②，信而好古。'窃③比于我老彭④。"

【注释】

①述：传述，承传旧说。②作：创造。③窃：私下里。④老彭：彭祖，商朝贤大夫，见《大戴礼》，盖信古而传述者也。

【译文】

孔子说："传述前人旧说，而没有创建新的理论，深信而且喜爱古代文化，我私下里认为可以和商代的殷大夫老彭相比了。"

【历代论引】

朱子曰："孔子删《诗》《书》，定《礼》《乐》，赞《周易》，修《春秋》，皆传先王之旧，而未尝有所作也，故其自言如此。盖不惟不敢当作者之圣，而亦不敢显然自附于古之贤人，盖其德愈盛而心愈下，不自知其辞之谦也。然当是时，作者略备。夫子盖集群圣之大成而折衷之。其事虽述，而功则倍于作矣，此又不可不知也。"

【评析】

在这一章里，孔子提出了"述而不作"的原则，这反映了孔子保守的一面。

如果只强调服从旧有的规矩而不敢根据变化了的情况进行适当的调整，就只会越来越僵化、越来越落伍，直至被淘汰。创新是文化发展的必然要求，也是社会发展的根本动力。积极营造创新的氛围，使一切有利于社会进步的创造愿望得到尊重，创造活动得到支持，创造才能得到发挥，创造成果得到肯定，那么社会的发展才有光明的前景。

7-2

【原文】

子曰："默而识①之，学而不厌，诲人不倦，何有于我哉？"

【注释】

①识：记住。

【译文】

孔子说："默默地记住所学的知识，努力学习从不感到厌烦，教诲别人不知道疲倦，这些品德我做到了哪些呢？"

【评析】

"学而不厌，诲人不倦"，主要强调一种学习、育人的态度和精神。"默而识之"，则给我们提供了一种求学的方法，它强调学与思的结合，"默而识之"就是"思"的具体化，"思"的具体途径和方法。要把所见所闻，以及从书本上看到的知识变成自己的东西，不经过独立思考不行。历史事实证明，大凡智慧、才干超群的人，在其求学之际，都可以看到他们"默而识之，学而不厌"的态度和方法。

7-3

7-3

【原文】

> 子曰："德之不修，学之不讲，闻义不能徙①，不善不能改，是吾忧也。"

【注释】

①徙：奔赴。

【译文】

孔子说："品德不能修养，学问不能讲求，听到正义不能奔赴，不好的行为不能改正。这些都是我深深感到忧虑的。"

【历代论引】

尹氏曰："德必修而后成，学必讲而后明，见善能徙，改过不吝，此四者，日新之要也。苟未能之，圣人犹忧，况学者乎？"

【评析】

在这里，孔子慨叹士人不能自见其过而自责，并因此万分忧虑。

每个人都会犯错，这个道理大家都知道。当别人犯了错误时，我们总是希望他们能够承认并且加以改正。可是一遇到自己的身上，很多人就会犯嘀咕：难道要我承认我不如别人？于是很多时候，人们不愿意承认自己的错误。这就造成了人与人之间的交往障碍，因为每个人都坚持自己是对的，而观点有时确实是对立的，于是留下了埋怨、不满和争执，甚至影响业务往来。他们不知道，有时候，勇于承认自己的错误而放弃自己的意见，反而会取得更大的成功。

论语全集

7-4

【原文】

子之燕居①，申申②如也，夭夭③如也。

【注释】

①燕居：闲居，退朝而处。②申申：整齐大方。③夭夭：和舒自然。

【译文】

孔子在日常生活中，衣着整齐端正，面色和悦舒展。

【历代论引】

程子曰："此弟子善形容圣人处也，为'申申'字说不尽，故更着'夭夭'字。今人燕居之时，不怠惰放肆，必太严厉。严厉时着此四字不得，怠惰放肆时亦着此四字不得，惟圣人便自有中和之气。"

杨氏曰："申申，其容舒也。夭夭，其色愉也。"

【评析】

这一章记述孔子在家闲居时仪态舒展自如，神色和乐喜悦，过着无忧无虑的个人生活。孔子虽然忧国忧民忧天下，但却不忧个人生活，在个人生活上抱着以平淡为乐的旷达态度，所以始终能保持爽朗的胸襟，舒展自如的心情。说到底，就是他很会调整自己的心态和精神。

和谐是一切效率、美好和幸福的秘密所在，和谐能使我们自己和生活保持一致。和谐意味着一切心理功能的绝对健康。沉着、安定、和蔼与好的脾气，往往能使我们的整个神经系统、我们所有的身体器官与新陈代谢过程保持协调，这种和谐往往因摩擦冲突而受到破坏。

但奇怪的是，许多在其他一些事情上非常精明的人，在保持自身和谐这一重大精神事务上却往往非常短视、无知和愚蠢。许多白天经历疲倦和失调的上班族到了晚上发现自己简直完全累垮了。这种人如果在早上上班之前舍得花一点儿时间好好地调整自己，那他们就会事半功倍，他们回家时就会依然精神焕发。

7-5

【原文】

子曰："甚矣吾衰也！久矣吾不复梦见周公①。"

【注释】

①周公：鲁国的始封之君。姓姬，名旦。周文王的儿子，武王的弟弟，成王的叔父。孔子把他视为周代文化的代表，是孔子最敬服的古代圣人之一。

【译文】

孔子说："十分老迈了，已经很久没有再在梦中见到周公了。"

【历代论引】

朱子曰："孔子盛时，志欲行周公之道，故梦寐之间，如或见之。至其老而不能行也，则无复是心，而亦无复是梦矣，故因此而自叹其衰之甚也。"

程子曰："孔子盛时，寤寐常存行周公之道；及其老也，则志虑衰而不可以有为矣。盖存道者心，无老少之异；而行道者身，老则衰也。"

【评析】

这一章孔子眼看自己已经年老力衰，但理想追求未能实现而发出感叹。

人生匆匆，如白驹过隙，蓦然回首，岁月已远。少年时代的志向，已成过眼云烟；青年时期梦寐以求的辉煌，也已如黄花零落；中年的艰难跋涉也转眼成为过往；不经意间老之将至。一切的经历，不论其初衷如何，都以既成之事实，凝固在时间的链环中，成为一个个突兀而扎眼的疤痕，不容改变。因此，我们必须在有生之年，尽力尽心尽责地将自己承担的每一件事做到完美。

不要让自己失望，也不要让自己后悔。

7-6

【原文】

子曰："志于道，据于德，依于仁，游于艺^①。"

【注释】

①艺：指礼、乐、射、御、书、数六艺。

【译文】

孔子说："立志于道，据守于德，依据于仁，而活动于礼、乐、射、御、书、数六艺之中。"

【历代论引】

朱子曰："人之为学当如是也。盖学莫先于立志，志道，则心存于正而不他；据德，则道得于心而不失；依仁，则德性常用而物欲不行；游艺，则小物不遗而动息有养。学者于此，有以不失其先后之序、轻重之伦焉，则本末兼该，内外交养，日用之间，无少间隙，而涵泳从容，忽不自知其入于圣贤之域矣。"

【评析】

这一章孔子说明，一个修身养性的人应该是循序渐进全面发展的人。

志当存高远，"志"是一个人道德修养的基础，任何人的成就，没有不是从立志开始的。志之所向，无往不达，一个人能够树立坚定的志向，有志于远大的目标，固守高尚的品质德操，心存仁厚宽恕，并能够抵御缤纷的物质欲望的诱惑，持之以恒地为之奋斗，具备各种技能智巧，自然能够有所成就。

"士之致远，当先器识而后才艺。"一个人的成功除具备才华、技能外，性格的因素是关键。德行高远是首要的，智力只是从属的基本条件。才艺本于学，道德仁心本于质。

7-7

子曰："自行束脩①以上，吾未尝②无诲焉。"

【注释】

①束脩：脩，干肉。十条干肉，很微薄的见面礼。②未尝：从来没有过。

【译文】

孔子说："来拜见我的人，带着十条干肉以上的礼品的，我从没有不给予悉心指点教诲的。"

【历代论引】

朱子曰："盖人之有生，同具此理，故圣人之于人，无不欲其入于善。但不知来学，则无往教之礼，故苟以礼来，则无不有以教之也。"

南怀瑾先生说："凡是那些能反省自己、检束自己而又肯上进向学的人，我从来没有不教的，我一定要教他。"又说："所谓自行束修，就是自行检点约束的意思。"

【评析】

这一章是孔子在表白自己，说自己对人是诲人不倦的。对于想学习的人，不论贫富、地域、学历、身份都给予悉心的教育，这个思想在孔子时代是非常可贵的，这一点对于现代的老师来说，也有深刻的借鉴意义。

7-8

【原文】

子曰："不愤不启①，不悱②不发。举一隅③不以三隅反，则不复也。"

【注释】

①启：开导、启发。②悱（fěi）：想说又不能说出来的样子。③隅（yú）：角落、方。

【译文】

孔子说："不到想要求得明白而不得要领的时候，不去开导他。不到他想说而说不出来的时候，不去启发他。教给他一个侧面的知识，不能类推到其他几个方面，我就不再教给他了。"

【历代论引】

程子曰："愤、悱，诚意之见于色辞者也。待其诚至而后告之。既告之，又必待其自得，乃复告尔。"又曰："不待愤、悱而发，则知之不能坚固；待其愤、悱而后发，则沛然矣。"

王安石曰："以谓其问之不切，则其听之不专；其思之不深，则其取之不固。不专不固，而可以入者，口耳而已矣。吾所以教者，非将善其口耳也。"

刘宝楠《正义》："人于学有所不知不明，而仰而思之，则必兴起志气，作其精神，故其心愤愤然。"

【评析】

这一章孔子论说为何对自己的学生实行启发式的教育方法。孔子施教是不分年龄层次的，是不集体授课的，是不讲授专门技能的，也是没有固定格式的课本的，而是把学生摆在主导地位，在学生竭尽全力而无法达到学习目的的关口时，略加启发，使学生豁然贯通，学有所获。

我们知道，读书学习是老师和学生双向交流的过程，老师固然起指导作用，但学生才是主体，作为学生掌握知识的过程，老师只是外因，学生自己的主观能动性才是内因。所以启发式的教学方法至今为中外的教育家和教育者所推崇。

7-9

【原文】

子食于有丧者之侧，未尝饱也。子于是日哭，则不歌。

【译文】

孔子在居丧的人旁边吃饭，从来都不吃饱。如果孔子在一天中哭过，就不再唱歌。

【历代论引】

谢氏曰："学者于此二者，可见圣人情性之正也。能识圣人之情性，然后可以学道。"

【评析】

这一章表明孔子对亡灵的同情恻隐之心。从这里可以看出孔子能体恤别人，有与人同乐、同悲的仁德之心。这是孔子仁心仁德的表现，也是孔子作为圣人的根基所在。

7-10

【原文】

子谓颜渊曰："用之则行，舍之则藏，唯我与尔有是夫！"子路曰："子行①三军，则谁与？"子曰："暴虎②冯河③，死而无悔者，吾不与也。必也临事而惧，好谋而成者也。"

【注释】

①行：这里指统率、治理。②暴虎：徒手和老虎搏斗。③冯（píng）河：徒步过河。

【译文】

孔子对颜渊说："国家任用我，我就推行我的政治主张，不能任用我，我就远避世事。只有我和你能够做到这样！"子路说："夫子如果统率军队，那么与谁同行呢？"孔子说："赤手空拳和老虎搏斗，不用船只徒步涉水渡河，这样死了都不后悔的人，我是不赞同的。一定要找面临大事谨慎小心、细致、又善于谋略而成大事的人共事。"

【历代论引】

刑昺曰："言时用之则行，舍之则藏，用舍随时，行藏不忤于物，唯我与汝有是夫！"

尹氏曰："用舍无与于己，行藏安于所遇，命不足道也。颜子几于圣人，故亦能之。"

【评析】

人生的命运遭遇既决定于主观因素，也决定于客观条件。所以，在人生的道路上，我们应该行藏有度，顺应种种因缘条件而处世，也就是随遇而安，顺应时代潮流去参与现实生活，适应现实。这样既免除了心理的负担，也排除了因过去的因缘琐事而引致的那些理不清的缠缚，使人生成为真正的人生。

7–11

【原文】

子曰："富而可求①也，虽执鞭之士②，吾亦为之。如不可求，从吾所好。"

【注释】

①求：符合道义可以去追求的方法。②执鞭之士：在王、诸侯或有爵位的人出入时手执皮鞭开路的人，这里指地位低下的官吏。

【译文】

孔子说："财富如果是可以求得的，即使是执鞭这样的下等差役，我也愿意去做。如果是不可以求得的，我宁愿舍弃它，去做自己所爱好的事。"

【历代论引】

朱子曰："设言富若可求，则虽身为贱役以求之，亦所不辞。然有命焉，非求之可得也，则安于义理而已矣，何必徒取辱哉？"

苏氏曰："圣人未尝有意于求富也，岂问其可不可哉？为此语者，特以明其决不可求尔。"

杨氏曰："君子非恶富贵而不求，以其在天，无可求之道也。"

【评析】

这一章孔子告诫人们不要一味地去贪财求富。在孔子看来，求取富贵是人的正当愿望，但不能为了富贵就不讲原则，不择手段。贫困的生活是不会毁灭一个人的人格的，但不符合道义的富贵则是不应该享受的，是可以扭曲一个人的人格的。

尽管现实生活中，我们从事不同的职业，但职业本身没有高低贵贱之分，只要我们付出了自己的辛勤劳动，就理所当然地得到相应的报酬，就应该得到法律的保护和社会的认可。所以，不管从事何种职业，只要是合理合法的，就不要放弃追求。

7-12

【原文】

子之所慎：齐①，战，疾。

①齐：通"斋"，祭祀前清净身心以示虔诚。

【译文】

孔子慎重处理的三件事是：斋祭，征伐，瘟疫。

【历代论引】

尹氏曰："夫子无所不谨，弟子记其大者耳。"

朱子曰："齐之为言齐也，将祭而齐其思虑之不齐者，以交于神明也。诚之至与不至，神之飨与不飨，皆决于此。战则众之死生、国之存亡系焉，疾又吾身之所以死生存亡者，皆不可以不谨也。"

【评析】

这一章孔子告诫人们，对于斋戒、战争和疾病这三件事情是要小心谨慎认真对待的。这是孔子针对当时社会不注重礼节、贵族热衷于杀伐、不重视百姓疾苦而发出的忠告。

治国之道在于厚积德义，而不是铺张的形式，更不是挑动战争进行掠夺，也不是愚弄民众。对于关乎民众的事务，必当公示于众。大规模的祭祀（当然也应当包括后来的各种庆典、节会活动）、征伐争战、瘟疫灾患等，皆国之大事，不可不慎重地做好应对之策。

7-13

【原文】

子在齐闻《韶》，三月不知肉味。曰："不图①为乐之至于斯也！"

【注释】

①不图：不承想。

【译文】

孔子在齐国听到《韶》乐,沉浸其中,以至于有三个月的时间都不曾感到肉的滋味。说:"不承想音乐竟然达到了如此神妙的境界啊!"

【历代论引】

范氏曰:"《韶》尽美,又尽善,乐之无以加此也。故学之三月,不知肉味,而叹美之如此。诚之至,感之深也!"

【评析】

这一章表明孔子醉心于尽善尽美的《韶》乐已经到了痴迷的程度,实际上是表明孔子对道德礼仪的内在修养,已经达到超越物欲的精神境界。

音乐是一种听觉艺术,是一种人类共有的语言。它来源于生活,为我们的情感服务。科学研究证明,听适合的音乐,可以优化人的性格,平稳人的情绪,提高人的修养品位,甚至有养生保健、延年益寿的神奇功效。既然音乐有这么多好处,不妨在工作之余,茶余饭后,听一曲柔美舒缓的音乐,让身心在优美动听的节奏中彻底放松。

7-14

【原文】

冉有曰:"夫子为①卫君②乎?"子贡曰:"诺。吾将问之。"入,曰:"伯夷、叔齐何人也?"曰:"古之贤人也。"曰:"怨乎?"曰:"求仁而得仁,又何怨!"出,曰:"夫子不为也。"

【注释】

①为:赞同。②卫君:即卫国国君出公。卫出公,蒯聩之子,名辄,灵公之嫡孙。前492年即位,《左传》哀公二十五年和二十六年,被以公孙弥牟为首的叛乱者赶出卫国。

【译文】

冉有说:"夫子赞同卫君吗?"子贡说:"噢?我去问一问就知道了。"子贡进去问孔子,说:"伯夷、叔齐是什么样的人呢?"孔子说:"是古代有贤德的人啊。"子贡问:"他们有怨恨后悔的意思吗?"孔子说:"伯夷、叔齐追求'仁'的境界,结果达到了,他们又怨悔什么呢?"子贡出来,说:"夫子是不会做的。"

【历代论引】

朱子曰:"君子居是邦,不非其大夫,况其君乎?故子贡不斥卫君,而以夷、齐为问。夫子告之如此,则其不为卫君可知矣。盖伯夷以父命为尊,叔齐以天伦为重。其逊国也,皆求所以合乎天理之正,而即乎人心之安。既而各得其志焉,则视弃其国犹敝蹝尔,何怨之有?若卫辄之据国拒父而惟恐失之,其不可同年而语明矣。"

程子曰:"伯夷、叔齐逊国而逃,谏伐而饿,终无怨悔,夫子以为贤,故知其不与辄也。"

【评析】

"欲知大道,必先知史。"历史虽然无言,但它却会说话;能够听见历史说话,已经很了不起了;而能够听懂历史在说什么,就是伟人的智慧。

任何语言,都力求用最简洁的方式,表达丰富的内容,传述深刻的寓意;任何行为,都只能以行为的结果来表明它的指向。即使是浅显的话,也往往能给我们深刻的启发。

同样,我们也应学会倾听,倾听来自心灵的邈远之音。

7-15

【原文】

子曰:"饭疏食①,饮水,曲肱②而枕之,乐亦在其中矣。不义而富且贵,于我如浮云。"

【注释】

①疏食：粗粮。②肱（gōng）：胳膊。

【译文】

孔子说："吃的是粗粮，饮用的是清水，弯着臂膀做枕头，乐趣也就在其中了。用不正当的手段获得的富贵，在我看来就像浮云一样虚缈。"

【历代论引】

朱子曰："圣人之心，浑然天理，虽外困极，而乐亦无不在焉。其视不义之富贵，如浮云之无有，漠然无所动于其中也。"

程子曰："非乐疏食饮水也，虽疏食饮水，不能改其乐也。不义之富贵，视之轻如浮云然。"又曰："须知所乐者何事。"

【评析】

孔子的这句名言，影响甚巨，不仅内化成了有道君子的人格精神，同时也在很大程度上影响了人们在现实生活中的具体处世方法和策略。孔子在这里要说明的是，要做一个仁人君子，必须志在追求仁义，做到轻视富贵，安贫乐道。这也显明了孔子的贫富观。

人有物质上的需要，但更应追求精神上的自足。物欲是永无止境的，一旦陷入物欲的泥潭，你就永远也不知道哪里才是尽头。而精神自足的人，过着粗茶淡饭的日子，却远比那些锦衣玉食的贵人要来得幸福。布被窝里的酣眠，未必就不如棉被里的香，关键还是在于睡觉的人。不知满足的人，吃多了山珍海味，终有一天会觉得无味，反不知老农天天吃青菜来得香甜。

因此，人生的真正快乐不在于口舌之乐，富贵之得，而在于求得精神上的愉快，所以孔子才说"饭疏食饮水，曲肱而枕之，乐亦在其中矣。不义而富且贵，于我如浮云"。不一定美酒佳肴才有真味，吃着粗茶淡饭，只要内心平静安乐，一样能吃得有滋有味。

7-16

【原文】

子曰："加①我数年，五十以学《易》②，可以无大过矣。"

【注释】

①加：给予。②《易》：《易经》，古代占卜用的书。

【译文】

孔子说："让我年轻数年时间，五十岁开始研究《易经》，可以没有大过错了。"

【历代论引】

朱子曰：此章之言，《史记》作"假我数年，若是我于《易》则彬彬矣"。"加"正作"假"，而无"五十"字。盖是时，孔子年已几七十矣，"五十"字误无疑也。学《易》，则明乎吉凶消长之理、进退存亡之道，故可以无大过。盖圣人深见《易》道之无穷，而言此以教人，使知其不可不学，而又不可以易而学也。

【评析】

这一章孔子表明自己虽然已经年老，但仍然在不断学习，并且要用心指导自己的言行，以减少过失。据说，他非常喜欢读《周易》，曾把穿竹简的皮条翻断了很多次，即"韦编三绝"。孔子这种活到老学到老的刻苦钻研精神，是很值得我们学习的。

7-17

【原文】

子所雅言①，《诗》《书》、执礼，皆雅言也。

【注释】

①雅言：标准规范的语言。

【译文】

孔子在诵读《诗》《书》，行礼的时候，都是用标准规范的语言。

【历代论引】

谢氏曰："此因学《易》之语而类记之。"

程子曰："孔子雅素之言，止于如此。若性与天道，则有不可得而闻者，要在默而识之也。"

朱子曰："《诗》以理情性，《书》以道政事，礼以谨节文，皆切于日用之实，故常言之。礼独言执者，以人所执守而言，非徒诵说而已也。"

【评析】

孔子说："六艺于治一也。《礼》以节人，《乐》以发和，《书》以道事，《诗》以达意，《易》以神化，《春秋》以义。"意思是说：六经对促使政治修明、社会安定来说，都是一样有作用的。《礼》用以规范人们的言行，《乐》用以促进人们的和谐，《书》用以记述前言往行和典章制度，供人借鉴，《诗》用以表达古代圣贤的思想感情，《易》用以说明事物的变化（神妙），《春秋》用以让人知道判断是非的标准。

这一章孔子说明凡是读书学习，参加礼仪活动都要有严肃认真的态度，按着要求和规定去说去做。

7-18

【原文】

叶公①问孔子于子路，子路不对。子曰："女奚不曰：其为人也，发愤忘食，乐以忘忧，不知老之将至云尔②。"

【注释】

①叶（shè）公：楚国叶县尹沈诸梁。字子高。僭称公。②云尔：如此罢了。

【译文】

叶公向子路询问孔子是怎样的人。子路没有回答。孔子说："你为什么不告诉他：他的为人啊，发愤追求学问，专心致志到了忘记吃饭的程度，沉醉于学有所得的快乐而忘记了忧虑。不知道衰老将要到来了，如此而已。"

【历代论引】

朱子曰："叶公不知孔子，必有非所问而问者，故子路不对。抑亦以圣人之德，实有未易名言者与？未得，则发愤而忘食；已得，则乐之而忘忧。以是二者，俛焉日有孳孳，而不知年数之不足，但自言其好学之笃耳。然深味之，则见其全体至极、纯亦不已之妙，有非圣人不能及者。盖凡夫子之自言类如此，学者宜致思焉。"

【评析】

这一章是说孔子从读书学习和各种活动中体味到无穷乐趣，他不为身旁的小事而烦恼，表现出积极向上的精神风貌。

同样，如果我们想成功，就必须找到自己的兴趣所在，这样才能体验到生活的乐趣。这是一条通向成功的必然途径，同时也是获得精神愉悦和满足的源泉。

【原文】

子曰："我非生而知之者，好古，敏以求之者也。"

【译文】

孔子说："我并不是生来就有知识，只是喜欢古老的文化，并且勤奋快速地去获取知识。"

【历代论引】

尹氏曰："孔子以生知之圣，每云好学者，非惟勉人也。盖生而可知者义理尔，若夫礼乐名物、古今事变，亦必待学而后有以验其实也。"

【评析】

人们获得知识的方式是不同的，有生而知之、有学而知之、有困而学之。但是都离不开学习与实践的经验，一切成功都是学习的积累和思考的结果。对于既定的目标，要坚持深入地研究到底。要有独立思考的能力，以批判性的思辨方法，努力丰富自己的经历和体验，从不同的方向寻求新的认识事物的途径，脚踏实地地求取学问，提高自己的学识和智慧。在今天这个科学技术飞速发展的时代，知识显得尤其重要，知识更新的速度超出了我们的想象。因此，只有坚持不懈地学习新知识，在当今社会日益剧烈的竞争中，才能立足。

7-20

【原文】

子不语怪、力、乱、神。

【译文】

孔子从来不谈论怪异、勇力、暴乱、鬼神。

【历代论引】

谢氏曰："圣人语常而不语怪，语德而不语力，语治而不语乱，语人而不语神。"

朱子曰："怪异、勇力、悖乱之事，非理之正，固圣人所不语。鬼神，造化之迹，虽非不正，然非穷理之至，有未易明者，故亦不轻以语人也。"

【评析】

人们的一切行为都是受着思想的指引。思想的准备是一切政治行为的先锋。只有树立了坚定正确的思想路线，一切的事业才有望得以实现。

怪、力、乱、神不仅扰乱和影响人们的思想，而且具有极大的破坏性，它们总是迎合了人性中的那种固有的迷信心理和恶意不平的怨气，从而可能将人们已经建立起来的道德结构、行为规范、思想体系冲垮。所以，一个有责任感的人是不能不对此深切注意的。只有建立了坚定正确的思想信仰，那些莫可名状的怪、力、乱、神之事，自然消弭于无形。

7-21

【原文】

子曰："三人行，必有我师焉。择其善者而从之，其不善者而改之。"

【译文】

孔子说："三人同行，必然有我可以学习的人。选择他们的长处学习，将他们的不足引为警戒，作为借鉴而改正。"

【历代论引】

朱子曰："三人同行，其一我也。彼二人者，一善一恶，则我从其善而改其恶焉。是二人者，皆我师也。"

尹氏曰："见贤思齐，见不贤而内自省，则善恶皆我之师，进善其有穷乎？"

【评析】

孔子的"三人行，必有我师焉"这句话，受到很多人的极力赞赏。他如此博学，还能虚心向别人学习，精神十分可贵，但更可贵的是，他不仅要以善者为师，而且以不善者为师，这其中包含深刻的哲理。

有一次听牧师讲这样一个故事：有一个人脾气暴躁，于是就求主说："请把我变成一个温柔的人。"于是主就派了一个凶恶的人来。面对这个凶恶的人，脾气暴躁的人总是小心地说话，再也不敢发脾气了。因为那个人太凶了。但是他百思不得其解，就去问主说："我求您把我变成一个温柔的人，你为什么派一个凶恶的人来。"主说："只有凶恶的人才会教会你温柔，你身边的人对你太温柔了，你如此的暴躁他们都能原谅你。"脾气暴躁的人恍然大悟。

"三人行，必有吾师焉"，这不仅仅是说每一个人的身上都有值得我们学习的优点，而且我们要有一颗谦虚的心向身边的每一个人学习。同时我们还要有一颗感恩的心，感谢每一个用各种形式帮助我们的人，甚至给我们带来苦难的人，因为逆境使人沉沦亦使人奋进。

7-22

【原文】

子曰："天生德于予，桓魋①其如予何？"

【注释】

①桓魋（tuí）：宋司马向魋。司马牛之兄。魋：兽名。通"魁"，大。用于人名。出于桓公，故又称桓氏。宋国大夫。桓魋曾经想要谋害孔子。学生们得到消

息，告诉孔子，促其尽快避开，可是孔子满不在乎，于是发此感叹。

【译文】

孔子说："上天赋予我如此的德行，桓魋又能把我怎么样？"

【历代论引】

朱子曰："魋欲害孔子，孔子言天既赋我以如是之德，则桓魋其奈我何？言必不能违天害己。"

【评析】

公元前492年，孔子从卫国去陈国时经过宋国。桓魋听说以后，带兵要去害孔子。当时孔子正与弟子们在大树下演习周礼的仪式，桓魋砍倒大树，而且要杀孔子，孔子在弟子们的保护下，离开了宋国，在逃跑途中，他说了这句话，表明孔子对自己的理想德行充满信心。

7-23

【原文】

子曰："二三子①以我为隐②乎？吾无隐乎尔。吾无行而不与二三子者，是丘也。"

【注释】

①二三子：这里指孔子的弟子们。②隐：隐瞒。

【译文】

孔子说："你们认为我对你们有所隐瞒吗？我没有什么隐瞒的。我没有任何行为不向你们公开的，这正是我的为人啊。"

【历代论引】

朱子曰："诸弟子以夫子之道高深不可几及，故疑其有隐，而不知圣人作、止、语、默无非教也，故夫子以此言晓之。"

吕氏曰："圣人体道无隐，与天象昭然，莫非至教。常以示人，而人自不察。"

【评析】

被人猜忌与中伤，是十分痛苦的，而更为令人痛心的是被自己重视的人所疑忌。圣人德昭日月，犹被疑忌，何况我辈被人误解！教育只是外在的方法，真正的学问在于自己的积累与彻悟，善学者，在于体察幽微。这一章孔子表白自己对弟子是心地坦荡，毫无保留的。这就表明孔子的为人是坦诚相待、光明正大。所以，我们在与别人相处时，也应做到这些。

7-24

【原文】

子以四教：文、行、忠、信。

【译文】

孔子从四个方面教育学生：历代经典文献、道德品行、忠诚、诚信笃实。

【历代论引】

程子曰："教人以学文、修行而存忠、信也。忠、信，本也。"

【评析】

这一章说明孔子的教学纲要和主要内容。孔子以《诗》《书》《礼》《乐》教育弟子，注重人内心修养的提高和人格的塑造，这是值得我们深思的，也是值得我们现今的教育借鉴的。

7-25

【原文】

子曰："圣人，吾不得而见之矣；得见君子者，斯可矣。"子曰："善人，吾不得而见之矣；得见有恒①者，斯可矣。亡而为有，虚而为盈，约②而为泰③，难乎有恒矣。"

【注释】

①恒：恒心。②约：穷困。③泰：宽裕。

【译文】

孔子说："圣人，我不能见到；能够见到君子就可以了。"又说："完美的人，我不能够见到了，能够见到有操行的人就可以了。没有的却装作有，虚空的说成充足，穷困却装作宽裕，这样的人是很难保持好的操行的。"

【历代论引】

张敬夫曰："圣人、君子以学言，善人、有恒者以质言。"

张子曰："有恒者，不贰其心。善人者，志于仁而无恶。"

【评析】

这一章论述孔子关于求道要持之以恒、注重实效的思想。

一个人专业上的成就，取决于他的学品。只有在一步一步地从细小处努力，日积月累，才能达到渐进的成果。只有经历长久踏实努力，终其一生不敢懈怠，不放弃自己的追求，谨慎而勤勉，才能使自己的人生有所造就。那些虚夸浮躁的轻佻之徒，是不可能有所建树的。

7–26

【原文】

子钓而不纲①，弋②不射宿③。

【注释】

①纲：在水面上拉一根大绳，在大绳上系许多鱼钩来钓鱼，这种方法叫作纲。②弋（yì）：用带绳的箭射鸟。③宿：归宿的鸟。

【译文】

孔子钓鱼，不用网捕捞；射猎飞禽，但不捕捉归巢栖息的鸟。

【历代论引】

洪氏曰："孔子少贫贱，为养与祭，或不得已而钓、弋，如猎较是也。然尽物取之，出其不意，亦不为也。此可见仁人之本心矣。待物如此，待人可知；小者如此，大者可知。"

【评析】

这一章又一次表明孔子的仁爱之心。

无论花木还是杂草，都是天生地长；无论虫鱼鸟兽，都是大自然的精灵，都有自由生存的理由。万物具有各种各样的性情，而快活地生活在自然界，它们的生命同我们一样值得珍惜。爱护动物是人类应有的道德，然而，人们却一度以山珍海鲜、珍禽异兽为时尚美味，为了口腹的满足而肆无忌惮地去捕杀烹煮动物。如果我们人类都能做到把动物当作朋友，保护动物，那对我们保护生态环境将大有益处。

7-27

【原文】

子曰："盖有不知而作之者，我无是也。多闻，择其善者而从之；多见而识之；知之次也。"

【译文】

孔子说："大概有不知所以就妄加创作的人吧，但是我是不这样做的。多听，选择其中好的吸取它，多看并且记住它，这样得来知识仅次于生来就知的情况。"

【评析】

自然界的万物都有着千丝万缕的联系，因此要掌握一门知识、懂得一个道理，就离不开、少不了多看、多听、全面思考，但要"择善而从"。只有懂得这个道理的人，才是真正的有智慧的人，才能真正有效地不断提高自己。

7-28

【原文】

互乡①难与言。童子见，门人惑。子曰："与②其进也，不与其退也，唯何甚？人洁己以进，与其洁也，不保其往也。"

【注释】

①互乡：地名。②与：赞成。

【译文】

互乡的人很难与他们交流沟通。有一个少年得到孔子的接见，弟子们感到困惑不解。孔子说："我们应该赞赏他的进步，不赞成他的落后。何必做得太过分呢？别人洁身自爱以求进步，我是鼓励他的整洁，不只记他过去的不好。"

【历代论引】

朱子曰："人洁己而来，但许其能自洁耳，固不能保其前日所为之善恶也；但许其进而来见耳，非许其既退而为不善也。盖不追其既往，不逆其将来，以是心至，斯受之耳。'唯'字上下，疑又有阙文，大抵亦不为已甚之意。"

程子曰："圣人待物之洪如此。"

【评析】

开阔我们的胸襟，不要斤斤计较以往的过错，也不要有地域的偏见。以发展的眼光看待人和事，给人以进步的机会。

天地无物而不容，故能成其大；沧海无流而不纳，故能成其深。那么，还是宽厚一点好，留一条路给大家走。

7-29

【原文】

子曰："仁远乎哉？我欲仁，斯仁至矣。"

【译文】

孔子说："仁距离我们很远吗？只要我诚心为仁，仁就到来了。"

【历代论引】

朱子曰："仁者，心之德，非在外也。放而不求，故有以为远者；反而求之，则即此而在矣，夫岂远哉？"

程子曰："为仁由己，欲之则至，何远之有？"

【评析】

　　这一章说明孔子所讲的仁德，离我们并不遥远，得到仁也并不很难，但必须自己肯下功夫才行。

　　就像我们所说的"从现在做起，从我做起"，凡事只要去做，努力去做，就没有成功不了的。一个人能否成功，在于他内心的追求。一心想成功，在行动上努力，持之以恒，自然会有所成就。

7-30

【原文】

　　陈司败①问："昭公②知礼乎？"孔子曰："知礼。"孔子退。揖巫马期③而进之，曰："吾闻君子不党，君子亦党④乎？君取⑤于吴，为同姓，谓之吴孟子⑥。君而知礼，孰不知礼？"巫马期以告。子曰："丘也幸⑦，苟有过，人必知之。"

【注释】

　　①陈司败：陈，即陈国。司败，官名，即司寇。就如我们现今以官职对人相称呼。②昭公：鲁君。名裯。习于威仪之节，当时以为知礼。③巫马期：孔子的弟子。姓巫马，名施，字子旗。陈国人。少孔子三十岁。曾任单父宰，披星戴月，事必躬亲，单父治。④党：包庇、偏袒。⑤取：通"娶"。⑥吴孟子：当时国君夫人的称号，一般是生长之国的国名加上本姓。鲁昭公娶于吴，夫人的名字应该是吴姬。但是昭公娶于吴违背了"同姓不婚"的礼制，因此讳称夫人为吴孟子。⑦幸：指有人指出自己的错误，让自己可以改过。

【译文】

　　陈司败问："鲁昭公是懂得礼法制度的吗？"孔子说："懂得礼仪。"孔子离开后，陈司败揖请巫马期走近自己，说："我听说君子是不偏私的，难道君子也偏私吗？鲁昭公迎娶吴国的同姓女子为妻子，讳称为吴孟子。如果鲁君算是知晓礼仪的，那么，还有谁不知礼呢？"巫马期把这些话告诉孔子。孔子说："我真幸运，如果有错误，世人一定就会知道。"

【历代论引】

朱子曰："孔子不可自谓讳君之恶，又不可以娶同姓为知礼，故受以为过而不辞。"

吴氏曰："鲁盖夫子父母之国，昭公，鲁之先君也。司败又未尝显言其事，而遽以'知礼'为问，其对之宜如此也。及司败以为有党，而夫子受以为过，盖夫子之盛德，无所不可也。然其受以为过也，亦不正言其所以过，初若不知孟子之事者，可以为万世之法矣。"

【评析】

讳疾忌医、掩饰错误对我们有什么好处呢？圣人孔子对自己所犯的错误，都有胸怀坦荡地接受别人的批评，并以此感到幸运。那我们又有什么不能呢？

所以，一个人，尤其是一个有地位的人，当听到别人指出你的什么过错时，一定不要恼羞成怒；暴跳如雷，而要学习学习圣人的涵养，闻过则喜，把它当作一件"幸事"接受下来，有则改之，无则加勉，使自己成为一个受人尊敬的人，而不是一个可怕的人，一个没有人愿意或没有人敢给你提意见的人。

谚云："忠言逆耳利于行，良药苦口利于病。"又云："兼听则明，偏听则暗。"善于听取别人的意见，尤其是批评的意见；善于采纳众人的建议，而不轻听轻信个别人的话，有利于全面了解情况，改进工作。这是前人总结的经验。也是经人们实践检验的真理。

真正的君子，就应该像孔子那样，虚心接受别人的批评，并有意识地进行自我监督，这样才能明智做人，正确做事。但在我们现实生活中，总有一些自以为是的人，无法做到正确做事。

7-31

【原文】

子与人歌而善，必使反①之，而后和之。

【注释】

①反：重复。

【译文】

孔子与人唱歌，如果唱得好，一定让人反复咏唱，然后再跟着唱。

【历代论引】

朱子曰："此见圣人气象从容，诚意恳至，而其谦逊审密，不掩人善又如此。盖一事之微，而众善之集，有不可胜既者焉。"

【评析】

这一章写出了孔子虚心好学的品德，孔子一直遵循着好学求进的信条，这是他有关学问的原则，也是我们应该学习的品德之一。不论修身养性，还是著书立说，重要的是虚心学习，致力钻研，而不是以此为资本到处卖弄，否则总有碰壁的时候。所以，谦虚谨慎处世，才是处世法宝。

7-32

【原文】

子曰："文，莫①吾犹人也。躬行君子，则吾未之有得。"

【注释】

①莫：大约。

【译文】

孔子说："文章的学问，我和别人差不多，身体力行君子之道，我还没有做到。"

谢氏曰："文，虽圣人，无不与人同，故不逊；能躬行君子，斯可以入圣，故不居。犹言'君子道者三，我无能焉'。"

【评析】

在这里孔子说自己在实践方面，还没有取得君子的成就，希望自己和弟子们尽可能地在这个方面再做努力。

孔子的这番话给我们一个启示：识人，不能只看他的学识见地、言谈语态，更要看他能否按照他的各种谈论观点去躬行实践。否则，知识再渊博，没有一点实践经验，那充其量也只不过是一个书呆子。

7-33

【原文】

子曰："若圣与仁，则吾岂敢？抑①为之不厌，诲人不倦，则可谓云尔已矣。"公西华曰："正唯弟子不能学也。"

【注释】

①抑：只不过。

【译文】

孔子说："如果说到圣和仁，那我怎么敢当！我只不过学习不感到满足，教导别人不感到厌倦，只能说如此罢了。"公西华说："这正是弟子们不能够学得到的啊。"

【历代论引】

朱子曰："圣者，大而化之。仁，则心德之全而人道之备也。为之，谓为仁圣之道。诲人，亦谓以此教人也。然不厌不倦，非己有之则不能，所以弟子不能学也。"

晁氏曰："当时有称夫子圣且仁者，以故夫子辞之。苟辞之而已焉，则无以进天下之材，率天下之善，将使圣与仁为虚器，而人终莫能至矣。故夫子虽不居仁圣，而必以为之不厌、诲人不倦自处也。'可谓云尔已矣'者，无他之辞也。公西华仰而叹之，其亦深知夫子之意矣。"

【评析】

这一章我们再一次看到了孔子对自己的评价，孔子没有标榜自己达到了怎样的高度，只强调自己一直在努力。

这是值得我们所有求学者应学习的精神。其实，我们每个人在求学的道路上，只要坚持这种精神，就可以达到一种意想不到的高度。

7-34

【原文】

子疾病，子路请祷。子曰："有诸？"子路对曰："有之。《诔》①曰：'祷尔于上下神祇②。'"子曰："丘之祷久矣。"

【注释】

①《诔》（lěi）：向鬼神祈福的祷文。②神祇（qí）：古代称天神为神，地神为祇。

【译文】

孔子患病，子路请求为夫子祈祷。孔子说："有这回事吗？"子路回答说："有的。《诔》记载有：'为你向天地神祇祈祷'。"孔子说："我已经祈祷很久了。"

【历代论引】

朱子曰："祷者，悔过迁善，以祈神之佑也。无其理则不必祷。既曰有之，则圣人未尝有过，无善可迁，其素行固已合于神明，故曰：'丘之祷久矣。'又《士丧礼》疾病行祷五祀，盖臣子迫切之至情有不能自已者，初不请于病者而后祷也。故孔子之于子路，不直拒之，而但告以无所事祷之意。"

【评析】

这一章表明孔子不信鬼神的思想。

在孔子的时代，迷信活动还是普遍存在的，而孔子并不相信祈祷能解除病痛。但是在科技如此发达的今天，仍然有人相信鬼神的存在，进行各种迷信活动。人应该是自己的主人，只有完全摆脱迷信思想，才能获得真正精神上的自由。

7–35

【原文】

子曰："奢则不孙①，俭则固②。与其不孙也，宁固。"

【注释】

①孙：通"逊"，谦让。②固：鄙陋、寒酸。

【译文】

孔子说："奢侈就会骄横不逊，俭约就会鄙陋。与其不逊，宁可鄙陋。

【历代论引】

朱子曰："奢、俭俱失中，而奢之害大。"

晁氏曰："不得已而救时之弊也。"

【评析】

是俭是奢，这不仅是一个人的自我修养或品德问题，更是一种对生活的态度问题。俭朴的生活，可以使人精神愉悦，可以培养人的高尚品质。生活俭朴的人具有顽强的意志，能经受得住艰苦的磨炼，胸怀开阔。物质生活条件的好坏，对他们来说，没有丝毫的影响。因此，这种人住在竹篱盖的茅屋，也有清新的生活情趣。而那种追求奢华、生活糜烂的人，到头来总落得身败名裂，走向肉体和灵魂堕落的双重深渊。

7-36

【原文】

子曰："君子坦荡荡①，小人长戚戚②。"

【注释】

①坦荡荡：心胸宽广坦然。②长戚戚：经常忧愁的样子。

【译文】

孔子说："君子心胸宽广坦然，小人则常常局促忧愁。"

【历代论引】

程子曰："君子坦荡荡，心广体胖。"又曰："君子循理，故常舒泰；小人役于物，故多忧戚。"

【评析】

这是孔子从个人心境做说明，君子乐天知命，俯仰无愧，心境自然舒坦。小人心有私，为物欲所役，驰竞于荣利，得失萦怀，心境自然忧戚。

《菜根谭》里有："风来疏竹，风过而竹不留声；雁度寒潭，雁去而潭不留影。故君子事来而心始现，事去而心随空。"意思为：当轻风吹过稀疏的竹林时，会发出沙沙的声响，可是吹过之后竹林又归于寂静，不再留有风的声音；当大雁飞过寒冷的深潭时，身影会倒映在水潭上，但是雁飞过后，潭面不会留下雁影。所以，君子在事情来临时才会出本性，而事情结束后本性又复归宁静。

所以，对人对事应当抱着随遇而安的态度，坦然去面对并接受现实中所有顺与逆的境遇，该放下的放下，坦然面对生活。

7-37

【原文】

子温①而厉②，威③而不猛④，恭而安。

【注释】

①温：温和、厚道。②厉：严肃。③威：庄重、庄严。④猛：粗暴。

【译文】

孔子温和厚道但仪容肃穆，庄重但不显得粗暴，谦恭而安详。

【历代论引】

朱子曰："人之德性本无不备，而气质所赋，鲜有不偏。惟圣人全体浑然，阴阳合德，故其中和之气见于容貌之间者如此。门人熟察而详记之，亦可见其用心之密矣。抑非知足以知圣人而善言德行者不能记，故程子以为曾子之言。学者所宜反复而玩味也。"

【评析】

这一章表述孔子平日待人的态度。一个人温和，说明他有爱心；严肃，说明他有原则；一个人不粗暴，说明他不残忍，自控能力强；一个人安详，说明他内心宁静坦荡。真正的权威是建立在人品和学问修养的基础之上，是尊重他人而自然形成的不可侵犯的尊严，是人们发自内心的钦敬与尊崇，并不是靠玩弄手段或是利用权力压服可以建立起来的。这也正是我们心目中所希望拥有的。

泰伯第八

8-1

【原文】

子曰："泰伯①，其可谓至德也已矣！三②以天下让，民无得而称焉③。"

【注释】

①泰伯：周大王古公亶（dǎn）父之长子。有弟仲雍、季历。大王欲立季历为后，泰伯、仲雍奔避荆越，文身断发。泰伯自号句吴，为春秋吴国始祖。②三：多次。③民无德而称焉：老百姓找不出合适的词语来赞颂他。

【译文】

孔子说："泰伯啊，可以说是具有最崇高道德的人，他再三地逊让，把国君的位置让给了季历，老百姓简直找不出恰当的词语来赞颂他。"

【评析】

传说古公亶父知道三子季历的儿子姬昌有圣德，想传位给季历，泰伯知道后便与二弟仲雍一起避居到吴。古公亶父死，泰伯不回来奔丧，后来又断发文身，表示终身不返，把君位让给了季历，季历传给姬昌，即周文王。武王时，灭了殷商，统一了天下。泰伯完全不计个人得失，以天下苍生为重，三次把王位让给有才德的人，这种精神可以称得上大德，是值得我们学习的。

古今中外，能做到这样的人为数不多，然而为了争权夺位、骨肉相残、为非作歹的人却比比皆是。在现代生活中，我们也可以看到有很多人为了自己的利益，不仅最终自己没有得到什么好处，而且还给国家和集体带来严重的损失，因此，我们要坚决杜绝这种行为。

8-2

【原文】

子曰："恭而无礼则劳，慎而无礼则葸①，勇而无礼则乱，直而无礼则绞②。君子笃于亲，则民兴于仁；故旧不遗③，则民不偷④。"

【注释】

①葸（xǐ）：拘谨、畏惧。②绞：说话尖刻、伤人。③遗：遗弃。④偷：冷漠无情。

【译文】

孔子说："谦恭但不按照礼仪的规范就会劳苦，谨慎但不按照礼仪的规范就会畏缩，勇敢但不按照礼仪的规范就会导致祸乱发生，正直但不按照礼仪的规范就会失之于尖刻。君子对于自己的宗族亲厚友爱，老百姓就会培养仁德；君子不遗弃自己的老朋友，老百姓就不致对人冷漠无情。"

【历代论引】

张子曰："人道知所先后，则恭不劳、慎不葸、勇不乱、直不绞，民化而德厚矣。"

【评析】

"恭""慎""勇""直"等德行不是孤立存在的，必须以"礼"作为指导，只有在"礼"的指导下，这些德行的实施才能符合中庸的准则，否则就会出现"劳""葸""乱""绞"，就不可能达到修身养性的目的，达到孔子心目中的仁人君子。

"礼"作为一种广义的交往形式和规范，其原则首先表现为"和"。所谓"和"，从浅层次来看，主要是化解主体间的紧张与冲突；就深层次来看，

"和"则指通过彼此的理解与沟通，达到同心同德，协力合作。孔子所崇尚的人生意境是一种和谐的意境，因而也是一种美的意境。用于处理人际关系，也就是既要团结，家和万事兴，和气生财，又要坚持原则，不能搞庸俗的一团和气，吹吹拍拍。

8-3

【原文】

曾子有疾，召门弟子曰："启①予足！启予手！《诗》云：'战战兢兢，如临深渊，如履薄冰。'②而今而后，吾知免③夫！小子！"

【注释】

①启：通"晵"，看。②战战兢兢，如临深渊，如履薄冰：《诗·小雅·小旻》中的句子。③免：指身体免受损伤。

【译文】

曾子病了，召集弟子到他身边，说："看看我的脚，看看我的手！《诗经》说：'小心谨慎，就像来到深渊边，就像行走在薄冰上。'从今以后，我知道我可以免除灾祸了！学生们！"

【历代论引】

程子曰："君子曰终，小人曰死。君子保其身以没，为终其事也，故曾子以全归为免矣。"

尹氏曰："父母全而生之，子全而归之。曾子临终而启手足，为是故也。非有得于道，能如是乎？"

范氏曰："身体犹不可亏也，况亏其行以辱其亲乎？"

【评析】

这一章是曾子在教育自己的弟子，一定要注意保重自己的身体。

人生多艰，不但要受到来自生活的压力，更是受到各种疾病等天灾人祸的摧残，能够平安度过一生是值得庆幸的。生死不可避免，无论活多久，这种事情迟早总会到来。走到今天，已经很是难得，应当感到快乐。尽管不太尽如人意，总算是到解脱的时候了，可以休息了。对于生命来说，那些过去的磨难都是不足道的，不论当时多么困难，毕竟都走过了，有什么理由不为之欣慰呢？

8—4

【原文】

曾子有疾，孟敬子①问之。曾子言曰："鸟之将死，其鸣也哀；人之将死，其言也善。君子所贵乎道者三：动容貌，斯远暴慢②矣；正颜色，斯近信矣；出辞气，斯远鄙倍③矣。笾豆之事④，则有司存。"

【注释】

①孟敬子：仲孙氏。名捷。鲁国大夫。②暴慢：粗暴、放肆。③倍：通"背"，背离、不合礼仪。④笾（biān）豆之事：笾：古代祭祀时盛食品的竹制器皿。豆：古代盛放汤汁的木制器皿。笾豆之事，代表礼仪中的细节。

【译文】

曾子卧病，孟敬子来看望他。曾子说："飞鸟在将要死去的时候，鸣叫声是哀婉的；人到了快要死去的时候，他说的话是善意的。君子的礼仪之道有三：严肃仪态风度，就会避免粗暴傲慢；端正脸色，就容易建立起信任；言谈举止，讲究措辞和语气，就可以避免鄙陋粗野。至于琐碎的礼仪细节，自有主管人员负责。"

【历代论引】

程子曰："动容貌，举一身而言也。周旋中礼，暴慢斯远矣。正颜色则不妄，斯近信矣。出辞气，正由中出，斯远鄙倍。三者正身而不外求，故曰'笾豆之事则有司存'。"

尹氏曰："养于中则见于外，曾子盖以修己为为政之本。若乃器用事物之细，则有司存焉。"

【评析】

"动容貌""正颜色""出辞气"三者都是修身的要求、为政的根本。举手投足之间，体现着一个人的修养程度；言语交谈之中，自然流露着一个人的品德境界；一颦一笑之际，传达出一个人的内在本质。

这些道理在现在看来，还是很有意义的，依然是我们衡量一个人素质高低的一个重要标准，对于个人道德修养的形成与和谐人际关系的构建也有重要的借鉴作用。

8-5

【原文】

曾子曰："以能问于不能，以多问于寡；有若无，实若虚，犯而不校①，昔者吾友②尝从事于斯矣。"

【注释】

①校：计较。②吾友：我的朋友，旧注一般指颜回。

【译文】

曾子说："有才能的人向没有才能的人请教，博学多闻的人向知识少的人请教；有学问像没有学问一样，满腹知识和没有一样，受到冒犯并不计较，从前我的朋友就是这样做的。"

【历代论引】

谢氏曰："不知有余在己，不足在人；不必得为在己，失为在人；非几于无我者不能也。"

【评析】

《易经》上说："君子藏器于身，待时而动。"无此器最难，有此器不患无此时。锋芒对于年轻人，有的是害处，而好处却很小。这种锋芒好比是额头上长出的角，额上生角必然会很容易触伤别人，如果你不去想办法磨平自己的角，时间久了，别人也必将去折你的角，角一旦被折，其伤害也就太多了。

做人灵活，就需要低调处世，不要太露锋芒，正如那句俗话说的："人怕出名，猪怕壮。"太露锋芒很有可能招致"毁灭"，而盖其锋芒方可图日后更大发展。所以，凡事当留有余地，不要那么锋芒毕露，咄咄逼人，要使人家感到需要你却不受到你的威慑。

8-6

【原文】

曾子曰："可以托六尺之孤①，可以寄百里之命②，临大节而不可夺也，君子人与？君子人也。"

【注释】

①托六尺之孤：孤，死去父亲的小孩叫孤。六尺，古代以七尺指成年人，六尺，即未成年人。托孤，受君主临终前的嘱托辅佐幼君。②寄百里之命：指委以国政。

【译文】

曾子说："能够托付年幼的孤儿，能够代理国家的政务，面临生死存亡的关头不动摇。君子是这样的人吗？君子是这样的人啊！"

【历代论引】

程子曰："节操如是，可谓君子矣。"

朱子曰："其才可以辅幼君、摄国政，其节至于死生之际而不可夺，可谓君子矣。"

【评析】

这一章曾子希望一个真正的君子要具备忠贞不二的节操。在这里，曾子所认为的君子，应当是面对政治使命时，有忠心和气节的人。

在现实生活中我们常常遇到一些为了自己的私欲而不择手段伤害别人的亲朋好友，在关键时刻背信弃义，因此，我们必须及早认清、远离这种人，以免让自己受到伤害。

8-7

【原文】

> 曾子曰："士不可以不弘毅①，任重而道远。仁以为己任，不亦重乎？死而后已，不亦远乎？"

【注释】

①弘毅：刚强果断。

【译文】

曾子说："读书人不能不刚强果断。因为所承担的责任深重、前程远大。以仁德为己任，这难道不是很重大的吗？直到死去才停止，难道道路还不够远吗？"

【历代论引】

朱子曰："非弘不能胜其重，非毅无以致其远。""仁者，人心之全德，而必欲以身体而力行之，可谓重矣。一息尚存，此志不容少懈，可谓远矣。"

程子曰："弘而不毅，则无规矩而难立；毅而不弘，则隘陋而无以居之。"又曰："弘大刚毅，然后能胜重任而远到。"

【评析】

这一章曾子勉励弟子们弘扬襟怀坦白、意志坚强的精神，为追求仁德奋斗不止。

人的一生不可能什么事情都是一帆风顺的，总会遇到各种各样的困难和挫折。一个真正能成就大业的人，要有博大宽广的胸怀、坚毅不屈的意志和明确的奋斗目标，唯其如此，才能负重任行远道，实现心目中的宏图大业。

8-8

【原文】

子曰："兴①于《诗》，立于礼，成于乐。"

【注释】

①兴：开始。

【译文】

孔子说："德行的修养从《诗》开始，依靠礼仪立足于世间，经过音乐的熏陶使之达到和谐完美。"

【历代论引】

程子曰："天下之英才不为少矣，特以道学不明，故不得有所成就。夫古人之诗，如今之歌曲，虽闾里童稚，皆习闻之而知其说，故能兴起。今虽老师宿儒，尚不能晓其义，况学者乎？是不得兴于《诗》也。古人自洒扫应对，以至冠、昏、丧、祭，莫不有礼，今皆废坏，是以人伦不明，治家无法，是不得立于礼也。古人之乐：声音所以养其耳，采色所以养其目，歌咏所以养其性情，舞蹈所以养其血脉。今皆无之，是不得成于乐也。是以古之成材也易，今之成材也难。"

王应麟曰："夫子之教必始于《诗》《书》而终于《礼》《乐》，杂说不与焉。"

【评析】

在这里，孔子重点指出《诗经》对于人的振奋作用，"礼"对于人的立身作用，以及音乐对于完成人的性情修养作用。

生活虽然面临各种疑难与困扰，但是，同样充满激情和乐趣。我们不仅

仅只是为了活着而活着，我们更是为了成就人生而做着我们热爱的事业，我们
为了事业献出一切，乐于为此奋斗，我们因此而享受到了生活的乐趣，生活也
将因为我们的奋斗而变得美好充满情趣。

8-9

【原文】

> 子曰："民可使由^①之，不可使知之。"

【注释】

①由：跟随。

【译文】

孔子说："老百姓，可以让他们按照我们的指令去做，不能使他们懂得
为什么要这样做。"

【历代论引】

朱子曰："民可使之由于是理之当然，而不能使之知其所以然也。"

程子曰："圣人设教，非不欲人家喻而户晓也，然不能使之知，但能使
之由之尔。若曰圣人不使民知，则是后世朝四暮三之术也，岂圣人之心乎？"

【评析】

孔子思想上有"爱民"的内容，但这是有前提的。他爱的是"顺民"，
不是"乱民"。本章的观点就体现了他的"愚民"思想。由于这一章的观点触
及到了一些社会政治学的深层次的问题，又由于孔子没有进一步展开论说，所
以给后人带来诸多解释和分歧。

8-10

【原文】

子曰："好勇疾①贫，乱也。人而不仁，疾之已甚②，乱也。"

【注释】

①疾：憎恨。②已甚：太过分。

【译文】

孔子说："好勇斗力，憎恶贫穷，就会引起社会动乱。对于不仁的人，嫉恶太过分，就会导致祸乱。"

【历代论引】

朱子曰："好勇而不安分，则必作乱。恶不仁之人而使之无所容，则必致乱。二者之心，善恶虽殊，然其生乱则一也。"

【评析】

民众的生活状况决定着整个国家经济基础的稳固程度。因此，任何一个政权不论其性质如何，首先是要解决人民的生活问题，要体恤人民的疾苦和灾难，政治清明、为民谋福利，才能得到民心的支持，只有让人民的生活安定富裕，才能得到百姓的拥护，那么这个政权才有存在的基础和理由。

我们现在的为政者要以此为借鉴，凡事要体察民情，留有余地，攻心为上，要重视矛盾的钝化和转化工作，转消极为积极，这样才能使人与人之间充满信任和谅解，才能确保社会的安定发展。

8-11

【原文】

子曰："如有周公之才之美,使①骄且吝,其余不足观②也已。"

【注释】

①使：假若。②观：欣赏,观看。

【译文】

孔子说："一个人有周公那样美好的才华,假若他既骄傲又促狭,纵然其他方面再好,也是不值得称道的。"

【历代论引】

程子曰："此甚言骄、吝之不可也。盖有周公之德,则自无骄、吝；若但有周公之才而骄、吝焉,亦不足观矣。"又曰："骄,气盈。吝,气歉。"

朱子曰："骄、吝虽有盈歉之殊,然其势常相因。盖骄者吝之枝叶,吝者骄之本根。故尝验之天下之人,未有骄而不吝,吝而不骄者也。"

【评析】

古人云："人必先器识而后才具。"心胸与器识,是成就人生的主要因素。才、德、学三者都具备的人并不多,但是,在某一领域有深湛造诣的人是值得钦佩的,也是足以引为自豪的。然而,中国人可以忍受胯下之辱,却绝对不能容忍别人的骄傲。一句骄傲的话就可将其打入冷宫,并埋葬掉其一生的前程。这是一些嫉诮之徒的惯用伎俩。

我们的确可以看到这样的现象,一个人如果品质不好、能力差也就算了,危害还不会太大。恰恰是一个能力非常强、智商非常高的人,如果品质败坏、野心很大,那他所造成的危害就会非常大,有时候会断送一个组织、一家公司,甚至于一个国家、一朝江山。

反过来说，一个人品质很好，能力虽然差一点儿，但他只要虚心好学，提高自己，也就会逐渐有所进步，把事情做得更好一些。

所以，人才的品质比能力更重要。这是我们在考察干部、选拔人才时不能不遵循的原则。当然，也不能因此而走向另一个极端，忽略人的能力，不尊重知识，不尊重人才。

所谓"疾风知劲草，国乱识忠臣"，其实就是"岁寒，然后知松柏之后凋也"。现实些讲，即真金还得火来炼，看一个人是君子还是小人，是肝胆相照、同甘共苦的益友还是为利而来的损友，在平时往往是很难看出来的，只有到了艰难困苦的逆境，甚至生死存亡的绝境，才能认清他的真实面目。

8-12

【原文】

子曰："三年学，不至于谷①，不易得也。"

【注释】

①谷：古代以谷作为官吏的俸禄，这里指做官。

【译文】

孔子说："读书三年，还不想做官，这种人是很难得的。"

【历代论引】

朱子曰："为学之久，而不求禄，如此之人，不易得也。"

杨氏曰："虽子张之贤，犹以干禄为问，况其下者乎？然则三年学而不至于谷，宜不易得也。"

【评析】

这一章孔子赞扬那些专心求学、不谋取官位的人。

读书的目的就在于明理、达礼、修德。一句话，就是做人。那种借读书而热衷于名利的攀求，对于学问是不会有所建树的，即使其谋求得以实现，也是不可能做出什么有益于社会的成果。这种人如果遂其所愿而被任用为官，实为国家之灾、百姓之祸、社会之悲。因为他们的动机本就不纯，其结果必会祸国殃民。

8-13

【原文】

　　子曰："笃①信好学，守死善道。危邦不入，乱邦不居。天下有道则见②，无道则隐③。邦有道，贫且贱焉，耻也；邦无道，富且贵焉，耻也。"

【注释】

　　①笃：坚信。②见：通"现"。③隐：隐居。

【译文】

　　孔子说："坚定我们的信仰，努力学习，固守自己的德操。不去政局动荡危险的国家游历，不在纲纪紊乱的国家居住。天下太平则出任事务，政事昏乱则隐居林泉。国家兴盛，自己贫穷而且卑贱，就是耻辱；国家混乱腐败，自己富裕而且尊贵，就是耻辱。"

【历代论引】

　　晁氏曰："有学有守，而去就之义洁，出处之分明，然后为君子之全德也。"

　　《礼记·中庸》云："国有道，其言足以兴；国无道，其默足以容。"孔颖达疏："国有道之时，尽竭智谋，其言足以兴成其国……若无道之时，则韬光潜默，足以自容其身，免于祸害。"

这一章孔子认为，一个人的学问和操守都是很重要的。孔子认为求学的结果不一定非去从政，即使从政也都不能盲目行事。此外，孔子还提出应当把个人的贫贱荣辱与国家的兴衰存亡联系在一起，这才是做人的基点。

8-14

【原文】

> 子曰："不在①其位，不谋②其政。"

【注释】

①在：担任、从事。②谋：参与、谋划。

【译文】

孔子说："不处在那个位置上，就不谋划有关的事务。"

【历代论引】

程子曰："不在其位，则不任其事也。若君大夫问而告者，则有矣。"

【评析】

这一章孔子教育弟子们要遵守礼制，不要越位。这一章具有很强的针对性，因为在孔子时代，以下凌上的事情比比皆是，所以，此章是孔子对现实的善意规劝和强烈批评。

"不在其位，不谋其政"中所包含的智慧、所能产生的作用能量，并不亚于任何一句催人奋进的口号。运用"不在其位，不谋其政"的原则，注重实干，少发议论；提倡人人干好本职工作，避免相互内耗；严明职责权限，根除踢皮球、乱扯皮现象；避免外行干扰内行和不经切身经验、不明情况的胡乱干预。对于一个国家或组织来说，无疑这是一种提高组织效率的有效办法。

8–15

【原文】

　　子曰："师挚①之始，《关雎》之乱②，洋洋乎盈耳哉！"

【注释】

　　①师挚：鲁国的乐师，名挚。②《关雎》之乱：乱，乐曲结尾的一种，由多种乐器合奏，故称"乱"。结尾时演奏《关雎》的乐章，叫作《关雎》之乱。

【译文】

　　孔子说："当鲁国的音乐大师挚开始演奏，直到结尾演奏《关雎》之曲，美妙动听的音乐充满双耳。"

【历代论引】

　　朱子曰："孔子自卫反鲁而正乐，适师挚在官之初，故乐之美盛如此。"

【评析】

　　这一章记述孔子在欣赏古代音乐时的喜悦心情，展现了孔子具有高度的音乐修养和鉴赏能力。从更深层次的社会问题上看，社会的变革，必定以文化为先导，从文化现象渐萌其兆。礼乐文化的兴盛衰靡，直接影响着社会发展的趋向。

8–16

【原文】

　　子曰："狂而不直，侗①而不愿②，悾悾③而不信，吾不知之矣。"

【注释】

①侗（tóng）：幼稚无知。②愿：谨慎、朴实。③悾悾（kōng）：诚恳的样子。

【译文】

孔子说："狂放而不直率，无知而不朴实，浅薄无识却不讲信用，我实在不能理解这种人。"

【历代论引】

苏氏曰："天之生物，气质不齐。其中材以下，有是德则有是病，有是病必有是德。故马之蹄啮者必善走，其不善者必驯。有是病而无是德，则天下之弃才也。"

【评析】

现实生活中，我们可能都遇到过这样的人：表面老实厚道，但实际一肚子坏水；表面信誓旦旦，最后却违背诺言；表面唯唯诺诺、老实巴交，却总想背后伤人，借机捞把好处。

对于这些人，我们最好敬而远之，千万不要被他们的表面所迷惑，否则，最后吃大亏的只有你自己。所以，防恶人，更要防小人，不然可能吃了大亏还不知道原因。

8-17

【原文】

子曰："学如不及①，犹恐失之。"

【注释】

①不及：赶不上，理解不了。

【译文】

孔子说："学习起来就好像总怕赶不上，还怕学到了又丢掉。"

【历代论引】

朱子曰："人之为学，既如有所不及矣，而其心犹竦然，惟恐其或失之，警学者当如是也。"

程子曰："学如不及，犹恐失之，不得放过。才说姑待明日，便不可也。"

【评析】

许多天赋很高的人，终生处在平庸的职位上，导致这一现状的原因是不思进取，而不思进取的突出表现是不读书、不学习。许多人宁可把业余时间消磨在娱乐场所或闲聊中，也不愿意看书。也许，他们对目前所掌握的职业技能感到满意了，意识不到新知识对自身发展的价值；也许，他们下班后很疲倦，没有精力进行自我知识的更新了。

在成功之前，一个人要积蓄足够的力量。在这方面，托马斯·金曾受到加利福尼亚的一棵参天大树的启发："在它的身体里蕴藏着积蓄力量的精神，这使我久久不能平静。崇山峻岭赐予它丰富的养料，山丘为它提供了肥沃的土壤，天空给它带来了充足的雨水，而无数次的四季轮回在它巨大的根系周围积累了丰富的养分，所有这些都为它的成长提供了能量。"

如果你真有上进的志向，真的渴望造就自己，决心充实自己，那就必须认识到，无论何时、无论什么人都可能增加你的知识和经验。

8-18

【原文】

子曰："巍巍①乎！舜、禹之有天下也，而不与②焉。"

①巍巍：崇高、高大。②与：参与。

【译文】

孔子说："伟大啊！舜和禹得到天下！却不独享天下。"

【评析】

这一章孔子感叹舜、禹的大公无私。

"谦虚使人进步，骄傲使人落后。"我们做人做事绝不要骄傲自大。骄，则轻事；轻事，则心怠；心怠则行不足；行不足，则必败无疑。

8—19

【原文】

子曰："大哉尧之为君也！巍巍乎！唯天为大，唯尧则①之。荡荡②乎！民无能名③焉。巍巍乎其有成功也，焕④乎其有文章！"

【注释】

①则：效法。②荡荡：广大的样子。③名：称赞。④焕：光辉。

【译文】

孔子说："尧帝多么伟大多么崇高啊！只有上天最伟大，也只有尧能效法天。博大浩荡呀！百姓找不到恰当的词语来称颂赞美他。他的功绩多么壮伟！他所制定的礼乐法度多么光辉！"

【历代论引】

尹氏曰："天道之大，无为而成。唯尧则之以治天下，故民无得而名焉。所可名者，其功业文章巍然焕然而已。"

【评析】

这一章孔子赞扬尧帝的崇高伟大和他创建的丰功伟业。在孔子看来，尧帝之所以伟大主要表现在三方面：一是能法道上天，而上天又是自然天成，无为而治的典范；二是能看重百姓大众，得到了民众的支持；三是有历史的眼光，制定了光辉灿烂的礼乐典章。

8-20

【原文】

舜有臣五人①而天下治。武王曰："予有乱臣②十人③。"孔子曰："才难，不其然乎？唐、虞之际，于斯为盛。有妇人焉，九人而已。三分天下有其二④，以服事殷。周之德，其可谓至德也已矣。"

【注释】

①五人：禹、稷、契、皋陶、伯益。②乱臣：治理天下的人才。③十人：周公旦、召公奭（shì）、太公望、毕公、荣公、大颠、闳夭、散宜生、南宫适（kuò）、文王妃太姒（sì）。④三分天下有其二：周文王原是殷商的诸侯，居雍州。因为施行仁政，天下三分之二的地区都归附于他。

【译文】

舜帝时任用五位有德行的人，天下大治。周武王说："我有贤明人士十位。"孔子说："有才能的人难得，难道不是这样吗？唐尧、虞舜的时代之后，以周武王的时代最是人才济济。这十位大臣中有一位是妇女，所以只能说是九个人罢了。当初周文王三分天下拥有其中之二，仍然以臣属之礼服从敬事殷纣王。周文王的德义，可以说是最高的了。"

【历代论引】

包咸曰："殷纣淫乱，文王为西伯而有圣德，天下归周者三分有二，而犹以服事殷，故谓之至德。"

范氏曰："文王之德，足以代商。天与之，人归之，乃不取而服事焉，所以为至德也。孔子因武王之言而及文王之德，且与泰伯皆以'至德'称之，其旨微矣。"

【评析】

这一章孔子赞扬周朝君主任用贤才的盛功大德，并论述治国人才的难得。

李贺说："江山代有才人出，各领风骚数百年。"

李白说："天生我材必有用。"

天下非无才也，而乏识之者，更鲜能用之者。

人才在一种事业中的地位，自古至今都是至关重要的。无论做什么事，不管是为政还是经商，不仅要自己是个人才，更要能发现人才，重用人才。否则，即使你的事业侥幸有一番小成就，没有人才的支撑，终究是不会长久的。

8-21

【原文】

子曰："禹，吾无间①然矣。菲②饮食而致孝乎鬼神，恶衣服而致美乎黻冕③，卑宫室而尽力乎沟洫④。禹，吾无间然矣。"

【注释】

①间：指责。②菲：微薄。③黻（fú）冕：祭祀时穿的礼服叫黻，戴的帽子叫冕。④沟洫：这里指疏导河流、治理洪水。

【译文】

孔子说："夏禹啊，我无从指责他。吃的饭菜粗疏，却把祭品办得很丰盛；穿的衣服很破旧，而祭礼的礼服却做得十分考究华美；居住的房屋低矮窄小，却把力量完全用在疏导河流上了。大禹啊，我无从指责啊。"

【历代论引】

朱子曰："或丰或俭，各适其宜，所以无罅隙之可议也，故再言以深美之。"

杨氏曰："薄于自奉，而所勤者民之事，所致饰者宗庙朝廷之礼，所谓'有天下而不与'也，夫何间然之有！"

何晏《集解》："孔子推禹功德之盛美，言己不能复间厕其间。"

【评析】

中国是一个注重农业的国家，一切都打着土地的烙印。因此，自古以来，改变生产条件、改善自然面貌，改造思想观念一直是人们关注的重要方面。千百年来，人们一代一代地做着不懈地努力，从未稍有停息。

执政的关键在于所推行的创举，是不是符合民众的心愿，是不是百姓生活中所急需改变的事情。东坡说："天下所在陂湖河渠之利，废兴成毁，皆若有数。惟圣人在上，则兴利除害，易成而难废。""唯天道难知，而民心所欲，天必从之。"

人心是知善恶的，也是知恩必报的，给老百姓做过一点有益的事情，人民是不会忘记的。真正为人民做出丰功伟绩的人，自己的生活，却总是非常清苦，自奉节俭。谁是真正为人民谋利益的，不必去做别的考察，更不必去听他们的所谓述职报告。百姓心中自有一杆秤，民心从来是公正的。

子罕第九

9-1

【原文】

子罕①言利与命与仁。

【注释】

①罕：很少。

【译文】

孔子很少谈论私利、天命却赞许仁义。

【历代论引】

程子曰："计利则害义，命之理微，仁之道大，皆夫子所罕言也。"

【评析】

孔子重视现实，他尊奉仁心仁德，主张仁民爱物。所以，在这一章，孔子不仅教我们如何做人、处世、应对进退、待人接物，而且教我们如何立身安命。不论是谁，都要脚踏实地地去践行自己的人生，走自己的道路，最终走向自己的终点，中途无所滞留，此他人不可替也。要想获得成功，就得自己努力，谁也不能指望别人替自己的人生付出代价。

9-2

【原文】

达巷党人①曰："大哉孔子！博学而无所成名。"子闻之，谓门弟子曰："吾何执？执御乎？执射乎？吾执御矣。"

【注释】

①达巷党人：古代五百家为一党。达巷为党名。

【译文】

达巷党的一个人说："伟大啊，孔子！学识广博，可并不是以某种专长而出名。"孔子听说后，告诉他的学生说："我的专长是在哪个方面呢？是驾车吗？是射箭吗？我专门驾车吧！"

【历代论引】

朱子曰："欲使我何所执以成名乎？然则吾将执御矣。闻人誉己，承之以谦也。"

尹氏曰："圣人道全而德备，不可以偏长目之也。达巷党人见孔子之大，意其所学者博，而惜其不以一善得名于世，盖慕圣人而不知者也。故孔子曰：'欲使我何所执而得为名乎？然则吾将执御矣。'"

【评析】

这里牵涉到"博"与"专"的问题，这个问题仔细考究起来并不那么简单，实际上，"博"与"专"不是可以如此清楚地割裂开而让人选择的，尤其是进入现代社会后，一方面是分工越来越细，因而越来越需要专门的人才；另一方面是专业人才越来越需要有各个方面的知识和技能才能够"专"得起来。

所以，一方面的确如孔子所说，不要像一个器皿一样，只能派一种用场，而要使自己成为一个博学而多才多艺的人。但是，另一方面呢，如果没有哪一方面的专长，或者说没有一技之长，在今天的社会里也是寸步难行的啊。

所以，更为理想的追求实际上不是"博学而无所成名"，而是要既博学又要有所成名，用今天的话来说，就是又博又专。

9-3

【原文】

子曰："麻冕①，礼也；今也纯②，俭③。吾从众。拜下，礼也；今拜乎上，泰④也。虽违众，吾从下。"

【注释】

①麻冕：麻布制成的礼帽。②纯：黑色的丝。③俭：麻冕费工，用丝则俭省。④泰：骄纵。

【译文】

孔子说："用麻料编织礼帽，这是合乎传统礼制的；今天大家选用丝料，这样俭省些，我赞同大家的做法。臣子拜见君主，先在堂下行礼，是符合礼的。如今都在堂上拜，这是傲慢的行为。虽然违背众人的意愿，我仍然坚持在堂下拜见君主。"

【历代论引】

程子曰："君子处世，事之无害于义者，从俗可也；害于义，则不可从矣。"

《太平御览》曰："臣祭于君，酬酢授爵，当拜于堂下。时臣骄泰，故拜于堂上。"

【评析】

这一章记述孔子对一些小事还是很随便的，但对君主大礼却保持谨慎严肃的态度。

孔子认为行跪拜之礼的方式是坚决不能改变的，这一顽固不化、维护古礼的儒家思想严重地制约了中国社会向前发展的步伐。由此可知，儒家思想的一些腐朽落后的东西，对中国人的毒害是非常深的。因此，我们在对待儒家思想时，应该随着时代的变化而有所取舍，不能一成不变、墨守成规。

9-4

【原文】

子绝四：毋意①，毋必②，毋固③，毋我④。

【注释】

①意：凭空猜测。②必：必定。③固：固执己见。④我：自以为是。

【译文】

孔子拒绝四种行为：不凭空揣测，不绝对肯定，不固执偏见，不自以为是。

【历代论引】

张子曰："四者有一焉，则与天地不相似。"

杨氏曰："非知足以知圣人，详视而默识之，不足以记此。"

程子曰："此毋字，非禁止之辞。圣人绝此四者，何用禁止？"

朱子曰："四者相为终始，起于意，遂于必，留于固，而成于我也。盖意、必常在事前，固、我常在事后，至于我又生意，则物欲牵引，循环不穷矣。"

【评析】

这一章是说孔子很注意随时改正自己的错误，防止错误再次发生，即注意修身养性。

生活中有些人有极深的偏见，这遮蔽了他们的视线，禁锢了他们的心智，使他们偏离了成功之路。那么如何来摆脱偏见呢？

培养自己宽容的心态。一种宽容的心态是长期修养的结果。它是以对人生的领悟为基础的。我们必须锻炼着接受我们自己的需求、冲动和欲望，接受人的局限性，理解世界是多样的，对同一个事物可以从不同的角度来看。

锻炼自己从理性的角度思考问题。在思考问题时，不要盲从、感情用事，要善于倾听别人的意见，要锻炼自己冷静客观的态度。

9-5

【原文】

子畏于匡[①]。曰："文王既没，文不在兹乎？天之将丧斯文也，后死者不得与[②]于斯文也；天之未丧斯文也，匡人其如予何？"

【注释】

①子畏于匡：根据《史记·孔子世家》的记载：孔子离开卫国，准备去陈国，路过匡地。匡人曾经受过鲁国阳货的伤害，而孔子长得很像阳货，就被匡人误认为是阳货而遭围困。②与：掌握、得到。

【译文】

孔子被匡地的人围困。孔子说："周文王已经故去很久了，礼乐文化不都在我这里吗？天若要湮灭这种文化，那我也就注定不可能听闻了。上天如果还不愿让这种文化消失，那么匡地的人又能把我怎么样呢？"

【历代论引】

马氏曰："文王既没，故孔子自谓后死者。言天若欲丧此文，则必不使我得与于此文；今我既得与于此文，则是天未欲丧此文也。天既未欲丧此文，则匡人其奈我何？言必不能违天害己也。"

【评析】

这一章孔子认为，上天赋予了他传道的使命，所以他对传播自己的思想学说充满自信和自豪。

自信源于智慧和经验的积累，一个人要想做成事情，首要的问题就是自信。有了自信，意志才能坚定，意志坚定了，才能勇往直前。

9-6

【原文】

太宰①问于子贡曰："夫子圣者与？何其多能②也？"子贡曰："固天纵③之将圣，又多能也。"子闻之，曰："太宰知我乎！吾少也贱，故多能鄙事。君子多乎哉？不多也。"牢④曰："子云：'吾不试，故艺。'"

【注释】

①太宰：官名，又称冢宰。本指天子的六卿之一，辅佐帝王治理国家，执掌百官。春秋时各国也多设此职。②能：技艺。③纵：让，使，不加限量。④牢：字子开，一字子张。孔子弟子。

【译文】

太宰问子贡说："夫子真是圣人吧，为什么会那么多才多艺呢？"子贡说："这本来是天让他成为圣人的，同时又让他多才多艺。"孔子听到这件事，说："太宰哪里能够了解我！我出身贫贱，所以才学会了许多技艺。君子所掌握的技艺多吗？不多啊。"子开说："夫子曾经说过：'我不曾被国家所用，所以学得一些技艺。'"

【历代论引】

朱子曰："由少贱故多能，而所能者鄙事尔，非以圣而无不通也。且多能非所以率人，故又言君子不必多能以晓之。"

【评析】

此生虽然不被任用，但是，生活并不是暗淡的。生活中仍然有很多的东西值得我们为之奋斗，有很多的内容不能放弃，而且更为精彩。当然，生活就其本身来说是世俗的、具体的、琐碎的。所谓的"阳春白雪"，并非普通百姓所能享受，也没有这种矫情的心境去消磨时日。因此，生活所必须掌握的技能是不能忽视的。圣人所异于常人之处，在于有一颗高贵而不流于世俗的心胸，在于能够顺应时势，在平凡中坚持，在困厄中固守，自励自奋。

只有经历人生的艰难困苦，才能体味人情世故，从而有助于仁德的修养。同样的，人的品德修养也须经历艰苦的磨难检验。只有那些经受了考验的人，才是值得敬佩的。

9–7

【原文】

子曰："吾有知乎哉？无知也。有鄙夫①问于我，空空如也。我叩②其两端③而竭焉。"

【注释】

①鄙夫：乡下人，社会下层的人。②叩：询问。③两端：事物的两极，两种过度的倾向。

【译文】

孔子说："我是有学问的吗？其实是没有多少学问的。如果一个卑陋无知的人问我一些事，我觉得自己是什么也不知道的。我只是从问题的正反两个方面去问，这样就对问题有了明确的答案。"

【历代论引】

程子曰："圣人之教人，俯就之若此，犹恐众人以为高远而不亲也。圣人之道，必降而自卑，不如此则人不亲。贤人之言，则引而自高，不如此则道不尊。观于孔子、孟子，则可见矣。"

尹氏曰："圣人之言，上下兼尽。即其近，众人皆可与知；极其至，则虽圣人亦无以加焉。是之谓两端。如答樊迟之问仁、知，两端竭尽，无余蕴矣。若夫语上而遗下，语理而遗物，则岂圣人之言哉？"

【评析】

这一章记述孔子的谦虚，孔子认为自己其实无知，只不过是自己平时喜欢动脑筋，勤于思考。

苏格拉底说过："我知道什么！我唯一知道的，就是我一无所知。"

现实之中，确有一些貌似深刻的学问家，他们滔滔不绝地空谈，实在不知在论述着什么，对具体问题有什么见解，只是照搬成说或以套话搪塞，就是没有一句可用的合乎实情的鲜活的语言，似乎言之凿凿，有理有据，而究其实则为空头理论，言之无物，毫无用处。以己之空空，使人之昏昏，招摇撞骗，喋喋度日。真正的学问在于竭其两端，向着某一方向深入地追问下去，穷究其理。

在这里孔子也告诉了我们一个分析问题、解决问题的基本方法，就是抓住问题的两个极端，就能求得问题的解决。对于我们现代人来说，掌握正确的学习方法，培养解决问题的能力，才能在工作和生活中立于不败之地。

9-8

【原文】

子曰："凤鸟不至①，河不出图②，吾已矣夫！"

【注释】

①凤：传说中的神瑞之鸟，雄为凤，雌为凰。它的出现标志盛世到来。②河不出图：传说在上古伏羲氏时代，黄河中有龙马背负八卦图而出。它的出现也象征着"圣王"将要出世。

【译文】

孔子说："凤凰不再飞来了，黄河也没有图谶呈现了，我也将要完了吧。"

【历代论引】

何晏曰："孔氏曰：'圣人受命，则凤鸟至，河出图。'今天无此瑞。吾已矣夫者，伤不得见也。"

张子曰："凤至图出，文明之祥。伏羲、舜、文之瑞不至，则夫子之文章，知其已矣。"

王安石曰："以余观之，《诗》三百，发愤于不遇者众。而孔子亦曰：'凤鸟不至，河不出图。吾已矣夫！'盖叹不遇也。"

【评析】

这一章孔子发出了"大道不行"的感叹。这一感叹发自孔子周游列国的晚期，也就是他逐渐意识到自己的政治生活行将结束的日子里。这一感叹也说明孔子虽年已日暮，却依然肩负着时代的疮痍，关心着民族的命运，这是孔子做人的态度以及他实践"礼"的诚意。

9-9

【原文】

子见齐衰者①、冕衣裳②者与瞽者③，见之，虽少，必作④，过之，必趋⑤。

【注释】

①齐衰（zī cuī）：古代丧服，用熟麻布做成，下边缝齐，故名齐衰。②衣裳：古时上衣称衣，下衣称裳，相当于现在的裙。③瞽者：盲人。④作：站起来，表示敬意。⑤趋：低头弯腰、小步快走，表示恭敬的一种走路姿势。

【译文】

孔子遇见穿丧服的人、穿戴着礼帽礼服的人以及眼睛失明的人，即使他们年轻，孔子也一定庄重地站起来；经过这些人面前的时候，一定快步而行。

【历代论引】

范氏曰："圣人之心，哀有丧，尊有爵，矜不成人。其作与趋，盖有不期然而然者。"

尹氏曰："此圣人之诚心，内外一者也。"

【评析】

这一章记述孔子以真诚关爱之心对待不同的人。孔子本人在这方面做得是很好的，他不仅对下人、年轻人和老人表示了应有的尊重，而且对有丧者、有官位者和盲人也都表示了应有的尊重，这是值得我们学习的。但现代社会我们发现，许多人对比自己地位高、比自己有名、比自己富有的人才表示尊重，而对于那些比自己贫困、比自己地位低、不如自己的人则用一种歧视的眼光对待，这是我们应该反省的。如果我们都能够做到真正地、从内心去尊重别人，尤其是残疾人，社会将会多么美好啊！

9—10

【原文】

颜渊喟然①叹曰："仰之弥②高，钻之弥坚；瞻之在前，忽焉在后。夫子循循然善诱人，博我以文，约我以礼，欲罢不能。既竭吾才，如有所立卓尔。虽欲从之，未由也已。"

【注释】

①喟然：长叹的样子。②弥：更加、越发。

【译文】

颜渊喟然感叹说："夫子的学说，仰望它越觉得高大，钻研它越觉得艰深。抬头似乎就在前面，忽然又如在后面。夫子善于循序渐进地引导学生，用各种文献来丰富我多方面的知识，又用一定的礼节来约束我的行为，使我想停止学习也不可能。我已竭尽我的才智，好像卓然而立有所成就，然而想要追随他，却无从做起。"

【历代论引】

程子曰："到此地位，功夫尤难，直是峻绝，又大段着力不得。"又曰："此颜子所以为深知孔子而善学之者也。"

吴氏曰："所谓卓尔，亦在乎日用行事之间，非所谓窈冥昏默者。"

侯氏曰："博我以文，致知格物也。约我以礼，克己复礼也。"

【评析】

这一章通过颜渊的赞叹，记述孔子学说的高深博大精妙。此外，他还谈到孔子对学生的教育方法——"循循善诱"，让学生有所收获，但又永不满足，从而激发学生的进一步追求。

现在"循循善诱"已成为为人师表者所遵循的原则之一。不仅教育需要"循循善诱"，我们社会交往的很多方面都需要这样做。因为能够使自己的观点"随风潜入夜，润物细无声"般地深入人心，必定会收到理想的效果。

9-11

【原文】

子疾病。子路使门人为臣①。病间②，曰："久矣哉，由之行诈也！无臣而为有臣，吾谁欺？欺天乎？且予与其死于臣之手也，无宁死于二三子之手乎？且予纵不得大葬，予死于道路乎？"

【注释】

①臣：治丧的专人。②病间：病痊愈或好转。

【译文】

孔子病情危重，子路让孔子的弟子们充当治丧的专人。后来，孔子的病渐渐好转了，说道："仲由干欺诈的勾当太久了。我本来没有治丧的专人却设立了治丧的专人，我能欺瞒谁？欺骗上天吗？况且，与其死在治丧人手中，我宁可死在弟子们的面前。我纵然不能够得到大葬，难道会死在道路上吗？"

【历代论引】

杨氏曰："非知至而意诚，则用智自私，不知行其所无事，往往自陷于行诈欺天而莫之知也：其子路之谓乎？"

范氏曰："曾子将死，起而易箦，曰'吾得正而毙焉，斯已矣。'子路欲尊夫子，而不知无臣之不可为有臣，是以陷于行诈，罪至欺天。君子之于言行，虽微不可不谨。夫子深惩子路，所以警学者也。"

【评析】

这一章记述孔子另一次病危时其弟子吸取教训，不再求神保佑，而是准备用大夫礼遇安葬孔子，但孔子当时已经没有担任大夫了，所以孔子对子路超越名分的做法进行了责备。

虚荣心是一股强烈的欲望，欲望是不会满足的。虚荣心所引起的后遗症，几乎都是围绕在其周遭的恶行及不当的手段，所以严格说来，每个人的虚荣心应该都是和他的愚蠢等高。

真正成功的人，是不会因某些成就而沾沾自喜的。若为所成就的人和事物感到骄傲，也应该是心存感恩、健康的骄傲，而非不当得而得的"虚荣"！人之一生，贵在守诚。不论生死，没有必要摆虚架子，借以唬人，其实也是唬不了人的，又何能欺天，只是自欺而已。

9—12

【原文】

子贡曰："有美玉于斯，韫椟①而藏诸？求善贾而沽②诸？"子曰："沽之哉！沽之哉！我待贾者也。"

【注释】

①韫（yùn）椟：收藏物件的匣子。②沽：卖。

【译文】

子贡说："假如这里有一块美玉，是把它放在匣子里收藏起来呢，还是等一个识货的商人卖出去呢？"孔子说："卖掉吧！卖掉吧！我是在等待慧眼卓识的人啊！"

【历代论引】

范氏曰："君子未尝不欲仕也，又恶不由其道。士之待礼，犹玉之待贾也。若伊尹之耕于野，伯夷、太公之居于海滨，世无成汤、文王，则终焉而已，必不枉道以从人，衒玉而求售也。"

【评析】

这一章反映了孔子的求仕心理。

欧阳修说："自古圣贤有韫于中而不见于外，或穷居陋巷，委身草莽，虽颜子之行，不遇仲尼而名不彰，况世变多故。"在今天，一个人有才华固然重要，而更重要的是发挥才华的机会。只有主动出击寻找机会，才能更好地发挥自己的才华，体现生命的价值，实现生命的意义。

9-13

【原文】

> 子欲居九夷①。或曰："陋，如之何？"子曰："君子居之，何陋之有？"

【注释】

①九夷：中国古代对于东方少数民族的通称。

【译文】

孔子想要到九夷之地去居住。有人说："那里非常落后，如何能够长久居住呢？"孔子说："君子居住的地方，还有什么简陋的呢？"

【评析】

这一章孔子认为陋与不陋，不在于地方的简朴与豪华，而在于君子本身品德是否高尚。如果每个人都能以"君子居之，何陋之有"的态度审视自己所处的环境，就永远也不会怨天尤人了。

9-14

【原文】

子曰："吾自卫反鲁，然后乐正①《雅》《颂》②，各得其所。"

【注释】

①乐正：整理音乐。②《雅》《颂》：最初是乐曲分类的类名。《雅》乐是周天子王城附件的音乐，具有民歌的特征，但又与各地的方言民歌相区别。《颂》乐用于宗庙祭祀，节奏缓慢，乐调庄严肃穆。

【译文】

孔子说："我从卫国返回鲁国，然后将礼乐修订校正，《雅》《颂》都得到参阅订正，各得其所。"

【历代论引】

朱子曰："鲁哀公十一年冬，孔子自卫反鲁。是时周礼在鲁，然《诗》、乐亦颇残阙失次。孔子周游四方，参互考订，以知其说。晚知道终不行，故归而正之。"

【评析】

"乐也者，情之不可变也者；礼也者，理之不可易也者。乐统同，礼辨异。礼乐之说，管乎人情矣。"孔颖达疏："乐主和同，则远近皆合；礼主恭敬，则贵贱有序。"（《礼记·乐记》）

这一章是说孔子从卫国回到鲁国以后，对自东周以来"礼崩乐坏"的诗乐进行了校正，说明孔子对音乐研究有深厚的造诣。

反观现今流行的歌曲，轻薄有余，温柔敦厚不足，既缺乏民歌的热烈奔放，又无阳春白雪的典雅雍容，实在不成为乐。而演唱者矫揉造作，或声嘶力竭，或嗲声嗲气，盲目模仿，毫无艺术气息，真正失去了"乐"所应有的内涵和所要表达的意义，以至于很多资深乐人深表担忧。然何以正之？

9-15

【原文】

子曰："出则事①公卿，入则事父兄，丧事不敢不勉②，不为酒困③，何有于我哉？"

【注释】

①事：侍奉。②勉：尽力。③困：乱。

【译文】

孔子说："出外做官就侍奉公卿，在家隐居就侍奉父母、兄长，哀丧祭奠的事不敢不勉力而为，平日不因为酒醉而误事，对于我还有些什么呢？"

【评析】

这一章孔子认为，一个君子对生活中的各种事情，都应该努力做好。出，是为国尽忠；入，是为长辈尽孝。忠和孝是孔子特别强调的道德规范，而孔子本人就是这方面的身体力行者。同时，这也是对我们所有人的要求。

9-16

【原文】

子在川上，曰："逝者①如斯夫！不舍昼夜。"

【注释】

①逝者：指逝去的光阴。

【译文】

孔子在河边叹息说："那些逝去的时光就像这河水呀，日夜不停地流走。"

【历代论引】

程子曰："此道体也。天运而不已，日往则月来，寒往则暑来，水流而不息，物生而不穷，皆与道为体，运乎昼夜，未尝已也。是以君子法之，自强不息。及其至也，纯亦不已焉。"又曰："自汉以来，儒者皆不识此义。此见圣人之心，纯亦不已也。纯亦不已，乃天德也。有天德，便可语王道，其要只在谨独。"

朱子曰："天地之化，往者过，来者续，无一息之停，乃道体之本然也。然其可指而易见者，莫如川流。故于此发以示人，欲学者时时省察，而无毫发之间断也。"

【评析】

孔子一方面感叹时光易逝，往事难再，另一方面以水为喻，勉励我们进德修业，都应该像流水不止息的河水一样，孜孜不已，不舍昼夜。

其实，时间比金钱还要珍贵。会利用时间，才能创造更多的财富，对社会才能做出更大的贡献。世界上有很多伟人是靠珍惜时间取得成就的。像大发明家爱迪生，平均三天就有一项发明，这是他争分夺秒、辛勤工作的结果。

可能有人认为人生漫长，浪费点时间没什么。这种想法是错误的，要知道即使是短短的一分钟也是宝贵的。

光阴似箭，日月如梭，人的生命是有限的，如果人们珍惜每一天，合理地安排时间，让分分秒秒都有价值地度过，就等于延长了生命。切记，时间不会等人，在不知不觉中，它就会从身边悄悄流过。所以一定要抓紧时间，充分利用好每一分钟。

9-17

【原文】

子曰："吾未见好德如好色者也。"

【译文】

孔子说："我从来也没有见到过热爱仁德像喜爱美色一样的人啊。"

【历代论引】

谢氏曰："好好色，恶恶臭，诚也。好德如好色，斯诚好德矣，然民鲜能之。"

【评析】

这一章孔子指责那些不追求美德而只喜好美色的人。这里主要是针对卫灵公而发的感慨。

其实，就人的本性来说，色与德不是不可共处，只不过与德相比，色更容易使一般人着迷，好色也是一种自然本能，孔子也不是一味地反对好色，只是希望人们能够像好色那样喜好德行，并且不让好色妨害好德。

9-18

子曰："譬如为山，未成一篑①，止，吾止也。譬如平地，虽覆一篑，进，吾往②也。"

【注释】

①篑：盛土的竹筐。②往：坚持下去、一往无前。

【译文】

孔子说："就像平地堆土成山，缺少一筐土而未能成山，此时停止，是我自己停止的。又比如平整一块土地，虽然刚倾倒一筐土，有志于坚持下去，这是自己要进的。"

【历代论引】

朱子曰："山成而但少一篑，其止者，吾自止耳；平地而方覆一篑，其进者，吾自往耳。盖学者自强不息，则积少成多；中道而止，则前功尽弃。其止其往，皆在我而不在人也。"

【评析】

这一章孔子告诫人们，做什么事情都要有自觉性，都要坚持到底，不可中途停止。

在人生和事业的进程中，一个人的起点可能很低，但只要能不断向前奋进，未来还是充满希望的。积少成多，大事终成；半途而废，则会前功尽弃。或进或止，成功失败，其实都在自己掌握，而别人和环境的影响因素不能完全主导个人。道德、学问，以及事业的开创与成功，这种规律都基本适用。

9-19

【原文】

子曰："语之而不惰①者，其回也与！"

【注释】

①惰：懒惰、懈怠。

【译文】

孔子说："听我说话，能够始终不懈怠的，大概只有颜回一个人吧。"

【历代论引】

范氏曰："颜子闻夫子之言，而心解力行，造次、颠沛未尝违之。如万物得时雨之润，发荣滋长，何有于惰？此群弟子所不及也。"

【评析】

这一章孔子赞扬颜回的勤奋学习精神。

在通往成功的路上，曲折和坎坷是无法摆脱的困惑，而不管多么聪明的人，要想从众多道路中取一捷径，都少不了一个"勤"字。所谓"书山有路勤为径，学海无涯苦作舟"，其实，人生中任何一种成功和幸福的获取，大多都始于勤而成于勤。

在当今，有形财产是靠不住的。可靠的是那些永远寄托于自身的学问、艺术、技术等无形财产，这是终身不会被人剥夺的东西。而这些人生资产必须靠勤勉努力才能获得。由此看来，勤勉努力的习性，也就是终身不会脱离其人的贴身财产了。

9-20

【原文】

子谓颜渊，曰："惜乎！吾见其进也，未见其止也。"

【译文】

孔子评价颜回，说："可惜啊！我总是见到他的进步，没有见到他有一日停止过。"

【评析】

这一章孔子再三赞扬颜渊的进取精神，叹息他不幸早死。因此，孔子经常以颜渊为榜样要求其他弟子。

对于一个有追求的人来说，半途而废是一件非常可惜的事情。所以，不如在开始之前就做好充分的准备，然后努力向前，永不停滞。尽管有时候我们的学习进步不是很快，但是日积月累也会形成巨大的成绩。而一旦停止了，就永远没有希望了。

9-21

【原文】

子曰："苗而不秀①者有矣夫！秀而不实者有矣夫！"

【注释】

①秀：谷类作物抽穗开花。

【译文】

孔子说："庄稼生长了，却不吐穗开花，有过这样的情况吧！吐穗开花了，却不凝浆结实，有过这样的事实吧！"

【历代论引】

朱子曰："谷之始生曰苗，吐华曰秀，成谷曰实。盖学而不至于成，有如此者，是以君子贵自勉也。"

【评析】

不是每一粒种子都能发芽，都能有收获。也不是每一次努力都能取得成功，都一定有结果。面对生活中的各种遗憾，如果只是感叹，那必定让自己遗憾终身；既然遗憾不可避免，那不如坦然面对。因此，只要有奋斗、不停地奋斗，就有可能取得进步，也才有可能成就事业。

9-22

【原文】

子曰："后生①可畏，焉知来者②之不如今也？四十、五十而无闻焉，斯亦不足畏也已矣。"

【注释】

①后生：青年人。②来者：这里指将来。

【译文】

孔子说："青年人是让人敬畏的，怎么能断定他将来赶不上现在的人呢？四十、五十岁还默默无闻的人，是不足以敬畏的了。"

【历代论引】

尹氏曰："少而不勉，老而无闻，则亦已矣。自少而进者，安知其不至于极乎？是可畏也。"

朱子曰："孔子言后生年富力强，足以积学而有待，其势可畏，安知其将来不如我之今日乎？然或不能自勉，至于老而无闻，则不足畏矣。言此以警人，使及时勉学也。曾子曰：'五十而不以善闻，则不闻矣。'盖述此意。"

【评析】

这一章孔子说明后生年富力强，应该珍惜时光，奋发向上，以取得应有的成就。

年轻人有很大的可塑性和发展潜力，因此长辈千万不可轻视他们，而年轻人则更应该珍惜自己的大好年华，这样才不至于将其虚度。否则，就是再有优势和潜力，也只能"一江春水向东流"了。《战国策·齐策六》云："功废名灭，后世无称，非智也。"如果终其一生，默默无闻没有什么令后世称道的事迹，实在是虚度生命，是失败的人生。正所谓"少壮不努力，老大徒伤悲"啊！

9-23

【原文】

子曰："法语之言，能无从乎？改之为贵。巽①与之言，能无说乎？绎②之为贵。说而不绎，从而不改，吾末如之何也已矣。"

【注释】

①巽（xùn）：通"逊"，谦逊恭顺。②绎：思索、推究。

【译文】

孔子说："合乎礼仪准则的话，能够不听从吗？改正错误了就是可贵的。谦逊恭顺的话，能够不乐意听取吗？以分析一下是否对自己有帮助是难能可贵的。盲目高兴而不加以分析推敲，只知道顺从却不改正，我对这样的人实在没有什么办法啊。"

【历代论引】

朱子曰："法言人所敬惮，故必从；然不改，则面从而已。巽言无所乖忤，故必说；然不绎，则又不足以知其微意之所在也。"

杨氏曰："法言，若孟子论行王政之类是也。巽言，若其论好货、好色之类是也。语之而不达，拒之而不受，犹之可也。其或喻焉，则尚庶几其能改、绎矣。从且说矣，而不改、绎焉，则是终不改、绎也已，虽圣人其如之何哉？"

【评析】

这一章孔子教育别人如何正确对待来自各方面的批评和称赞。

当局者迷，旁观者清，一个人再有本事也有可能对自己不能准确把握，身处危险之中而不能自知，这时旁人的意见往往能使你促醒，找到保护自己的方法。但"良药苦口利于病，忠言逆耳利于行"，甜言蜜语固然听着顺耳，若不加分析就全盘接受，必然会对自己不利，逆耳忠言固然听着让人不舒服，但接受了却对自己有好处。所以，我们要真正学会能理性地看待别人对自己的规劝和赞扬，忠言要听，甜言蜜语也要听，但是要学会理性地接受，然后在实践中改正，这才是正确的做法。

9-24

【原文】

子曰："主忠信，毋友不如己者，过则勿惮改。"

【译文】

见《学而》篇。

【历代论引】

见《学而》篇。

【评析】

见《学而》篇。

9-25

【原文】

子曰："三军①可夺帅也，匹夫②不可夺志也。"

【注释】

①三军：12500人为一军，三军包括大国所有的军队。此处言其多。②匹夫：平民百姓。

【译文】

孔子说："一国的军队，有可能失去主帅；但是，对于一个普通百姓，却不能够强迫他改变志向。"

【历代论引】

侯氏曰："三军之勇在人，匹夫之志在己。故帅可夺而志不可夺，如可夺，则亦不足谓之志矣。"

【评析】

关云长温酒斩华雄，千万军马中夺敌帅首级如探囊取物。这是"三军可夺帅也"。

严颜宁死不屈，面不改色，"但有断头将军、无有投降将军"。这是"匹夫不可夺志也"。

帅可夺而志不可夺，将可杀而不可辱。这是因为，军队虽然人多势众，但如果人心不齐，其主帅仍可能被人抓去，而主帅一旦被人抓去，整个军队失去了领导人，也就会全面崩溃。匹夫虽然只有一个人，但只要他真有气节，志向坚定，那就任谁也没有办法使他改变。这种宁死不屈的烈士事迹，可歌可泣，在历史上不胜枚举。相反，一个人如果没有气节，志向不坚定，则很可能在关键时刻受不住诱惑或经不住高压而屈膝变节，成为人们所鄙视的叛徒。

所以，志向的确立和坚守是非常重要的，是儒家修身的基本内容之一。

有的人只顾眼前生活，没有什么志向，东风来西倒，西风来东偏。有的人虽然也有志向，甚至有雄心壮志，但却经不住威胁与利诱的考验。这其实是一种意志不坚定的表现，算不上真正的君子。

作为支撑真正不可夺志者的精神支柱，应该是人作为人的尊严，以及人的独立人格和自由的意志。

9-26

子曰："衣①敝缊②袍，与衣狐貉者立，而不耻者，其由也与？'不忮不求，何用不臧？'③"子路终身诵之。子曰："是道也，何足以臧？"

【注释】

①衣：穿着。②缊：这里指衣服破旧。③不忮不求，何用不臧：《诗经·邶风·雄雉》中的句子。忮：嫉恨。臧：好。

【译文】

孔子说："穿着破旧的麻絮袍子，同穿着狐貉皮裘衣的人站在一起，却不感到羞耻的，恐怕只有仲由吧！《诗经》里说：'不妒忌，不贪求，有什么不好呢？'"子路终身都在诵读体悟着这句话。孔子说："仅仅这样，怎么能算是好呢？"

【历代论引】

谢氏曰："耻恶衣恶食，学者之大病。善心不存，盖由于此。子路之志如此，其过人远矣。然以众人而能此，则可以为善矣；子路之贤，宜不止此。而终身诵之，则非所以进于日新也，故激而进之。"

吕氏曰："贫与富交，强者必忮，弱者必求。"

【评析】

这一章孔子在称赞子路的同时，又提醒他不要满足于目前已经达到的水平。因为仅是不贪求财务、不嫉妒别人是不够的，还要有更高、更远的志向，才能成就一番大事业。我们也应该做到这一点，自觉加强自己的人生历练，树立崇高的目标理想，同时提高自己的道德修养，不断地完善自己。

9-27

【原文】

子曰："岁寒①，然后知松柏之后雕②也。"

【注释】

①岁寒：一年中最寒冷的时候。②雕：通"凋"，凋谢。

【译文】

孔子说："到了一年中最寒冷的季节，才知道松树、柏树凋零得最晚。"

【历代论引】

范氏曰："小人之在治世，或与君子无异。惟临利害，遇事变，然后君子之所守可见也。"

谢氏曰："士穷见节义，世乱识忠臣。欲学者必周于德。"

【评析】

这一章孔子用松柏作比喻，要求君子具有松柏那种敢于迎风斗雪的节操。四季常青的松柏，年复一年地展示着它们顽强的生命力。

"疾风知劲草，板荡识忠臣。"只有经历过岁月的霜雪砥砺，方见松柏精神。做人也要像松柏那样，不随波逐流，而且能够经受各种各样的严峻考验。简洁的语言，深刻的寓意，值得我们深入思考。

9-28

【原文】

子曰："知者不惑，仁者不忧，勇者不惧。"

【译文】

孔子说："智慧的人没有疑惑，仁德的人心不烦忧，勇敢的人无所畏惧。"

【历代论引】

朱子曰："明足以烛理，故不惑；理足以胜私，故不忧；气足以配道义，故不惧。此学之序也。"

【评析】

完美的人格修养，必须具备三个方面：智慧、勇武、仁德。内心没有仁德的精神，就不是一个智慧的人。没有智慧的佐助，勇武充其量也只能使其成为一介武夫。

生活是有缺陷的，总不尽如人意，永远也不可能完美。因而，以自我为中心，人们常常处在忧烦之中。如果以"恕"道面对一切，一切的纷扰和烦忧都将显得无足轻重。仁德的修养就在于使我们从自我中解脱出来，以天地之大有为精神，神游乎物外，无忧亦无惧。透彻地理解人生，深刻地体悟生命，心怀仁厚之德，胸藏经世大智慧，又有什么可畏惧的呢？仁者就是智慧，仁者自有以天下为己任、舍生取义的勇武。

9—29

【原文】

子曰："可与共学，未可与适道①；可与适道，未可与立；可与立，未可与权②。"

【注释】

①适道：适，往。这里指追求道。②权：权衡轻重。

【译文】

孔子说："可以与之共同学习的，未必可能与之一同追求道；可以跟他一同追求道的，未必能够一起有所建树；可以跟他一起有所建树的，未必能够共同通权达变。"

【历代论引】

程子曰："可与共学，知所以求之也。可与适道，知所往也。可与立者，笃志固执而不变也。权，称锤也，所以称物而知轻重者也。可与权，谓能权轻重，使合义也。"

杨氏曰："知为己，则可与共学矣，学足以明善，然后可与适道。信道笃，然后可与立。知时措之宜，然后可与权。"

【评析】

在这里，孔子讲述了人生修养的三种境界，即人与人之间的同学、同路、同立关系，由此告诉我们，人与人之间总有相同之处也有不同之处。因此，当我们的利益不同而发生矛盾时，理解了这一点，就能很好地处理好大家的关系，如果认识不到，则只能让矛盾进一步激化，甚至导致非常严重的后果。

9—30

【原文】

"唐棣①之华，偏其反而②。岂不尔思？室是远而。"子曰："未之思也。夫何远之有？"

【注释】

①唐棣：一种植物，属蔷薇科，落叶灌木。②偏其反而：形容花摇动的样子。

【译文】

"唐棣花开，摇摇摆摆，花影舞荡映春光，怎么能不思念呢？只是你家太遥远。"孔子说："恐怕本来就没有思念过。如果真正地思念着，那么还会感到远吗？"

　　程子曰："圣人未尝言易以骄人之志，亦未尝言难以阻人之进。但曰："未之思也，夫何远之有？'此言极有涵蓄，意思深远。"

【评析】

　　人们常说：青春易逝。其实青春并没有离开我们远去，它只是换了一种色彩，长久地留在了我们的心里。在不经意间，我们的生命落在了时间的后面。生命原本是最自然、最美好的，花开花落、阴晴圆缺，都是生命固有的规律和形式。其实每个人在生活里都有幸运或不幸的事发生，只是有人体会深刻，有人木然无觉；在命运降临时，有的人预先谋划，游刃有余，有的人被打蒙了，束手无措。

　　不要被表面的东西蒙住了眼睛，也蒙住了心灵。生活应该有更多的幸福和欢乐。只要心中存有一份挚爱，总能感知到鸟语花香。不知不觉中四月过了五月到，春去夏来，岁月不可阻挡地更替着。莫要沉迷于表象的华美而留恋，误了行期。

　　"室是远而"，虽然只是借口，但却是实情，是心远而不是路远。"何远之有？"如果真决心去做，那个目标还会远吗？

乡党第十

10-1

【原文】

孔子于乡党①，恂恂②如也，似不能言者。其在宗庙朝廷，便便③言，唯谨尔。

【注释】

①乡党：乡里，本乡本土。②恂恂（xún）：温顺恭和。③便便：言语流畅。

【译文】

孔子回到家乡，非常恭顺，好像不善言辞的样子。而他在宗庙祭祀或朝廷政议的时候，却雄辩滔滔。但是他的言辞谨慎明确。

【评析】

这一章讲了孔子在日常生活和从事公务中的不同表现。孔子在父老乡亲面前恭敬而近乎羞涩，很少说话，而在庙堂和朝廷上却雄辩且侃侃而谈。

俗话说："到哪个山唱哪个歌。"在不同的场合，对待不同的人应该用适合那个场合、那种人的不同语言方式和仪态。这并非是"见人说人话，见鬼说鬼话"的圆滑表现，而是为人处世的基本素质和技巧。掌握了说话这门艺术，才能在社会中游刃有余。

10-2

【原文】

朝，与下大夫①言，侃侃②如也；与上大夫言，訚訚③如也。君在，踧踖④如也，与与⑤如也。

【注释】

①下大夫：在周代的分封等级制中，大夫是诸侯之下的一个等级。其中又有不同的等级，卿是最高一级，即"上大夫"，其余即下大夫。②侃侃：说话理直气壮、温和快乐的样子。③訚訚：恭顺而正直的样子。④踧（cù）踖（jí）：恭谨局促的样子。⑤与与：小心谨慎、威仪适中的样子。

【译文】

在朝廷议事，同官阶比他较低的官员谈话，态度直率、辞色温和。与上大夫讨论国事，态度从容、言辞和悦。国君临朝，言行恭敬、威仪适度。

【评析】

此章多用叠词，记述了孔子与上大夫和下大夫说话不卑不亢，得体适度，足见孔子道德守礼谦恭；当君主临朝时，他虽局促不安，但举步舒缓，仪态适中，表现了他修养有加的情态。

对不同的人能如此快速地转换态度，让人人都感到舒服，实在是需要多观察、多动脑筋的。这是一个人立身处世得以成功的基本原则。

10-3

【原文】

君召使摈①，色勃如也②，足躩③如也。揖所与立，左右手。衣前后，襜④如也。趋进⑤，翼如也⑥。宾退，必复命曰："宾不顾矣。"

【注释】

①摈（bìn）：通"傧"，引导宾客。②色勃如也：脸色立即庄重起来。③躩：快速的样子。④襜（chān）：整齐的样子。⑤趋进：快步前进，是一种表示尊敬的走路姿势。⑥翼如也：如鸟儿展翅一样。

【译文】

国君召孔子接待外国宾客，他仪容庄重，行动敏捷，致礼揖让，衣裳俯仰摆动，潇洒飘逸。趋步前行，姿态优雅美好就像鸟儿舒展翅膀。接见结束，他一定向国君回报说："宾客已经送走了。"

【评析】

这一章记述孔子替国君接待贵宾时的情形和态度。

我们做人做事也要做到如高屋建瓴，总是圆满周到，处处展示遵道守礼，有礼而不卑，给人以温厚谦恭的感觉，这才可谓是大家规范。

10-4

【原文】

入公门①，鞠躬如②也，如不容。立不中门，行不履阈③。过位④，色勃如也，足躩如也，其言似不足者。摄齐⑤升堂，鞠躬如也，屏气似不息者。出，降一等，逞⑥颜色，怡怡⑦如也。没阶⑧，趋进，翼如也，复其位，踧踖如也。

【注释】

①公门：君门。②鞠躬如：谨慎而恭敬的样子。③履阈（yù）：履，踩、踏。阈，门槛。④位：指君主的座位，经过之时，人君不在，座位是空的。⑤摄齐：摄，提起。齐，衣服的下摆。⑥逞：舒展开，松口气。⑦怡怡：和乐的样子。⑧没阶：走完了台阶。

【译文】

孔子走进朝廷的大门，仪容恭敬、谦逊，好像没有自己容身之地一般。不在门中间站立停留；进门时不踩踏门槛。从国君的御座前面经过，肃穆恭敬，快步无声，说话也好像气力不足。提起衣服的下摆向堂上走，弯腰低头，显得恭敬谨慎。憋住气就像不呼吸似的。出来时，走下一级台阶，脸色才舒展开来，现出和顺的样子。走完台阶，便加快了脚步，像鸟展开翅膀。回到自己的位置，是恭敬而内心不安的神态。

【评析】

这一章记述孔子在朝廷为官时上朝和退朝时的情形和态度。凡在朝廷之中参与政事，从始至终，孔子都是神情庄重，脚步平稳，心态平和，对自己充满信心。由此可见，孔子当时尽管对社会有诸多不满，但他还是忠于职守，忠于朝廷的。

10-5

【原文】

执圭①，鞠躬如也，如不胜②。上如揖，下如授。勃如战色③，足蹜蹜④，如有循⑤。享礼⑥，有容色。私觌⑦，愉愉如也。

【注释】

①圭：玉器，上圆下方，举行典礼时君臣都拿着。这里指大夫出使别的诸侯国时拿着代表本国君主的圭。②不胜：不能胜任，表示谨慎。③战色：战战兢兢的样子。④蹜蹜（suō）：小步走路的样子。⑤如有循：好像沿着一条直线往前走一样。⑥享礼：献礼，指使臣受到接见后，向对方贡献礼物的仪式。⑦觌（dí）：会见。

【译文】

受聘，执圭出使邻国，参加典礼，恭敬谨慎，似乎感到不能胜任一样。向上举起时好像作揖的姿势，朝下拿起时好像递东西给人的姿势。仪容肃穆，小步谨慎前行，好像在按着预先规定了的尺度行走。在呈献礼物的仪式上，面容谦和。和邻国君臣以个人名义会见，仪容和悦欢愉。

【历代论引】

晁氏曰："孔子，定公九年仕鲁，至十三年适齐，其间绝无朝聘往来之事。疑'使摈''执圭'两条，但孔子尝言其礼当如此尔。"

【评析】

这一章记述孔子出使别国执圭的情形和态度。在我国古代，大夫执圭出访，乃是代表国君行事，可谓是责任重大，也可以说是代表一个国家的形象。所以，作为出访使臣，如何执圭，如何向他国国君献礼，如何接受私下会见会谈，当时都有严格的规定，而孔子则是严格按照这些规定行事的。

孔子遵循的这些外交礼节，就其精神实质而言，与现代礼仪并没有根本性的不同，这也说明，古往今来，以礼相待是一种传统美德。同时，这几章记载的孔子在不同场合，对待不同的人，在容貌、神态、言行方面都有不同的内容，为我们后人深入研究孔子，提供了具体的资料。

10–6

【原文】

君子不以绀緅饰①。红紫不以为亵服②。当暑，袗絺绤③，必表而出之④。缁衣，羔裘⑤；素衣，麑裘⑥；黄衣，狐裘。亵裘长。短右袂⑦。必有寝衣⑧，长一身有半。狐貉之厚以居⑨。去丧⑩，无所不佩。非帷裳⑪，必杀⑫之。羔裘玄冠⑬不以吊⑭。吉月⑮，必朝服而朝。

【注释】

①绀（gàn）緅（zōu）饰：绀，带红的黑色。緅，微带红的黑色。饰，领和袖的边缘。绀緅都是古时礼服的颜色，因此不能用来作缘边。②红紫不以为亵服：亵服，居家常穿的衣服。古人认为红紫是贵重的正服所用的颜色，所以便服不宜用红紫。③袗（zhěn）絺（chī）绤（xì）：袗，单衣。絺，细葛布。绤，粗葛

布。④必表而出之：把麻布单衣穿在外面，里面还要衬有内衣。⑤缁衣，羔裘：缁，黑色。羔裘，黑羊羔皮的裘衣。⑥素衣，麑裘：素，白色。麑，小鹿。⑦袂：衣袖。右侧的袖子短一些是为了做事方便。⑧寝衣：被子。⑨以居：用作坐褥。⑩去丧：丧期结束。⑪帷裳：上朝、祭祀时穿的礼服。用整幅布做成，多余的布不裁掉，折叠缝上。⑫杀：减省，这里指加以裁剪。⑬玄冠：黑色的礼帽。⑭不以吊：不用于丧事。⑮吉月：农历每月初一。

【译文】

孔子不用绀色和缬色的布给衣服镶边。浅红色和紫色的布料不用作平常居家所穿的便服。在夏天，穿着粗的或者细的葛布单衣，但一定穿着衬衫。天寒时节，穿羊皮裘配黑色罩衫，穿鹿皮袍配白色罩衫，穿狐皮大衣配黄色罩衫。平时在家里穿的衣服做得略长，右边的袖子较短，以方便做事。睡觉一定要有小被，超过身体长度的一半。狐貉的厚毛做坐褥。服丧期满之后才佩戴饰物。不是上朝和祭祀时穿的礼服，一定要剪裁得体。绝不穿着皮裘戴着黑色礼帽去吊丧。每个月的初一，必定穿着朝见的官服去朝拜。

【评析】

这一章主要记述孔子穿衣着装方面的一些讲究和要求，从中可以体会到孔子日常生活的严谨。

看来孔夫子也懂得"人靠衣装马靠鞍"，对穿衣服很有讲究。而现如今的社会，更是一个讲求包装的社会。很多人往往从一个人的穿着来决定对这个人的喜好。因此，包装是你能否办成事的基础。

同时本章为我们研究当时鲁国的文化提供了宝贵的资料，对了解研究中华民族服饰文化，起了不可替代的作用。

10-7

【原文】

齐①，必有明衣②，布。齐必变食③，居必迁坐④。

【注释】

①齐：通"斋"。②明衣：浴衣。③变食：改变平常的饮食，不喝酒，不吃葱蒜等有辛辣气味的食物。④迁坐：由内室迁到外室居住，不与妻妾同住。

【译文】

斋戒前，一定先沐浴，穿戴着用布缝制的洁净的浴衣。斋戒的时候，一定改变平常的饮食和住处。

【历代论引】

杨氏曰："齐所以交神，故致洁变常以尽敬。"

【评析】

这一章记述孔子对斋戒活动严肃认真的态度。

儒家认为斋戒有利于修身养性，反省自我，培养善行，去掉邪念。所以，一个健康向上的社会，应该允许人民有自己的宗教信仰，人民的自觉修省必须有一种合理的社会风尚和个人的自我约束方式来维系，这种良性的发展，才有助于社会的安定团结。但是，我们要让宗教信仰在人民群众中健康合法地传播，要让他们把宗教信仰和落后的迷信活动区别开来。

10-8

【原文】

食不厌①精，脍②不厌细。食饐而餲③，鱼馁而肉败④，不食。色恶，不食。臭⑤恶，不食。失饪，不食。不时⑥，不食。割不正⑦，不食。不得其酱⑧，不食。肉虽多，不使胜食气⑨。惟酒无量，不及乱⑩。沽酒市脯⑪不食。不撤姜食。不多食。祭于公，不宿肉⑫。祭肉不出三日。出三日，不食之矣。食不语，寝不言。虽疏食菜羹，必祭⑬，必齐如也。

【注释】

①厌：满足、探求。②脍（kuài）：切细的鱼、肉。③馁而餲：食物经久而变味。④馁：鱼腐烂。败：肉腐烂。⑤臭：通"嗅"，气味。⑥不时：不是吃饭的时候。⑦不正：切肉有一定的法度，不合法度叫不正。⑧酱：古时吃鱼肉以芥酱，吃肉配以醢（hǎi）酱。⑨气：通"饩"，即粮食。⑩乱：指喝醉酒。⑪脯（fǔ）：干肉。⑫不宿肉：不使肉过夜。古代大夫参加国君祭祀以后，可以得到国君赐的祭肉。但祭祀活动一般要持续三天，所以这些肉就已经不新鲜，不能再过夜了。超过三天就不能再过夜了。⑬祭：这里指古人在吃饭前，把席上各种食品分出少许，放在食具之前祭奠发明饮食的人。

【译文】

饭食尽可能地以精美为好，肉食也当进行精细的加工。食物经久霉变，鱼和肉腐烂了，都不吃。饭菜的色泽不新鲜，不吃。变质发出异味，不吃。食物烹饪得不好，不吃。不是该吃饭的时候，不吃。不是按规矩宰割的肉，不吃。调味酱汁配得不对，不吃。肉食的品类虽然很多，但不宜吃得太多而超过了饭量。只有饮酒不作限量，不到醉倒就行。买的酒和熟肉，不吃。姜通神明，宴席没有结束，不撤去，但也不多吃。参加国君的祭祀和典礼，所领得的祭肉，不再放置过夜。家庙敬献的祭肉，不能超过三天。超过三日，就不吃了。吃饭的时候不交谈，睡觉的时候不说话。平时生活，即使是粗茶淡饭清汤，也一定先献祭，并且一定恭恭敬敬和正式斋戒一样。

【历代论引】

谢氏曰："圣人饮食如此，非极口腹之欲，盖养气体，不以伤生，当如此。然圣人之所不食，穷口腹者或反食之，欲心胜而不暇择也。"

程子曰："不及乱者，非惟不使乱志，虽血气亦不可使乱，但浃洽而已可也。"

范氏曰："圣人存心不他，当食而食，当寝而寝，言语非其时也。"

杨氏曰："肺为气主而声出焉，寝、食则气窒而不通，语、言恐伤之也。"

【评析】

关于饮食和养生的关系，古人论述得很多。孔子在这里不仅论述了饮食的方法和规矩，以及食品的卫生和营养学问，而且把饮食上升到人的养生修性的高度。

注重小节，才能保持大节不受玷污。道德的修养就是从日常生活中的每一个细节中体现出来、积累起来的。酒席上最容易看出一个人的水准，不分场合地胡吹海喝，蝇营狗苟，依红偎绿，纸醉金迷，多半不是贪官就是庸才。

10-9

【原文】

席①不正，不坐。

【注释】

①席：古时没有桌椅，人们都席地而坐。

【译文】

席位摆放不端正，不坐。

【历代论引】

谢氏曰："圣人心安于正，故于位之不正者，虽小不处。"

【评析】

这一章记述孔子对如何入座都有一定的讲究，说明孔子对生活小事也是一丝不苟。

"席不正"，表面看是一件不起眼的小事，但这是一种礼仪要求，也是对生活秩序的一种培养，虽然是小节，也应注意。尤其是在一些正式的宴会、一些外事活动，这种讲究是必不可少的，也是马虎不得的。有时，丁点小事，就会影响到社会国家的大局，所以，我们应该"见微知著"。

10—10

【原文】

乡人饮酒①，杖者②出，斯出矣。乡人傩③，朝服而立于阼阶④。

【注释】

①乡人饮酒：指当时的乡饮酒礼。②杖者：拄拐杖的人，这里指长者。③傩（nuó）：驱逐疫鬼的一种仪式。④阼阶：东面的台阶，主人立在大堂东面的台阶，欢迎宾客。

【译文】

乡人举行饮酒礼，必定先礼送老年人起身，这才走出来。乡下人举行驱逐疫鬼的风俗活动，就穿起官服恭敬地在东边的阶梯站立。

【历代论引】

朱子曰："傩虽古礼而近于戏，亦必朝服而临之者，无所不用其诚敬也。"或曰："恐其惊先祖五祀之神，欲其依己而安也。"

【评析】

这一章记述孔子具有尊重乡邻老人的品德。

尊敬老人是中华民族的传统美德，是一个人修养的重要表现。一个人有尊敬老人的心，才会有尊敬老人的行为，一个对老人没有敬爱之心的人，是不能值得别人信任的。所以，不管是就餐，还是聚会，散场之前让老年人先离开后我们再离开，这种礼节是值得我们今天继续保持的。

10—11

【原文】

问①人于他邦，再拜②而送之。康子馈药。拜而受之，曰："丘未达③，不敢尝。"

【注释】

①问：问候，古人在问候时往往要致送礼物。②再拜：拜两次，表示对问候之人的敬重。③达：了解。

【译文】

孔子托人向在异国他乡的朋友问候，便向受托的人致拜两次然后送别。季康子馈赠药品，孔子拜谢然后接受。说："我不了解药性功用，所以不敢尝用。"

【历代论引】

朱子曰："拜送使者，如亲见之，敬也。"

范氏曰："凡赐食，必尝以拜。药未达，则不敢尝。受而不饮，则虚人之赐，故告之如此。然则可饮而饮，不可饮而不饮，皆在其中矣。"

杨氏曰："大夫有赐，拜而受之，礼也。未达不敢尝，谨疾也。必告之，直也。"

【评析】

本章记述了孔子尊重和接受他人的送礼，同时也十分注重自己的身体健康。

孔子明确拒绝吃别人送的药，这不是一种失礼行为，而是一种做人的大智慧。因为倘若稀里糊涂地吃下去了，是要冒一定风险的。

同不能吃不明药品一样，在现实中做各种事情，都要考虑一下它的危险性，比较一下付出与回报，因此而采取谨慎的对策，把风险降到最低。因为在我们所看不见的暗处，极有可能潜伏着足以威胁我们利益乃至生存的危险。任何盲目大胆、轻率冒失的行为，都是应当尽力禁戒的。

10—12

【原文】

厩^①焚。子退朝，曰："伤人乎？"不问马。

【注释】

①厩：马棚。

【译文】

马棚起火烧毁。孔子从朝廷回家，说："伤到人了吗？"不询问马匹。

【历代论引】

朱子曰："非不爱马，然恐伤人之意多，故未暇问。盖贵人贱畜，理当如此。"

【评析】

孔子问人不问马，充分体现了他以人为本的仁者之心。人作为一个社会关系的总和，必然不能只为自己着想，否则，不但是道德上的污点，更是做人策略上的失败。一个人，尤其是作为领导者，一言一行都应该带有令人亲切的人情味，多为他人着想一些。这不但能问心无愧，同时也会给自己增加"人气"，让自己得到更多的尊敬和拥戴。

10—13

【原文】

君赐食，必正席①先尝之。君赐腥②，必熟而荐③之。君赐生④，必畜之。侍食于君，君祭，先饭⑤。疾，君视⑥之，东首⑦，加朝服，拖绅⑧。君命召⑨，不俟⑩驾行矣。

【注释】

①正席：端正座席。②腥：生肉。③荐：供奉。④生：活的。⑤先饭：先吃饭，即为君主尝食。⑥视：探视。⑦东首：头朝东躺着。⑧绅：束在腰间的大带子。⑨召：召见，召唤。⑩俟：等候。

【译文】

国君赏赐食物，必定先摆置正席而品尝。君王赏赐的生肉，一定煮熟了先晋献供奉先祖。国君赐予活着的动物，一定要养着它。在旁边侍奉陪伴君王饮食，君王祭告，则先为君王尝食。孔子生病了，国君来看望他，他就头朝东躺着，把上朝穿的礼服披盖在身上，拖着大带。君王传命召见，他不等车驾好就先步行而出。

【评析】

这一章记述孔子侍奉君主的一些讲究和礼仪。从这里可以看到，孔子对国君是忠贞不二的，侍奉君主的一切都是按规定行事的，同时也说明了孔子严于律己。

10—14

【原文】

入太庙，每事问。

【译文】

见《八佾》篇。

【评析】

见《八佾》篇

10-15

【原文】

朋友①死，无所归，曰："于我殡②。"朋友之馈，虽车马，非祭肉③，不拜。

【注释】

①朋友：指与孔子志同道合的人。②殡：停灵待殡，这里泛指丧葬之事。③非祭肉，不拜：拜谢祭肉，表示对馈赠者祖先的敬重。

【译文】

朋友故世，无人殡葬，孔子说："由我来为他办理丧事。"朋友馈赠的纪念物品，即使是车马之重礼，只要不是祭祀的肉，接受的时候不行大礼。

【历代论引】

朱子曰："朋友以义合，死无所归，不得不殡。朋友有通财之义，故虽车马之重，不拜。祭肉则拜者，敬其祖考，同于己亲也。"

【评析】

本章充分表现了孔子结交朋友很讲道义。"患难相扶持"不仅是重信义的延续，更是一种升华，真正的朋友是经得起考验的。本章还记述了孔子交友以礼为重的原则。"得一礼，还一拜"，礼尚往来，情理所在，也说明孔子非贪财之辈，体现在交友之道上，更是重视付出而不是索取。

10—16

【原文】

寝不尸①，居不客②。见齐衰者，虽狎③，必变④。见冕者与瞽者，虽亵⑤，必以貌。凶服⑥者式⑦之。式负版者⑧。有盛馔⑨，必变色而作⑩。迅雷风烈必变。

【注释】

①尸：像尸体那样。②客：这里指闲居的容仪与有客人的时候不一样，以此表示对客人的尊重。③狎：亲近。④变：改变颜色，以示同情。⑤亵：常见、熟悉。⑥凶服：丧服。⑦式：通"轼"，车前用于扶手的横木，这里用作动词。乘车遇见地位高的人或其他人时，身子向前微俯，伏在横木上，以表示尊敬或同情。⑧负版者：背负国家图籍的人。⑨盛馔：盛大的宴。⑩作：站起来。

【译文】

寝卧的姿势不像僵尸一样直挺着；居家时仪容自然，不刻意修饰。见到斋祭或身负重孝的人，虽然关系很亲近，也一定整肃容颜，表示同情。遇见穿着盛服的官员和盲人，即使很熟悉，也一定有礼貌地揖让。在车上，看见穿丧服的人，就用手扶着车前的横木以致同情。见到背负国家地图、户籍、典册的人，必以手扶车前的横木表示敬意。出席盛大的宴会，必定向主人致以礼敬。如果忽起疾风、迅雷，则必定肃容以待。

【历代论引】

范氏曰："寝不尸，非恶其类于死也。惰慢之气不设于身体，虽舒布其四体，而亦未尝肆耳。居不容，非惰也。但不若奉祭祀、见宾客而已，'申申''夭夭'是也。"

【评析】

这一章记载了孔子的几个具有典型性的生活细节，说明孔子日常生活中的庄重尊敬态度。在日常生活中，总会遇到各种不同的人和事。对于这不同的人和事，孔子都有不同的脸色和行为。可以说孔子是一位极富感情且极易溢于言表且见机行事的礼义之士。

10—17

【原文】

升车，必正立，执绥①。车中不内顾②，不疾言③，不亲指④。

【注释】

①绥：上车时扶手用的索带。②内顾：回头看。③疾言：大声说话。④亲指：用自己的手比画。

【译文】

上车，一定端正站立，手挽绳索。车在行进中，不回头顾盼，不大声讲话，不指手画脚。

【历代论引】

范氏曰："正立执绥，则心体无不正，而诚意肃恭矣。盖君子庄敬无所不在，升车则见于此也。"

【评析】

这一章记述孔子乘车时的神态以及姿势，表明孔子遵礼守节，具有良好的修养。而现实生活中，我们在公共场合却经常看到一些素质极低的人给我们留下了极差的印象，这些人都是应该好好反省一下的。

论语全集

10-18

【原文】

色斯举矣①，翔而后集。曰："山梁雌雉②，时哉时哉！"子路共③之，三嗅④而作。

【注释】

①色斯举矣：色，作色，动词。举，鸟飞起来。②雉：野鸡。③共：通"拱"。④嗅：应作"狊（jú）"，鸟张开翅膀。

【译文】

孔子来到郊外，野鸡就仓皇地高高飞起在空中，回旋翱翔，然后又飞降下来，停集在那里。孔子感叹地说："山野里的雌雉，识时务呀！识时务呀！"子路向它们肃然拱手致礼。鸟儿们张了张翅膀飞走了。

【历代论引】

朱子曰："鸟见人之颜色不善，则飞去，回翔审视而后下止。人之见几而作，审择所处，亦当如此。"

刑氏曰："梁，桥也。'时哉'，言雉之饮啄得其时。子路不达，以为时物而共具之。孔子不食，三嗅其气而起。"

【评析】

这一章记述孔子处于乱世，同时告诫人们要善于保护自己。人生处处风险潜藏，所行每一步，应当慎之又慎，尤其是第一步，更须慎重。

先进第十一

11-1

【原文】

子曰："先进①于礼乐，野人②也；后进于礼乐，君子也。如用之，则吾从先进。"

【注释】

①先进：先学习乐礼而后再做官的人。②野人：没有贵族身份、地位低微的人。

【译文】

孔子说："先学习礼乐然后服务国家的，是出身平民阶层的人。既已做官然后能够学习礼乐的人，是有世袭贵族身份的人。如果需要选用贤才，那么我主张任用先学习乐礼的人。"

【历代论引】

朱子曰："孔子既述时人之言，又自言其如此，盖欲损过以就中也。"

程子曰："先进于礼乐，文质得宜，今反谓之质朴，而以为野人。后进之于礼乐，文过其质，今反谓之彬彬，而以为君子。盖周末文胜，故时人之言如此，不自知其过于文也。"

【评析】

这一章记述孔子重视礼乐学习的思想，也是孔子对弟子们的总的评价。

东坡在《谢馆职启》中说："进有后先，名有隐显；命有穷达，时有重轻。"一个人只要真正有才能，或迟或早总会脱颖而出，干出一番事业。就怕自己既没有才能，又缺乏百折不挠的奋斗意志，不做努力。志大才疏，大事做不来，小事不愿做，却随时摆出一副怀才不遇的样子，处处怨天尤人。因此，要想在这个世间立足，必须首先正确地认识自己，只有清醒地认识自己，才能摆正在社会中的位置，也才能坦然地面对现实，最大限度地挥洒出自己的智慧，完成自己来到人世间的使命。

11-2

【原文】

> 子曰："从我于陈、蔡者，皆不及门①也。"德行：颜渊，闵子骞，冉伯牛，仲弓。言语：宰我，子贡。政事②：冉有，季路。文学③：子游，子夏。

【注释】

①不及门：这里指不在跟前受教。②政事：能从事政治事务。③文学：古代文献与文化知识。

【译文】

孔子说："曾跟随我到陈国、蔡国游历的人，此时都已不在我的门下了。"孔子的学生中以德行著称的：有颜渊、闵子骞、冉伯牛、仲弓。擅长辞令的：有宰我和子贡。谙熟政事的：是冉有和季路。文化修养好的：有子游和子夏。

【历代论引】

程子曰："四科乃从夫子于陈、蔡者尔，门人之贤者固不止此。曾子传道而不与焉，故知十哲世俗论也。"

【评析】

　　这一章记述孔子怀念当年和他患难与共的学生弟子。鲁哀公四年即公元前489年，孔子率弟子们从陈国去蔡国。路途中，楚国派人来聘请孔子，孔子也拟往楚国拜礼。对此，陈国和蔡国大夫生怕对己不利，于是派徒役在郊野围困孔子。当时处境十分艰难，孔子及弟子们曾断粮七天，许多人都已饿得不能行走了。后子贡去楚国告急，楚昭王派兵前来迎接孔子，才被解救。

　　重情重义，不忘故交，一直是我们民族的优良传统，也是一种值得让世人继承和发扬的可贵精神。不管时代如何发展，社会如何进步，人的某些可贵情感是恒久不变的，它能穿越时空，给世界带来无穷的温暖和感动。这种大义的精神和行为，在我们这个时代，也许已显得很稀缺，但正因为如此，也更值得我们呼唤和传扬。

11-3

【原文】

　　子曰："回也非助我者也。于吾言，无所不说。"

【译文】

　　孔子说："颜回啊！不是对我有启发帮助的人。他对于我说的话，没有不心悦诚服的。"

【历代论引】

　　朱子曰："颜子于圣人之言，默识心通，无所疑问。故夫子云然，其辞若有憾焉，其实乃深喜之。"

　　胡氏曰："夫子之于回，岂真以'助我'望之？盖圣人之谦德，又以深赞颜子云尔。"

【评析】

这一章记述孔子赞扬颜回具有悟性，善于领会圣贤道德。

我们不仅要乐于听到别人认同自己的意见，与自己保持一致的看法，更为难得的是能够容纳与自己意见相左的人，这也是伟人之所以伟大之处。只有在争执论证中，我们才能得以逐步接近真理。真知就是在辩驳与创新中发展起来的，拘于成说，必然导致思想僵化保守。因此，应当勇于提出不同的假说，并不断进行反诘论辩，使我们对于客观世界的认识得到深化，取得进步。

11-4

【原文】

子曰："孝哉闵子骞！人不间①于其父母昆②弟之言。"

【注释】

①间：不同意、非议。②昆：哥哥、兄长。

【译文】

孔子说："孝顺啊，闵子骞！人们没有不同意他父母兄弟称许他的话的。"

【历代论引】

胡氏曰："父母兄弟称其孝友，人皆信之无异辞者，盖其孝友之实，有以积于中而着于外，故夫子叹而美之。"

【评析】

这一章孔子赞美闵子骞讲孝道德行。据说，闵子骞年少时因受继母虐待，寒冬腊月身上还穿着无法御寒的芦花衣，而他继母所生的两个儿子都穿着棉衣。他的父亲发现后，就想把他的继母赶走。此时，他说服父亲说："母在一子单，母去三子寒。"这个故事不知是否真实，但却十分感人。孔子在此赞美了闵子骞的孝心并对其德行给予充分肯定，这也反映了孔子倡导的"孝悌"思想。

11-5

【原文】

南容三复①白圭②，孔子以其兄之子妻之。

【注释】

①三复：反复诵读。②白圭：指《诗经·大雅·抑》中的诗句："白圭之玷，尚可磨也。斯言之玷，不可为也。"

【译文】

南容反复诵读《诗·大雅·抑》篇中："白圭上的污点还可以磨掉，说错了话，就无法挽回了"的诗句，孔子就把哥哥的女儿许配给了他。

【历代论引】

范氏曰："言者行之表，行者言之实，未有易其言而能谨于行者。南容欲谨其言如此，则必能谨其行矣。"

【评析】

这一章记述孔子十分看重说话谨慎的人。

儒家极力提倡"慎言"，不该说的话绝对不说，因为说错了话，就无法挽回。所以，话不要说得太满，当说则说，不当说则不说，这样就可以尽量避免说错话，即使自己说错话也还有弥补的可能。

现代社会，各种信息在传播过程中，往往会出现与事实大相径庭的现象，其原因就在于传播者在传说的过程中，进行了想当然的加工和主观臆断。所以，在听到有关别人的话语的时候，要予以甄别。

11-6

【原文】

季康子问："弟子孰为好学？"孔子对曰："有颜回者好学，不幸短命死矣，今也则亡。"

【译文】

季康子问："先生的学生中谁最具有好学的精神？"孔子回答说："只有一个叫颜回的人好学不辍，不幸短命死了！现在再没有发现有如此好学的人了。"

【历代论引】

范氏曰："哀公、康子问同而对有详略者：臣之告君，不可不尽。若康子者，必待其能问乃告之。此教诲之道也。"

【评析】

这一章记述孔子对颜回的早死十分惋惜，并认为颜回的好学精神是值得大家学习的。

11-7

【原文】

颜渊死，颜路①请子之车以为之椁。子曰："才不才，亦各言其子也。鲤②也死，有棺而无椁，吾不徒行以为之椁。以吾从大夫之后，不可徒行③也。"

【注释】

①颜路：颜渊之父。名无繇（yóu）。少孔子六岁，孔子始教而受学。②鲤：

字伯鱼，孔子之子，先于孔子死。鲁哀公十二年（公元前483年），时年孔子69岁。③不可徒行：《礼记·王制》记载，有官爵的人和老年人不必徒步行走了。

【译文】

颜渊夭逝，颜路请求孔子卖掉自己的车给颜渊买外棺。孔子说："不管有才能或者没有才能，也都是自己的儿子。我的儿子孔鲤也早早地就死了，当时也只有内棺没有外棺，我不能卖掉车子替他置办外棺，因为我曾经做过大夫，是不能步行的。"

【历代论引】

胡氏曰："孔子遇旧馆人之丧，尝脱骖以赙之矣。今乃不许颜路之请，何邪？葬可以无椁，骖可以脱而复求，大夫不可以徒行，命车不可以与人而鬻诸市也。且为所识穷乏者得我，而勉强以副其意，岂诚心与直道哉？或者以为君子行礼，视吾之有无而已。夫君子之用财，视义之可否，岂独视有无而已哉？"

【评析】

这一章用比较的手法，说明了孔子爱子以义，颜路爱子以情。颜渊死了，他的父亲颜路请孔子卖掉自己的车子，给颜渊买椁。尽管孔子十分悲痛，但他却不愿意卖掉车子。因为他曾经担任过大夫一级的官员，而大夫必须有自己的车子，不能步行，否则就违背了礼的规定。这反映了孔子对礼的严谨态度，他绝不感情用事，也不违背原则性，凡事都要做到遵礼守度。

11-8

【原文】

颜渊死。子曰："噫！天丧予！天丧予！"

【译文】

颜渊死了。孔子说："哎呀！这是上天在要我的命啊！这是上天在要我的命啊！"

【历代论引】

朱子曰：悼道无传，若天丧己也。

【评析】

这一章记述孔子痛惜颜渊的早逝，悲叹自己的圣道将无人继承。颜渊对孔子和孔学的忠诚是无条件的，颜渊的存在对于孔子和孔学有特殊的价值。在孔子看来，颜渊的早逝是上天对他抛弃的证明。

11-9

【原文】

颜渊死，子哭之恸①。从者曰："子恸矣。"曰："有恸乎？非夫②人之为恸而谁为？"

【注释】

①恸（tòng）：极其悲伤。②夫：指示代词。

【译文】

颜渊死了，孔子哭得特别伤心。跟随的人说："夫子哀伤过度了。"孔子说："我悲伤过度了吗？我不为这样的人哀伤，还能为谁而哭呢？"

【历代论引】

胡氏曰："痛惜之至，施当其可，皆情性之正也。"

【评析】

孔子为圣道传人的早逝而悲痛万分，哭得死去活来，这是不过分的。颜渊的早逝，对于孔子造成的思想真空和精神损失，应该说是巨大的，是无法弥补的，也是一般人即使是孔子的弟子也是难以理解的。

11-10

【原文】

颜渊死，门人欲厚葬之。子曰："不可。"门人厚葬之。子曰："回也视予犹父也，予不得视犹子①也。非我也，夫二三子也。"

【注释】

①不得视犹子也：不能把他当作亲生儿子一样看待。

【译文】

颜渊死后，孔子的学生们想给他举行一个隆重的葬礼。孔子说："不可以那样做。"学生们还是以优厚的规格埋葬了他。孔子说："颜回呀！你把我如同父亲一样对待，我却不能把你如同儿子一样对待。不是我要这样，只是你的同学们要这样做啊。"

【评析】

这一章记述孔子对待感情和礼义的态度。

《中庸》说："素富贵，行乎富贵；素穷贱，行乎穷贱。"贫穷时就过贫穷的生活，不要做本分以外的事，不可僭越。丧葬规格的高低，礼仪是否隆重，祭品致献的厚薄，并不是实质，对逝者的哀痛和惋惜，不需要虚浮的形式，只需出于至诚。

论语全集

11-11

【原文】

季路问事鬼神。子曰："未能事人，焉能事鬼？"曰："敢①问死。"曰："未知生，焉知死？"

【注释】

①敢：谦词，表示冒昧。

【译文】

季路请教祭祀鬼神的事情。孔子说："不能够很好地侍奉活人，又怎么能够敬祭神灵呢？"子路又问："人死后是怎么回事？"孔子说："还没有好好了解生，怎么能了解死的事呢？"

【历代论引】

程子曰："昼夜者，死生之道也。知生之道，则知死之道；尽事人之道，则尽事鬼之道。死、生、人、鬼，一而二，二而一者也。或言夫子不告子路，不知此乃所以深告之也。"

朱子曰："问事鬼神，盖求所以奉祭祀之意。而死者人之所必有，不可不知。皆切问也。然非诚敬足以事人，则必不能事神；非原始而知所以生，则必不能反终而知所以死。盖幽明始终，初无二理，但学之有序，不可躐等，故夫子告之如此。"

【评析】

"可怜夜半虚前席，不问苍生问鬼神。"（李商隐《贾生》）

子路所提出来的，就是这样一个"不问苍生问鬼神"的问题。

其实，孔子也不完全是顾左右而言他，把子路的问题推开在一边。在孔子看来，鬼神的问题，生死的问题，都是探索宇宙奥秘、生命本质的大问题，不是一句两句话可以说得清楚的，也不是他所处的那个时代所能搞得清楚的。

用我们今天的话来说，不可不信，也不可全信，还有待于进一步的研究和探索。所以，对自己搞不清楚的问题，既不要盲从迷信，也不要简单否定，最好是报一种"阙疑"的态度，敬而远之。这种态度实际上是现实而理性的态度，也是最明智、最科学的态度。

11-12

【原文】

闵子侍侧，訚訚①如也；子路，行行②如也；冉有、子贡，侃侃③如也。子乐。"若由也，不得其死然。"

【注释】

①訚訚：说话时态度温和、有条有理的样子。②行行：刚强的样子。③侃侃：说话理直气壮。

【译文】

闵子在旁边站立时，神态和悦恭敬。子路刚强桀骜。冉有、子贡，温和从容。孔子很高兴。说："像仲由这样，怕是不得善终吧。"

【评析】

这一章记述孔子对部分弟子各具特色的性格和气质的评价。孔子提倡温、良、恭、俭、让，所以对子路的性格刚烈、嫉恶如仇表示担心。

11-13

【原文】

鲁人为①长府②。闵子骞曰："仍旧贯，如之何？何必改作？"子曰："夫人不言，言必有中。"

【注释】

①为：翻修。②长府：府，收藏财物的地方。长府是鲁国的国库名。

【译文】

鲁国人翻修府库。闵子骞说："照老样子，怎么样？为什么一定要重新设计呢？"孔子说："闵子骞这个人轻易不发表言论，一说话一定深中要害实质。"

【历代论引】

王氏曰："改作，劳民伤财。在于得已，则不如仍旧贯之善。"

【评析】

据《左传·昭公二十五年》记载，在鲁昭公与季氏的武装冲突中，昭公率先占据长府，而这长府一般认为是储藏武器和财产货物的地方，且建在鲁公的内宫，所以昭公才能抢先占领。有鉴于此，昭公事件以后，三家者便谋划着另建长府。于是闵子骞发表了上述看法。在这里，孔子是赞扬闵子骞志成持重，不说则已，一说便说到点子上的德行。

"夫人不言，言必有中"，既是一种说话艺术，又是说话的一个重要原则。在一些特定的场合，能否做到"言必有中"，不但是学问、才智的表现，有时还关系到国家政治、人格尊严等重大的问题，因此，需要格外关注这个讲话的艺术和原则。

11-14

【原文】

子曰："由之瑟奚为①于丘之门？"门人不敬子路。子曰："由也升堂矣，未入于室也。"

【注释】

①为：这里指操琴。

【译文】

孔子说："仲由的琴瑟弹奏，怎么能够称得上出自我孔丘之门？"于是，孔子的学生们就表现出不敬重子路。孔子说："仲由学问已经入门了，只是还没达到精通。"

【历代论引】

程子曰："言其声之不和，与己不同也。"

【评析】

这一章记述孔子批评子路的一时过失，同时也肯定他学习有进步的优点。孔子能明确而具体地指出学生的成绩和不足之处，让他们认识到自己的不足，同时又树立起学习的信心，是值得我们今天的老师学习和借鉴的。

11-15

【原文】

子贡问："师与商也孰贤？"子曰："师也过，商也不及。"曰："然则师愈与？"子曰："过犹不及。"

【译文】

子贡问："颛孙师与卜商相比谁更贤明？"孔子说："颛孙师过头了，卜商却不够。"子贡说："那么颛孙师比卜商强点吗？"孔子说："过和不够同样不好。"

【历代论引】

朱子曰："子张才高意广，而好为苟难，故常过中。子夏笃信谨守，而规模狭隘，故常不及。""道以中庸为至。贤知之过，虽若胜于愚不肖之不及，然其失中则一也。"

尹氏曰："中庸之为德也，其至矣乎！夫过与不及，均也。差之毫厘，谬以千里。故圣人之教，抑其过，引其不及，归于中道而已。"

【评析】

做人做事，不能有失偏颇，这是谁都明白的道理，但真正实行起来却总不那么容易。

《尹文子·大道上》有这样一个故事：齐国有一个姓黄的老相公，两个女儿都长得十分美丽，堪称天姿国色。但黄公为人喜欢谦让自卑，每与人谈起他的两个女儿，总是说小女质陋貌丑，粗俗蠢笨，以致他两个女儿的丑陋名声远近闻名，直到过了婚嫁的年龄，仍无人求聘。后来有个鳏夫，因无钱再娶，便到黄公门上求婚。不料婚礼完毕，揭开盖头一看，不禁大喜过望，原来娶到的竟是一个绝代佳人。消息传开，人们才知道黄公言之不实，于是一些名门子弟竞相娶他的第二个女儿，也是天香国色。

齐国黄相公本想得到一个谦虚的美名，但由于他谦虚过分，反而耽误了女儿的青春。

因此，我们做人做事一定要恰到好处，千万不能过犹不及，适得其反。

11-16

【原文】

季氏富于周公，而求也为之聚敛①而附益②之。子曰："非吾徒也。小子鸣鼓而攻之可也！"

【注释】

①聚敛：积聚和收敛钱财。②益：增加。

【译文】

季康子比周公还富有，而冉求还替他聚敛财富，增加他的钱财。孔子说："他的行为不是我的学生所应当做的，你们可以大张旗鼓地声讨他。"

【历代论引】

朱子曰："圣人之恶党恶而害民也如此。然师严而友亲，故已绝之，而犹使门人正之，又见其爱人之无已也。"

范氏曰："冉有以政事之才，施于季氏，故为不善至于如此。由其心术不明，不能反求诸身，而以仕为急故也。"

【评析】

这一章记述孔子对弟子冉求"助纣为虐"行为的强烈不满和批评，并鼓动大家大张旗鼓去声讨他。

追求幸福快乐，是人的天性。人人都有权利追求更加美好舒适的生活。但是，真正的生活，是建立在劳动获得财富的基础之上，通过不正当行为所获得的，最终必将以同样的非常手法送还去。所以，还是做出实实在在的努力可靠，不要有非分之想，更不要贪求"季氏之富"。得之容易失之易。只有阳光下的财富，才能够长久享有。

11—17

【原文】

柴①也愚，参也鲁②，师也辟③，由也喭④。

【注释】

①柴：孔子弟子。姓高，名柴，字子羔。②鲁：迟钝。③辟：偏颇，不实在。④喭（yàn）：粗鲁。

【译文】

柴高愚直，曾参迟钝，颛孙师偏激，仲由粗鲁。

【历代论引】

程子曰："参也竟以鲁得之！"又曰："曾子之学，诚笃而已。圣门学者，聪明才辩不为不多，而卒传其道，乃质鲁之人尔。故学以诚实为贵也。"

尹氏曰："曾子之才鲁，故其学也确，所以能深造乎道也。"

杨氏曰："四者性之偏，语之使知自励也。"

【评析】

这一章是孔子在评点弟子的一些弱点，目的在于促使他们加以改正。

人生的成功不在于天资是否聪颖，而在于后天踏踏实实地努力。所以，那种靠投机取巧、热衷于炒作包装而名噪一时的所谓"明星""名家"，是经不起时间检验的，必然短命，如过眼之浮云，只会引起一时的喧嚣与聒噪，别的什么也不可能留下。

11–18

【原文】

子曰："回也其庶①乎，屡空②。赐不受命，而货殖③焉，亿④则屡中。"

【注释】

①庶：庶几，相近。②空：穷困且没有生计。③货殖：做买卖。④亿：揣度。

【译文】

孔子说："颜回的学问差不多了，可是常常贫穷且没有生计。端木赐不安守本分，囤积货物经营谋利，对于行情发展趋势往往能猜中。"

【历代论引】

程子曰："子贡之货殖，非若后人之丰财，但此心未忘耳。然此亦子贡少时事，至闻性与天道，则不为此矣。"

范氏曰："屡空者，箪食瓢饮屡绝而不改其乐也。天下之物，岂有可动其中者哉？贫富在天，而子贡以货殖为心，则是不能安受天命矣。其言而多中者亿而已，非穷理乐天者也。夫子尝曰：'赐不幸言而中，是使赐多言也。'圣人之不贵言也如是。"

【评析】

这一章记述了孔子对颜回和子贡不同生活态度的评价。在孔子看来，颜回的高水平的道德修养与低水平的物质生活已为人所知，子贡不入仕从政而却在商业上做得很成功有些令人惊讶。但孔子并未对此做出褒贬，体现了孔子对人才的要求不拘一格。因此，我们现在的管理者在选用、提拔人才时，也应不拘一格。

11-19

【原文】

子张问善人①之道。子曰："不践迹，亦不入于室②。"

【注释】

①善人：本质善良但没有经过学习的人。②入于室：指学问和修养达到精深地步。

【译文】

子张问作为善人的准则。孔子说："不踩着别人的脚印走，但也还没有完全修养到家。"

【历代论引】

程子曰："践迹，如言循途守辙。善人虽不必践旧迹而自不为恶，然亦不能入圣人之室也。"

张子曰："善人，欲仁而未志于学者也。欲仁，故虽不践成法，亦不蹈于恶，有诸己也。由不学，故无自而入圣人之室也。"

【评析】

　　这一章孔子传授子张做善人之道，就是说，要做一个善人，如果不去追寻前贤的足迹，加强道德修养，也就无法达到高深玄妙的学问境地。

　　一般来说，每种事业都已有前人开拓的道路和已取得的成就，那么后学者就有必要沿着前人的足迹前进。这样不仅不会误入歧途，也会大大节省力气。因此，善于继承总结和利用已有的资源，并且能虚心向比自己有才能有经验的人请教，是每一个事业开始起步的人所必须学会的方法。

11-20

【原文】

　　子曰："论笃是与①，君子者乎？色庄者乎②？"

【注释】

　　①论笃是与：论笃，言语笃实可信。与：赞许。②色庄者乎：这里指故作姿态，伪装君子。

【译文】

　　孔子说："可以赞许言语笃实的人。但也要进一步判断，是真正的君子呢？还是故作姿态的伪君子呢？"

【历代论引】

　　朱子曰："言但以其言论笃实而与之，则未知其为君子者乎？为色庄者乎？言不可以言貌取人也。"

【评析】

　　这一章是讲孔子注重人的内在美，反对以言语和相貌取人。

这是我们观察别人的角度，也是我们自省的方式。因为我们在观察别人的同时，也在被别人观察着。所以，为了避免自己成为伪君子，也为了避免被伪君子所骗，我们要做到随时注意自己的一言一行，要做到言行一致。

11-21

【原文】

子路问："闻斯行诸？"子曰："有父兄在，如之何其闻斯行之？"冉有问："闻斯行诸？"子曰："闻斯行之。"公西华曰："由也问'闻斯行诸'，子曰'有父兄在'；求也问'闻斯行诸'，子曰'闻斯行之'。赤也惑，敢问。"子曰："求也退，故进之；由也兼人①，故退之。"

【注释】

①兼人：这里指子路勇猛过人，相当于两个人。

【译文】

子路问："有所闻即当有所行吗？"孔子说："你有父兄健在，怎么能够听到以后就去实践它呢？"冉有问："有所闻必当付诸行动吗？"孔子说："是的，听到以后就要去做。"公西华感到疑惑，于是就问："仲由问'听到以后就要付诸实践吗？'您回答说'有父兄在，不能实践'；冉求也同样问'听到就应实践吗？'您却回答说'听到了就要去做'。我实在不明白，同样的问题，回答却大相径庭。请问这是为什么呢？"孔子说："冉求禀性柔弱，所以要激励他进取；仲由莽勇，所以要限制他。"

【历代论引】

张敬夫曰："闻义固当勇为，然有父兄在，则有不可得而专者。若不禀命而行，则反伤于义矣。'子路有闻，未之能行，唯恐有闻。'则于所当为，不患其不能为矣；特患为之之意或过，而于所当禀命者有阙耳。若冉求之资禀失之弱，不患其不禀命也；患其于所当为者逡巡畏缩，而为之不勇耳。圣人一进之，一退之，所以约之于义理之中，而使之无过不及之患也。"

【评析】

在这一章，子路和冉求问了同一个问题，而孔子的回答是不一样的。对于冉求，由于其生性谦让，遇事冷静，孔子回答可以马上去做；而对于子路，由于其生性好胜，遇事急迫，孔子回答要先听听父兄的意见。因此，此章被认为是因材施教的经典范例。

其实，无论从理论还是从实际出发，因材施教都是至关重要的，一旦违反这种顺应规律的方法，就有可能造成让关羽去砍树、让鲁班去出征的局面，不但会耽误孩子的学习成才机会，而且还极有可能使之性格发生扭曲。

11-22

【原文】

子畏于匡，颜渊后。子曰："吾以女为死矣。"曰："子在，回何敢死？"

【译文】

孔子被匡地人围攻，颜渊落在后面。孔子说："我以为你死了。"颜渊说："老师还活着，我怎么敢轻易死呢？"

【历代论引】

胡氏曰："先王之制，民生于三，事之如一。惟其所在，则致死焉。况颜渊之于孔子，恩义兼尽，又非他人之为师弟子者而已。即夫子不幸而遇难，回必捐生以赴之矣。捐生以赴之，幸而不死，则必上告天子、下告方伯，请讨以复仇，不但已也。夫子而在，则回何为而不爱其死，以犯匡人之锋乎？"

【评析】

这一章记述孔子和颜渊师生之间患难与共的深厚情谊。在孔子的心目中，颜渊过于文弱，因而经常使孔子感到担心，颜渊对孔子也是忠贞不二，这种师生情谊真可谓攸关生命，亲如一人。

忠诚是每一个人的立身之本，在生命中，忠诚是你随身携带的名片，会让你的身价倍增。忠诚于公司、忠诚于老板，实际上就是忠诚于自己。忠诚不同于一味地阿谀奉承，忠诚也不是用嘴巴说出来的，这不仅要经受考验，而且还表现在你的行动和行为上。

11—23

【原文】

季子然①问："仲由、冉求可谓大臣与？"子曰："吾以子为异之问，曾②由与求之问！所谓大臣者：以道事君，不可则止。今由与求也，可谓具臣③矣。"曰："然则从之者与？"子曰："弑父与君，亦不从也。"

【注释】

①季子然：季氏子弟。②曾：是。③具臣：才具之臣，有才干的办事之臣。

【译文】

季子然问："仲由、冉求可以称得上是大臣吗？"孔子说："我以为你问的是别人，原来是问仲由与冉求啊！我可以告诉你，真正的大臣：是以正道侍奉君主，如果不能实行正道，宁可不干了。至于仲由和冉求二人，可以说是有才干的大臣了"季子然问："那么，他们是完全顺从君主的人吗？"孔子说："弑杀生父与国君的事，是不会服从的。"

【历代论引】

尹氏曰："季氏专权僭窃，二子仕其家而不能正也，知其不可而不能止也，可谓具臣矣。是时季氏已有无君之心，故自多其得人，意其可使从己也。故曰："弑父与君，亦不从也。"其庶乎二子可免矣。"

【评析】

孔子在这里讲的是为臣之道，也就是下级如何处理与上级的关系。

毫无疑问，一个组织的力量很大一部分来自于上下级之间和谐的关系。作为下属，有责任、有义务来建立和维持这种和谐关系。但是如果碰到一个刚愎自用、顽固不化的领导者，无法按自己的原则施展才华，那宁肯辞职也坚决不干。

11-24

【原文】

子路使子羔为费宰。子曰："贼①夫人之子。"子路曰："有民人焉，有社稷焉。何必读书，然后为学？"子曰："是故恶夫佞者。"

【注释】

①贼：害。

【译文】

子路推举子羔做费邑的长官。孔子说："你这是害别人的孩子。"子路说："那里也有人民，也有土地，何必一定要先读书，然后才做事呢？"孔子说："所以我才最讨厌那种疾言巧辩的人。"

【历代论引】

范氏曰："古者学而后入政，未闻以政学者也。盖道之本在于修身，而后及于治人，其说具于方册；读而知之，然后能行，何可以不读书也？子路乃欲使子羔以政为学，失先后本末之序矣。不知其过而以口给御人，故夫子恶其佞也。"

【评析】

　　这一章孔子强调做官主持政务，必须具备一定的学问和本领。子路强调实践也是一种学习，这两种观点都是成立的。因为在有条件的情况下，尽可能学好理论知识再去实践，在缺乏学习理论基础的条件下，也可以从实践中学习提高。这样学习和实践相结合，才能相辅相成，相互发挥作用。

11-25

【原文】

　　子路、曾皙①、冉有、公西华侍坐。

　　子曰："以吾一日长乎尔，毋吾以也。居②则曰：'不吾知也！'如或知尔，则何以③哉？"

　　子路率尔④而对曰："千乘之国，摄⑤乎大国之间，加之以师旅，因之以饥馑⑥；由也为之，比及⑦三年，可使有勇，且知方也。"

　　夫子哂⑧之。"求，尔何如？"

　　对曰："方六七十，如⑨五六十，求也为之，比及三年，可使足民。如其礼乐，以俟⑩君子。"

　　"赤，尔何如？"

　　对曰："非曰能之，愿学焉。宗庙之事，如会同，端章甫⑪，愿为小相⑫焉。"

　　"点，尔何如？"

　　鼓瑟希⑬，铿尔，舍瑟而作。对曰："异乎三子者之撰。"

　　子曰："何伤乎？亦各言其志也？"

　　曰："莫⑭春者，春服⑮既成。冠者⑯五六人，童子⑰六七人，浴乎沂，风乎舞雩⑱，咏而归。"

　　夫子喟然叹曰："吾与点也！"

　　三子者出，曾皙后。曾皙曰："夫三子者之言何如？"

　　子曰："亦各言其志也已矣。"

　　曰："夫子何哂由也？"

曰："为国以礼，其言不让，是故哂之。"

"唯求则非邦也与？"

"安见方六七十、如五六十而非邦也者？"

"唯赤则非邦也与？"

"宗庙会同，非诸侯而何？赤也为之小，孰能为之大？"

【注释】

①曾晳：孔子的弟子，名点，曾参的父亲。②居：平日。③何以：何用，何为。④率尔：轻率、急切。⑤摄：迫于。⑥饥馑：灾荒、收成不好。⑦比及：等到。⑧哂：微笑。⑨如：或者。⑩俟：等候。⑪端章甫：端，玄端，古代礼服的名称。章甫，古代礼帽的名称。⑫相：赞礼人，司仪。⑬希："稀"的古体字。⑭莫："暮"的古体字。⑮春服：夹衣。⑯冠者：成人。古人二十岁开始戴冠，行冠礼，以示成人。⑰童子：指成童，年十五以上，二十以下。⑱舞雩（yú）：雩，祭天求雨。雩祭有歌舞，故称舞雩。

【译文】

子路、曾晳、冉有、公西华拥围在孔子坐前。

孔子说："我虽然年龄长于你们，但是你们也不要因此感到约束。你们平时总是说：'不了解我啊！'现在，如果有人知道并想重用你们，你们想做什么呢？"

子路轻率地回答道："拥有千辆兵车的国家，夹处在几个大国之间。国外有军队来侵犯，国内又发生了灾荒。这时让我去治理，只需三年时间，可以使老百姓人人勇武，并且明辨是非道理。"

孔子轻轻地一笑。孔子问冉有："冉有，你将如何做？"

冉有回答说："一个纵横大约六七十里，或者说五六十里的国家，让我去治理，三年之中，可以让百姓富足。至于礼乐教化方面，那就要等待君子来实行了。"

"公西华，你能做什么？"孔子又问。公西华回答说："我不敢说能干什么，但我愿意在这方面学习。举行祭礼或者诸侯会盟，我穿上礼服，戴上礼帽，愿意做一个小司仪。"

"曾皙，你有什么打算呢？"曾皙正在弹瑟，瑟声渐渐稀落，铿的一声，放下瑟站起来，回答说："我也与他们三位的想法不同。"

　　孔子说："那有什么关系呢，并不妨碍什么，也都是各自谈谈自己的志向啊。"

　　曾皙说："春光明媚的日子里，换上轻盈舒适的春装。邀集五六位朋友，领着六七个少年，在沂水里洗澡，在舞雩台上吹风乘凉。然后一路唱着歌走回家。"

　　孔子深深叹息说："我赞同曾皙的想法啊！"

　　子路、冉求、公西华走了出去，曾皙留在最后。

　　曾皙说："夫子对刚才三位的话如何评价呢？"

　　孔子说："也只是各自谈谈自己的志向罢了。"

　　曾皙说："那么，老师为什么笑仲由呢？"

　　孔子说："治理国家应该推崇礼让，可是他的话却一点不谦逊，所以笑他。"

　　曾皙又说："那么只有冉求治理国家的方法可取吧？"

　　孔子说："怎见得方圆六七十里或者五六十里的地方，就够不上一个国家呢？"

　　曾皙说："是不是只有公西华所说的才是治理国家的方法呢？"

　　孔子说："宗庙祭奠，诸侯会盟，不是为了国家又是什么呢？如果公西华只能担当司仪之事，那么又有谁能够做大事呢？"

【历代论引】

　　《孟子·万章下》："天子之制，地方千里，公侯皆方百里，伯七十里，子、男五十里，凡四等。"

【评析】

　　这一章记述孔子和他的弟子们的一次谈话，这次生动的谈话表现了他们治理国家的不同才干以及孔子复杂的心情。从孔子赞成曾皙的礼乐之治，可以看出孔子的政治思想，体现了他"仁"和"礼"的治国原则，流露出了孔子希望人际和谐、人与自然和谐的一种美好理想。

颜渊第十二

12-1

【原文】

颜渊问仁。子曰："克己复礼^①为仁。一日克己复礼，天下归仁^②焉。为仁由己，而由人乎哉？"颜渊曰："请问其目^③。"子曰："非礼勿视，非礼勿听，非礼勿言，非礼勿动。"颜渊曰："回虽不敏，请事^④斯语矣。"

【注释】

①克己复礼：克己，克制自己。复礼，使自己的言行符合礼的要求。②归仁：归，归顺。仁，仁德。③目：具体的细节。④事：从事。

【译文】

颜渊问什么是仁。孔子说："克制自己，使言语行为合乎礼仪法度，就是仁。每天都能够做到以礼仪约束自己的言行，天下的人就会称你为仁人。能不能做到仁，这取决于自己，难道还要靠别人吗？"颜渊说："请问仁的具体细节。"孔子说："不合乎礼制的事情不要去看，悖逆礼仪的言辞不要听信，有损于礼规的话语不要说，超越礼法的事情不要动手去做。"颜渊说："我颜回虽然不是很聪明的人，就让我按照这样的标准去做。"

【历代论引】

程子曰："非礼处便是私意。既是私意，如何得仁？须是克尽己私，皆归于礼，方始是仁。"又曰："克己复礼，则事事皆仁，故曰天下归仁。"

谢氏曰："克己，须从性偏难克处克将去。"

朱子按："此章问答，乃传授心法切要之言。非至明不能察其几，非至健不能致其决。故惟颜子得闻之，而凡学者亦不可以不勉也。程子之箴，发明亲切，学者尤宜深玩。"

【评析】

人活在复杂的现实中，要应对形形色色的人，要积聚起自己的力量，没有一种特殊的人格魅力是不行的。人格魅力靠什么产生？当然首先是具有亲和力的言语行为。克制自己，言行合礼，这不仅是一种作为人的文明表现，更是一种做人做事的智慧和策略。任何想要在生活中站得牢固，并且想拥有自己的一片天地的人，都应该也必须做到这一点。

12-2

【原文】

仲弓问仁。子曰："出门如见大宾，使民如承大祭①。己所不欲，勿施于人。在邦无怨，在家无怨②。"仲弓曰："雍虽不敏，请事③斯语矣。"

【注释】

①出门如见大宾，使民如承大祭：出门办事和役使百姓，都要像迎接贵宾和进行祭祀那样态度严肃。②在邦无怨，在家无怨：邦，诸侯统治的国家。家，大夫的采邑。③事：照着去做。

【译文】

仲弓问什么是仁。孔子说："走出家门，仪容整肃，如同去接见贵宾；役使民力就像承办重大的祭礼一样慎重。自己所不愿做的事，便不要强加在别人身上。在国家任职的时候不做令人怨恨的事，在家居住也没有让乡邻厌恶的行为。"仲弓说："我冉雍虽然不是很聪明的人，就让我按照这样的标准去做。"

颜渊第十二

【历代论引】

程子曰："孔子言仁，只说'出门如见大宾，使民如承大祭'。看其气象，便须心广体胖，动容周旋中礼。惟谨独，便是守之之法。或问：'出门、使民之时，如此可也；未出门、使民之时，如之何？'曰：此俨若思时也，有诸中而后见于外。观其出门、使民之时，其敬如此，则前乎此者敬可知矣，非因出门、使民然后有此敬也。"

朱子曰："敬以持己，恕以及物，则私意无所容而心德全矣。内外无怨，亦以其效言之，使以自考也。"又曰："克己复礼，乾道也；主敬行恕，坤道也。颜、冉之学，其高下浅深，于此可见。然学者诚能从事于敬恕之间而有得焉，亦将无己之可克矣。"

【评析】

这一章，孔子教育仲弓要恭敬待人、宽厚待人。

每个人的价值观念不同，居住地域、生活经历不同，兴趣、信念、世界观不同，需要的事物也必然会千差万别，其间有很大的个性差异。

"己所不欲，勿施于人"的处世原则，让我们拥有宽阔的胸怀，能以一颗平常心对待别人，而且在遇到事情时能学会换位思考，多考虑别人的感受，要宽以待人。只有做到了这两点，就向仁德迈进了一大步。

12-3

【原文】

司马牛①问仁。子曰："仁者，其言也讱。"曰："其言也讱②，斯谓之仁矣乎？"子曰："为之难，言之得无讱乎？"

【注释】

①司马牛：孔子的弟子。名犁。向魋之弟。②讱（rèn）：说话谨慎。

【译文】

司马牛问什么是仁。孔子说："仁德的人，他的语言慎重温婉。"司马牛说："只要语言谨慎，就可以认为是仁了吗？"孔子说："做起来都很难，说话能不慎重吗？"

【历代论引】

朱子曰："牛之为人如此，若不告之以其病之所切，而泛以为仁之大概语之，则以彼之躁，必不能深思以去其病，而终无自以入德矣。故其告之如此。盖圣人之言，虽有高下大小之不同，然其切于学者之身，而皆为入德之要，则又初不异也。读者其致思焉。"

【评析】

这一章中，孔子针对司马牛喜欢说话、性格急躁的特点，告诫他要说话谨慎，不要信口开河。

而在如今现实生活中总有那么一些人，喜欢用漂亮的语言装饰自己的门面。好用摇唇鼓舌的方式来显示自己的博学。殊不知"言多必失"的道理，等待他们的结果将是人们对他们的尊重和信任随其空话而淹没在口水里。

所以，话说得越少，则说出蠢话或危险的话的概率就越低。

12-4

【原文】

司马牛问君子。子曰："君子不忧不惧。"曰："不忧不惧，斯谓之君子矣乎？"子曰："内省不疚，夫何忧何惧？"

【译文】

司马牛问什么是君子。孔子说："君子既不忧虑也无所畏惧。"司马牛又说："无忧无虑也无所恐惧，就可以认为是君子吗？"孔子说："自己问心无愧，又有什么可以忧愁和恐惧的呢？"

【历代论引】

晁氏曰："不忧不惧，由乎德全而无疵。故无入而不自得，非实有忧惧而强排遣之也。"

【评析】

这一章中，是孔子告诫司马牛不要忧郁恐惧，要做到心胸宽广。

因此，我们要想坦然仰俯于天地间，要想成为真正的君子，就要做到心地光明，私心不存，问心无愧。

12—5

【原文】

司马牛忧曰："人皆有兄弟，我独亡。"子夏曰："商闻之矣：死生有命，富贵在天。君子敬而无失，与人恭而有礼，四海之内，皆兄弟也。君子何患乎无兄弟也？"

【译文】

司马牛忧心忡忡地说："人们都有兄弟，唯独我没有。"子夏说："我听说过：人的死生是命中注定的，富贵决定于上天。君子礼敬又没有失误，与人交往恭敬谦和，那么四海之内，都是兄弟啊。君子的德行高尚又何必忧虑没有兄弟呢？"

【历代论引】

胡氏曰："子夏'四海皆兄弟'之言，特以广司马牛之意，意圆而语滞者也。惟圣人则无此病矣。且子夏知此而以哭子丧明，则以蔽于爱而昧于理，是以不能践其言尔。"

【评析】

这一章中，子夏以自己的见解，消除司马牛的忧愁，想劝他要提高自身的品德修养，做一个真正的君子。

有生就有死。其实我们的人生，就是从生到死的旅程，无论是惧怕还是顺应，都得义无反顾地奔赴；无论我们对生活是希望还是绝望，我们都在一天天地接近死亡；无论贫富或者贵贱，生命之于生命都是平等的。只是在向死亡进发的旅途上，我们一路所观赏的人生风景有些不一样，但是谁都不可滞留在后。

12—6

【原文】

> 子张问明①。子曰："浸润之谮②，肤受之愬③，不行焉，可谓明也已矣。浸润之谮，肤受之愬，不行焉，可谓远④也已矣。"

【注释】

①明：明察。②浸润之谮（zèn）：谮，谗言。像水那样慢慢渗透的谗言。③肤受之愬：愬，诽谤。像皮肤感受到疼痛那样的诬告，即直接的诽谤。④远：远见卓识。

【译文】

子张问怎样才能够做到明察。孔子说："对于那种如水般暗中浸润的诋毁他人的谗言，切身感受到的伤害和诽谤，在你这里都行不通，可以说是明察了。对于那种如水般暗中浸润的诋毁他人的谗言，切身感受到的伤害和诽谤，在你这里都行不通，可以说是具有远见卓识了。"

【历代论引】

杨氏曰："骤而语之，与利害不切于身者，不行焉，有不待明者能之也。故浸润之谮、肤受之愬不行，然后谓之明，而又谓之远。远则明之至也。《书》曰：'视远惟明'。"

【评析】

这一章中，孔子针对子张眼中无物、不拘小节的性格特点，教育他如何做到明察和有远见。

如果我们能够时刻保持清醒的头脑，对所有的谗言和诽谤进行适当的理性分析，不冲动和轻信，那就能做到明智和有远见了。

12-7

【原文】

子贡问政。子曰："足食，足兵①，民信之矣。"子贡曰："必不得已而去，于斯三者何先？"曰："去兵。"子贡曰："必不得已而去，于斯二者何先？"曰："去食。自古皆有死，民无信不立。"

【注释】

①兵：兵器。

【译文】

子贡问如何处理政事。孔子说："粮食充足，军备完善，老百姓信任而上下同心。"子贡说："如果发生了不得已的情况，需要做出取舍，应当先舍去哪一种？"孔子说："去掉军备。"子贡说："如果情况进一步恶化，应当再舍去哪个？"孔子说："降低粮食储备。自古以来，人死无可避免，但是，如果失去了民众的信任，那么也就什么都没有了。"

【历代论引】

程子曰："孔门弟子善问，直穷到底。如此章者，非子贡不能问，非圣人不能答也。"

朱子曰："以人情而言，则兵食足而后吾之信可以孚于民。以民德而言，则信本人之所固有，非兵食所得而先也。是以为政者，当身率其民而以死守之，不以危急而可弃也。"

【评析】

这一章中，孔子强调了取信于民是从政之本，是立国之本。

为政之要，首在足食。但是只有兵和食，而百姓对统治者不信任，那这样的国家也就不能存在下去了。一个国家有充足的粮食储备，又有强大的国防力量，而且在政治思想上取信于人民，才是一个真正意义上的强大国家。

同样，诚信对于我们个人来说，也是非常重要的，因为诚信是一个人立足于社会的根本。

12-8

【原文】

棘子成^①曰："君子质而已矣，何以文为？"子贡曰："惜乎，夫子之说君子也。驷不及舌^②。文犹质也，质犹文也。虎豹之鞟犹犬羊之鞟^③。"

【注释】

①棘子成：卫国大夫。他认为一个人只要天性好，有才能，就不必进行学习。②驷不及舌：指话一说出口，就收不回来了。③鞟（kuò）：去掉毛的皮，这里用有花纹的毛色比喻文，用去毛的皮比喻质。

【译文】

棘子成说："君子有笃厚朴实的本质就行了，文采有什么用呢？"子贡说："先生这样谈论君子，可惜说错了。一言既出，驷马难追。文采如同质朴，质朴如同文采，二者同样重要。就像虎豹的皮去掉毛的文饰以后与狗羊的皮去掉毛以后没有分别一样啊。"

【历代论引】

朱子曰："夫棘子成矫当时之弊，固失之过；而子贡矫子成之弊，又无本末轻重之差，胥失之矣。"

【评析】

这一章讲了子贡纠正棘子成的一些偏见，说明文采和本质、形式与内容都是同等重要的，不可偏废。

在对待人和事物的时候，不可仅仅盯住眼前的这么一点点表象，因为它只反映了这个人或者这件事的外在状态。应该将目光放得长远一些，对人和事从本质上进行分析、判断，只有掌握了这种能力，才可能做出正确的、符合自己利益的决策，否则就要犯急功近利的错误。

12-9

【原文】

哀公问于有若曰："年饥，用不足，如之何？"有若对曰："盍彻乎①？"曰："二②，吾犹不足，如之何其彻也？"对曰："百姓足，君孰与不足？百姓不足，君孰与足？"

【注释】

①盍彻乎：盍，何不。彻，周代的田赋制度，十分取一。②二：抽取十分之二的税。

【译文】

鲁哀公问有若说："年景不好，国家用度不足，怎么办？"有若回答说："为什么不实行十分抽一的田税制度呢？"鲁哀公说："十分抽二的田税，我尚且感到不能保证足够，如果像你说的，又怎么能够保证用度呢？"有若回答说："老百姓富足了，国君又怎么能够用度不足呢？老百姓贫穷了，国君又怎么能够丰足呢？"

【历代论引】

杨氏曰："仁政必自经界始。经界正，而后井地均、谷禄平，而军国之需皆量是以为出焉。故一彻而百度举矣，上下宁忧不足乎？以二犹不足，而教之彻，疑若迂矣。然什一，天下之中正，多则桀，寡则貉，不可改也。后世不究其本而惟末之图，故征敛无艺，费出无经，而上下困矣，又恶知'盍彻'之当务而不为迂乎？"

【评析】

这一章中，有若论述了富国要先富民的思想，劝说哀公应该时刻注意让百姓富裕起来。富国之道，不在聚敛，在于养民。只有百姓富足了，国家就不会贫穷，反之，如果对百姓征收过甚，必将民不聊生，国家经济也将随之衰退。这种以"富民"为核心的经济思想现在也有其值得借鉴的价值。

12—10

【原文】

子张问崇德①辨惑。子曰："主忠信，徙义②，崇德也。爱之欲其生，恶之欲其死。既欲其生，又欲其死，是惑也。'诚不以富，亦祇以异③。'"

【注释】

①崇德：提高道德修养的水平。②徙义：向义靠拢。③诚不以富，亦祇以异：《诗经·小雅·我行其野》中的句子。

【译文】

子张问如何提高品德修养、辨别疑惑。孔子说："心存忠厚诚信，唯义是从，这就是提高品德修养的方法啊。喜爱的人就盼望他长寿，憎恨的时候就诅咒他快点死去。一会儿想让他活着，一会儿又恨不得让他立即死去，这就是惶惑啊。就如《诗经》所说：'尽管不是嫌贫爱富那样势利，但也是如同见异思迁、喜新厌旧一样的可笑啊。'"

【历代论引】

杨氏曰："'堂堂乎张也，难与并为仁矣。'则非诚善补过、不蔽于私者，故告之如此。"

程子曰："此错简，当在第十六篇'齐景公有马千驷'之上。因此下文亦有'齐景公'字而误也。"

【评析】

在本章，孔子告诉我们，要想不迷惑，关键是要在遇到问题时有自己的主张和原则，这样才能不被左右，不被迷惑。

"爱之欲其生，恨之欲其死"的现象，在我们现实生活中的爱情故事中也经常会看到。这是一种不正常的心态，这种心态已经不只是一种迷惑，而是一种能使自己堕落的罪恶。所以，真正的爱情，不只是相爱时的珍惜和关爱，还在于分手后的相互尊重和珍惜，这样才能避免被失去的爱情所迷惑。

12-11

【原文】

齐景公①问政于孔子。孔子对曰："君君，臣臣，父父，子子。"公曰："善哉！信如君不君，臣不臣，父不父，子不子，虽有粟，吾得而食诸？"

【注释】

①齐景公：姓吕，名杵臼。春秋时齐国君主，公元前547年至前490年在位。

【译文】

齐景公向孔子咨询怎样治理国政。孔子回答说："君要像君，臣要像臣，父亲要像父亲，儿子要像儿子，各行其道。"齐景公说："说得好啊！诚然如果国君不像个国君，臣子不像个做臣子的，父亲不像个父亲，儿子不像儿子，即使有粮食，我能吃得到吗？"

杨氏曰："君之所以君，臣之所以臣，父之所以父，子之所以子，是必有道矣。景公知善夫子之言，而不知反求其所以然，盖悦而不绎者，齐之所以卒于乱也。"

【评析】

春秋时期的社会变动，使当时的等级名分受到破坏，弑君杀父的事情屡有发生。在这种情况下，齐景公问政于孔子，孔子就说"君君、臣臣、父父、子子"，他认为只有恢复这样的等级秩序，巩固君臣父子之间的道德伦理关系，全社会成员都树立起正常的道德伦理观念，社会的结构秩序才能得到维护，国家才可以得到治理。

虽然封建的伦理道德是封建社会秩序的基础，但人伦文化是整个中华民族的人文精神核心，任何时代都不可能没有应该发挥作用的伦常道德。任何事情都是关于人的问题，不论是民主政治的建立，还是法制制度的建立，都是因为人的因素。因此，尊尊亲亲之礼之义是不可否认的，应该汲取其合乎时代、合乎人伦发展的合理的积极因素，为现代社会服务。这是中国文化得以继承与发展的精神实质。

12-12

【原文】

子曰："片言①可以折狱②者，其由也与？"子路无宿诺③。

【注释】

①片言：即打官司时原告与被告两方面的一面之词。②折狱：狱，案件。即断案。③宿诺：久未履行的诺言。

【译文】

孔子说："能够依据诉请者一方的话语就可以判断案件的，大概就是仲由吧？"子路履行自己的诺言从不拖延逾期一天。

【历代论引】

尹氏曰："小邾射以句绎奔鲁，曰：'使季路要我，吾无盟矣。'千乘之国，不信其盟，而信子路之一言，其见信于人可知矣。一言而折狱者，信在言前，人自信之故也。不留诺，所以全其信也。"

【评析】

这一章讲了孔子赞扬子路诚实直率，说话算数。

诚是一种智慧，信是一种品格，诚信是一种修养。诚实、信用、执着的信念是一个人立世的支点。诚信不仅给我们带来朋友，同样带给我们利益，更馈赠给我们美德。只有讲信用的人，才能获得人们的尊敬和信任，甚至能使消极的不利因素变成积极的有利因素，进而获得事业的最终成功。

12-13

【原文】

子曰："听讼①，吾犹人也。必也使无讼②乎！"

【注释】

①听讼：听诉讼以判案。②使无讼：使人们之间没有诉讼案件之事。

【译文】

孔子说："审理诉讼，我和别人一样。但一定要让人们没有诉讼才好！"

【历代论引】

范氏曰："听讼者，治其末，塞其流也。正其本，清其源，则无讼矣。"

杨氏曰："子路片言可以折狱，而不知以礼逊为国，则未能使民无讼者也。故又记孔子之言，以见圣人不以听讼为难，而以使民无讼为贵。"

【评析】

在孔子看来，无论法庭上的胜负如何，诉讼双方都是失败者，所以他提出了必使无讼的主张。当然"无讼"也不是无原则的调和，而是注重观念上的指引和自身的道德修养。

孔子在这里的感慨，包含着这样的情怀：自己虽有审讼断案的才能，但并不希望有案可断，而是希望通过教化，使人民习于礼，化于德，减少争端以致没有诉讼。这种人格境界可谓高矣，是值得我们现代人继承和发扬的。

12-14

【原文】

子张问政。子曰："居之无倦，行之以忠。"

【译文】

子张问怎样治理国政。孔子说："身处其位一刻也不能懈怠，处理具体事务心怀忠敬。"

【历代论引】

程子曰："子张少仁。无诚心爱民，则必倦而不尽心。故告之以此。"

【评析】

孔子认为，为政之道在于勤勉、忠诚，这也是对我们现在为官者的要求。

因此，无论你身居高位还是家财万贯，无论你才华横溢还是身份特殊，都不要忘记"礼"的本原，要把自己摆在与别人平等的位置上，要让自己言行一致，要懂得谦虚，要诚心诚意。

12-15

【原文】

> 子曰："博学于文，约之以礼，亦可以弗畔矣夫！"

【注释】

见《雍也》篇第二十五章。

【译文】

见《雍也》篇第二十五章。

【历代论引】

见《雍也》篇第二十五章。

【评析】

见《雍也》篇第二十五章。

12-16

【原文】

> 子曰："君子成人之美，不成人之恶①。小人反是②。"

①美：用作名词，指好事。恶：坏事。②是：代词，这。

【译文】

孔子说："君子帮助别人成全其美德，不帮助别人去做坏事。小人却与此相反。"

【评析】

这一章所讲的"君子成人之美，不成人之恶"体现了浓厚的"仁者爱人"和"与人为道"的人道主义精神，也显示了儒家"己欲达而达人""己所不欲，勿施于人"的博大胸怀。君子成人之美，是因为君子有着与人为善的宽大胸怀，把别人的快乐当成自己的快乐，把别人的成功当成自己的成功。君子不成人之恶，是因为君子不愿意看到别人受难遭殃，遭遇不幸。而小人则与君子正好相反，他们对于别人的成功总是心怀嫉妒、怨恨，背后恶意造谣中伤，与君子的行为截然不同，归根结底，就是因为君子和小人的心态和思想境界的不同。

尤其是在商品经济时代，商场犹如没有硝烟的战场，竞争激烈。成人之美就更是一种难得的品质了。对于许多人来说，不成人之恶，不设下陷阱让人往里跳就很不错了，哪里还敢奢求什么成人之美的高尚风格呢？

12-17

【原文】

季康子问政于孔子。孔子对曰："政者，正也。子帅①以正，孰敢不正？"

【注释】

①帅：率领、带领。

【译文】

　　季康子向孔子询问怎样治理政事。孔子回答说："所谓政事，就是正的意思啊。上位者行为中正，做出表率，有谁敢不正呢？"

【历代论引】

　　范氏曰："未有己不正而能正人者。"

　　胡氏曰："鲁自中叶，政由大夫，家臣效尤，据邑背叛，不正甚矣。故孔子以是告之，欲康子以正自克，而改三家之故。惜乎康子之溺于利欲而不能也。"

【评析】

　　这一章中，孔子强调了君主的表率作用。

　　孔子的此番话语对于当今孩子品德的教育，亦有非常重要的启示意义。父母乃孩子的第一任老师，因此，父母要严格要求自己，做孩子的表率，努力培养孩子好的品德，为开拓他们的美好前程积极创造条件，同时也能使自己成为一个伟大的合格的父母。

12—18

【原文】

　　季康子患盗，问于孔子。孔子对曰："苟子之不欲，虽赏之不窃。"

【译文】

　　季康子忧虑盗贼盛行，向孔子求教治理的办法。孔子回答说："只要你自身不贪图财物，那么，即使你进行奖赏，也不会有人去干偷窃的勾当。"

【历代论引】

　　朱子曰："子不贪欲，则虽赏民使之为盗，民亦知耻而不窃。"

胡氏曰："季氏窃柄，康子夺嫡，民之为盗，固其所也。盍亦反其本耶？孔子以'不欲'启之，其旨深矣。"

坡公曰："乃知上不尽利，则民有以为生，苟有以为生，亦何苦而为盗。"

【评析】

这一章记述的是孔子规劝季康子用自身的清廉去感化社会。

范祖禹说："君者本也，民者末也，君者原也，民者流也，本正则末正，源清则流清矣。是以先王之治，必反求诸己，己正而物莫不应矣。夫重法以止盗，法繁而盗愈多，则有之矣，未见其能禁也。去奢省费，轻徭薄赋。此清源正本，止欲之道也。"孔子在此主张用德治去教化百姓，避免人们犯罪，强调先正己后正人，己正民自正的政治道德倾向，这对于领导者和管理者如何更好地开展工作无疑是最好的启示。

12－19

【原文】

季康子问政于孔子，曰："如杀无道①，以就②有道，何如？"孔子对曰："子为政，焉用杀？子欲善而民善矣。君子之德风，小人之德草。草上之风③，必偃④。"

【注释】

①无道：指无道之人。②就：靠近。③草上之风：风加之于草。④偃：倒下，比喻被折服、被感化。

【译文】

季康子向孔子询问怎样治理政事，说："如果杀了无道的人，让人们靠近有道的人，怎么样？"孔子回答说："您治理国家，何必动用严酷的刑罚呢？你想要建立美好的社会，百姓自然互相亲善。君子的德行就像风，平民百姓的德行就像草。风吹草动，草必定随风而俯仰啊。"

【历代论引】

尹氏曰："杀之为言，岂为人上之语哉？以身教者从，以言教者讼，而况于杀乎？"

《孟子·滕文公上》："君子之德，风也；小人之德，草也。草尚之风必偃。"

【评析】

这一章记述的是孔子告诫季康子要施德政，去刑罚，用自己的表率作用去感化民众。

孔子的这一观点对现代人也有教育意义。只要予人以礼，人心必然归顺，别人必然也会回之以礼，人人相敬以礼，社会必然一派和气的景象。

12-20

【原文】

子张问："士何如斯可谓之达①矣？"子曰："何哉，尔所谓达者？"子张对曰："在邦必闻②，在家必闻。"子曰："是闻也，非达也。夫达也者，质直而好义，察言而观色，虑以下人③。在邦必达，在家必达。夫闻也者，色取仁而行违，居之不疑。在邦必闻，在家必闻。"

【注释】

①达：通达、显达。②闻：有名望。③下人：对人谦恭有礼。

【译文】

子张问："士如何做，才可以称得上通达呢？"孔子说："你所认为的通达是什么样的呢？"子张回答说："在国家担任政事职务则一定显贵而扬名天下，在家修行也必定要有声望。"孔子说："这只是闻名，并不是通达呀。真正的通达，必须品质正直，崇尚礼义，洞察他人的话语，谦虚礼让。这样，他在国家必然通达，在家也必然通达。至于闻，只是表面上装出一副仁人君子的模样，而行为却违逆不实，对自己的行为毫不怀疑，这样的人在国家也一定会有声望，在家也一定会有声望。"

【历代论引】

程子曰："学者须是务实，不要近名。有意近名，大本已失，更学何事？为名而学，则是伪也。今之学者，大抵为名。为名与为利，虽清浊不同，然其利心则一也。"

尹氏曰："子张之学，病在乎不务实。故孔子告之，皆笃实之事，充乎内而发乎外者也。当时门人亲受圣人之教，而差失有如此者，况后世乎？"

【评析】

在这里，"闻"是虚假的名声，貌似仁德，行为却大相径庭；而"达"则是从内心深处具备仁、义、礼的德行，注重自身的道德修养，而不仅是追求虚名。

追名逐利，并不丢人，因为"名"是社会的需要，"利"是生活的凭借。在现实社会中，就存在着这两种人，他们活跃在社会的各个舞台上，各自发挥着各自的特长，为社会服务。但任何事都是过犹不及，过分追求名利，甚至不惜损人利己来获得不义之财，实乃不可取。

12-21

【原文】

樊迟从游于舞雩之下，曰："敢问崇德、修慝①、辨惑。"子曰："善哉问！先事后得②，非崇德与？攻③其恶，无攻人之恶，非修慝与？一朝之忿④，忘其身以及其亲，非惑与？"

【注释】

①修慝（tè）：修，改正。慝，邪恶。②先事后得：先致力于事，把利禄放

到后面。③攻：批判、指责。④忿：愤怒、气愤。

【译文】

樊迟跟随孔子在祈雨祭天的祝坛下散步。樊迟说："请问如何提高品德修养，驱除邪恶，明辨疑惑。"孔子说："问得好啊！先做好事情，然后取得报酬，不就是提高品德修养吗？自我反省自己的过失，而不是指责别人的恶劣行为，不就是驱除邪恶了吗？因为一时的气愤忘记了自身的安危，甚至牵连到自己的父母，不就是糊涂吗？"

【历代论引】

范氏曰："先事后得，上义而下利也。人惟有利欲之心，故德不崇。惟不自省己过而知人之过，故慝不修。感物而易动者莫如忿，忘其身以及其亲，惑之甚者也。惑之甚者必起于细微，能辨之于早，则不至于大惑矣。故惩忿所以辨惑也。"

【评析】

孔子在此针对樊迟的提问给出了提高品德修养的几种方法。他认为，要提高道德修养水平，首先在于踏踏实实地做事，不要过多地考虑物质利益；然后严格要求自己，不要过多地去指责别人；还要注意克服感情冲动的毛病，不要以自身的安危作为代价，这样人就可以提高道德水平，改正邪念，辨别迷惑了。

我们的人生要有所得，就不能让诱惑自己的东西太杂太多，心里累积的烦恼太杂。要明白自己想要的是什么，需要的又是什么，要经常地有所放弃，要学会经常否定自己，把自己生活中和内心里的一些不需要的东西断然舍弃掉。如果我们什么利益都要去争，把很多时间和精力都花在无谓的争斗上，不仅自己的正常发展会受到限制，甚至还会丢掉自己真正应该前行的方向。

12-22

【原文】

樊迟问仁：子曰："爱人。"问知。子曰："知人。"樊迟未达。子曰："举直错诸枉^①，能使枉者直。"樊迟退，见子夏，曰："乡^②也吾见于夫子而问'知'，子曰：'举直错诸枉，能使枉者直'，何谓也？"子夏曰："富哉言乎！舜有天下，选于众，举皋陶，不仁者远^③矣。汤有天下，选于众，举伊尹^④，不仁者远矣。"

【注释】

①举直错诸枉：错，通"措"，放置。枉，不正直。选拔正直的人，罢黜不正直的人。②乡：通"向"，往时。③远：远离，远去。④伊尹：汤的宰相，曾辅助汤灭夏建立商朝。

【译文】

樊迟问什么是仁，孔子说："爱人。"又问什么是智慧，孔子说："知人。"樊迟没有能够理解。孔子说："推举正直的人，置于邪恶的人之上，就能够使邪恶的人改邪归正。"樊迟退出来，找到子夏，说："刚才我拜见夫子并请教什么是'智慧'，夫子说：'推举正直的人，置于邪恶的人之上，就能够使邪恶的人改邪归正。'这是什么意思呢？"子夏说："这句话语意丰富啊！虞舜拥有天下，从众人中选拔贤能的人，任用皋陶，那些不仁的人纷纷远离而去。商汤拥有天下，从众人中选拔有德才的人，重用伊尹，那些不仁的人纷纷远离而去。"

【历代论引】

程子曰："圣人之语，因人而变化。虽若有浅近者，而其包含无所不尽，观予此章可见矣。非若他人之言，语近则遗远，语远则不知近也。"

尹氏曰："学者之问也，不独欲闻其说，又必欲知其方；不独欲知其方，又必欲为其事。如樊迟之问仁、知也，夫子告之尽矣。樊迟未达，故又问

论
语
全
集

焉，而犹未知其何以为之也。及退而问诸子夏，然后有以知之。使其未喻，则必将复问矣。既问于师，又辨诸友，当时学者之务实也如是。"

【评析】

这一章中，孔子谈论了仁与智的含义，子夏又加以发挥，进一步说明仁与智的关系。在这里，孔子把"智慧"解释成了"了解人"，主张选拔人才，罢黜邪才。

挑选德才兼备的人，以人为本，人尽其才，才尽其用，社会必然安定繁荣。人才并不是学历、资历所可以简单地说明的。才德之用，关键在于知人。老子说："知人者智，自知者明。"能够知人，能够了解任何一个人，是真正的智慧。唐朝魏玄同说："然而人有异能，才有大小。且惟贤知贤。"因此，我们现在的企业在选拔人才时不妨运用这一原则，必能使其更好地为企业服务。

12-23

【原文】

子贡问友。子曰："忠告而善道①之，不可则止，毋自辱焉。"

【注释】

①道：通"导"，开导。

【译文】

子贡问交友之道。孔子说："忠诚地劝告他，善意地引导他，如果不接受，就停止劝导，不要自取其辱而又失去友谊。"

【历代论引】

朱子曰："友所以辅仁，故尽其心以告之，善其说以道之。然以义合者也。故不可则止。若以数而见疏，则自辱矣。"

【评析】

这一章记述了孔子教导子贡忠于朋友和保全友谊的方法。

俗话说"人各有志"，你对朋友只能规劝，不能代替他思考，不能代替他行动。因此，朋友之间相处也要把握一个度，超越了这个度，就会适得其反，而且自己还会得不偿失。所以说："不可则止"也是一种与人交往的行为艺术。

12-24

【原文】

曾子曰："君子以文会①友，以友辅仁②。"

【注释】

①会：结交。②以友辅仁：与仁德的人交往，同时成就自己的仁德。

【译文】

曾子说："君子以文章学问来结交志同道合的朋友，用朋友来帮助提高仁德修养。"

【历代论引】

朱子曰："讲学以会友，则道益明；取善以辅仁，则德日进。"

【评析】

这一章记述了曾子谈论结交朋友的方法和好处。曾子看来，交友一要注意朋友的素质，二要注意以礼相待，只要做到这两点，交友的过程就是成仁的过程。

"以文会友"，朋友之间可以相互切磋，相互激励，帮助自己提高修养，这样才能在研求中共同进步，在砥砺中共同提高，才能最终走向成功。

子路第十三

13-1

【原文】

子路问政。子曰："先①之劳②之。"请益③。曰："无倦。"

【注释】

①先：引导、率先。②劳：役使。③益：增加。

【译文】

子路请教办理政务的要领。孔子说："率先垂范，然后再役使百姓。"子路请求进一步解释。孔子说："永远不要倦怠。"

【历代论引】

吴氏曰："勇者喜于有为而不能持久，故以此告之。"

程子曰："子路问政，孔子既告之矣。及请益，则曰'无倦'而已。未尝复有所告，姑使之深思也。"

苏氏曰："凡民之行，以身先之，则不令而行。凡民之事，以身劳之，则虽勤不怨。"

【评析】

"先之"是爱民，如范仲淹的名句所说："先天下之忧而忧，后天下之乐而乐。"凡事都以身作则,身先士卒。做到了这一点,就能做到不令而行,使自己成为老百姓的表率。"劳之"是勤政:兢兢业业,吃苦耐劳,鞠躬尽瘁,死而后已。

为政之道如此,做事也是如此。无论做任何群体性事情,相信只要自己带头做在前面,那么大家就会和你同甘共苦,付出劳力也心甘情愿。时时处处,做在前头,身先士卒,办事充满活力,不辞劳苦,要是果真这样了,就不怕大家不拥护你,就不用担心事情做不好。

13-2

【原文】

> 仲弓为季氏宰,问政。子曰:"先有司①,赦小过,举贤才。"曰:"焉知贤才而举之?"子曰:"举尔所知。尔所不知,人其舍诸?"

【注释】

①有司:古代负责具体事务的官吏。

【译文】

仲弓出任季氏的家臣,向孔子请教治理事务。孔子说:"给办事人员做表率,宽容赦免小的过失,选拔贤德有才能的人。"仲弓说:"怎样才能知道贤能的人而任用呢?"孔子说:"任用你所知道的。你所不知道的,人们难道会把他们舍弃吗?"

【历代论引】

程子曰:"人各亲其亲,然后不独亲其亲。仲弓曰:'焉知贤才而举之',子曰'举尔所知,尔所不知,人其舍诸',便见仲弓与圣人用心之大小。推此义,则一心可以兴邦,一心可以丧邦,只在公私之间尔。"

范氏曰:"不先有司,则君行臣职矣;不赦小过,则下无全人矣;不举贤才，则百职废矣。失此三者，不可以为季氏宰，况天下乎？”

【评析】

这一章中，孔子教导仲弓管理国家大事要处处从大局着眼，重视选拔优秀人才。

选贤任能是领导者的必备素质。衡量、评价一个人，要不拘一格，考察其所作所为也不要苛求细枝末节。因此，要有能原谅人的胸襟和气度，给人以发展的机会，这才是真正地爱护人才。一个地方之所以人才济济，人才之所以能够各得其用，取决于用才之人是否有宽广的胸襟，就在于用人者的品质是否能够吸引人才，善于让每一个人发挥其长处。嫉贤妒能之徒不可能任用贤才。

13-3

【原文】

> 子路曰：“卫君①待子而为政，子将奚先？”子曰：“必也正名②乎！”子路曰：“有是哉，子之迂也！奚其正？”子曰：“野哉由也！君子于其所不知，盖阙③如也。名不正，则言不顺；言不顺，则事不成；事不成，则礼乐不兴；礼乐不兴，则刑罚不中；刑罚不中，则民无所措手足。故君子名之必可言也，言之必可行也。君子于其言，无所苟④而已矣。”

【注释】

①卫君：卫出公辄。是时鲁哀公十年，孔子自楚返卫。②名：名称、名分。③阙：通“缺”，存疑。④苟：马虎勉强。

【译文】

子路说：“假若卫君等着您去治理国家政事，您第一件事打算做什么？”孔子说：“一定先定名分！”子路说：“老师的迂腐竟然这么严重！名正不正有什么关系呢？”孔子说：“粗野啊，仲由！君子对于他不懂的事，大概采取保留的态度吧！如果名分不正当，那么就不可能有令人信服的理由；不能以理服人，事情就不可能做好；事情做不好，礼乐教化就不可能得到推行；礼乐不能得到振兴，那么刑罚就会出现偏差而导致冤屈；刑罚使用不公正，老百姓就会惶恐不安，不知道该怎么办才好。因此，君子做事必定要有正当的名分，名分确立了自然就可以以正当的理由发号施令了，政令所出也就必定可以付诸行动。君子对于自己的言行，没有一点马虎勉强的态度罢了。"

【历代论引】

杨氏曰："名不当其实，则言不顺。言不顺，则无以考实而事不成。"

范氏曰："事得其序之谓礼，物得其和之谓乐。事不成则无序而不和，故礼乐不兴。礼乐不兴，则施之政事皆失其道，故刑罚不中。"

谢氏曰："正名虽为卫君而言，然为政之道，皆当以此为先。"

程子曰："名实相须。一事苟，则其余皆苟矣。"

王安石曰："孔子曰：'必也正名乎！'正名也者，所以正分也。然且为之，非所谓正名也。身不能正名，而可以正天下之名者，未之有也。"

【评析】

这一章对话说明孔子十分看重为政中的名分等级关系，认为只有名正言顺，才能治国理政安民。在孔子看来，"正名"就是端正或纠正名分、名称、名号的问题，不是以名求实，而是纠正名不副实。

"名正则言顺，言顺则事成"在孔子这里是一条堂堂正正的"说道"，要求为人、从政、做学问都要踏踏实实地先把名分、概念弄清楚，弄明确。否则，在现实中，即使事情本身合情合理，但名分却不冠冕堂皇，也是会遇到很大的阻力的。

13-4

【原文】

樊迟请学稼，子曰："吾不如老农。"请学为圃^①，曰："吾不如老圃。"樊迟出。子曰："小人哉，樊须也！上好礼，则民莫敢不敬；

上好义，则民莫敢不服；上好信，则民莫敢不用情^②。夫如是，则四方之民襁^③负其子而至矣，焉用稼？"

【注释】

①圃：种植瓜果蔬菜的园子。②情：情实。③襁：背负婴儿用的宽带。

【译文】

樊迟请教如何种庄稼，孔子说："我不如种地的老农。"请求学习种菜，孔子说："我不如老园丁。"樊迟退出后，孔子说："樊迟真是个胸无大志的人呀，居于上层执政地位的人提倡礼仪，则老百姓没有谁敢不恭敬的；在上位的人倡导正义，则民众没有谁敢于违抗而不服从的；处于上位的人崇尚诚信，则平民百姓没有谁敢于不诚实的。能够做到这样，则四方的百姓自然会带着他们的孩子投靠而来了，哪里用得着自己去种庄稼呢？"

【历代论引】

杨氏曰："樊须游圣人之门而问稼圃，志则陋矣，辞而辟之可也。待其出而后言其非，何也？盖于其问也，自谓农圃之不如，则拒之者至矣。须之学疑不及此，而不能问。不能以三隅反矣，故不复。及其既出，则惧其终不喻也，求老农老圃而学焉，则其失愈远矣。故复言之，使知前所言者意有在也。"

【评析】

这一章记述了孔子用礼、义、信等治国理政的道理来启发开导樊迟。在孔子看来，社会至少由两部分人组成，一是负责管理的君子，二是从事具体劳作的小人或民众。而孔子所培养的正是所谓君子之人，他们的责任不是种地种菜，而是参与政务，传播道义。因此，孔子毫不客气地指责想学种庄稼的樊迟是小人。

随着人类社会的进步和发展，认为从事农业发展的人是没有出息或没文化的思想是要被坚决淘汰的，因为我国是农业大国，农业也是我国发展的基础产业，我们要想进步，实现经济的快速发展，必须从抓农业开始，实现科学种田，这才是符合我国国情，有利于我国发展的根本所在。

13-5

【原文】

子曰："诵《诗》三百，授之以政，不达①；使于四方，不能专对②；虽多，亦奚以为？"

【注释】

①达：通达，这里指会运用。②对：应对。

【译文】

孔子说："背诵《诗经》三百首，交给他国家政务，却不会治理；让他出使到其他诸侯国，又不能独立地应对；那么，读得虽多而不会运用，又有什么用呢？"

【历代论引】

程子曰："穷经将以致用也。世之诵《诗》者，果能从政而专对乎？然则其所学者，章句之末耳，此学者之大患也。"

朱子曰："《诗》本人情，该物理，可以验风俗之盛衰，见政治之得失。其言温厚和平，长于风谕。故诵之者，必达于政而能言也。"

【评析】

这一章中，孔子论述了要重视学以致用，不能只知死读书，而不会在实践中去运用。

太相信书的人，只能给人打工。书本知识不可不信，但也不能全信。否则，生搬硬套书本上的知识，必然会给你所从事的事业带来损失。在历史上有很多食古不化、奉行教条而失败的例子。《三国演义》里的马谡，自称"自幼熟读兵书，颇知兵法"，但在街亭之战中，只背得"凭高视下，势如破竹""置之死地而后生"几句教条，而不听王平的再三相劝以及诸葛亮的叮咛告诫，将军营安扎在一个前无屏蔽、后无退路的山头之上，最后落得一个兵败地失、狼狈而逃、斩首示众的下场。

所以，"尽信书，不如无书"；会学，更要会用。学习的知识只有有效地运用到生活和实践中去，才会发挥其效用，否则就是一些死的没有用的东西。

13-6

【原文】

> 子曰："其身正，不令而行；其身不正，虽令不从。"

【译文】

孔子说："统治者自身正直，不用号令，老百姓也自然执行；统治者自身行为不正直，虽然命令，老百姓也无人服从。"

【评析】

这一章中，孔子揭露了当时官场之中虽然法令多如牛毛，但当权者本身都不遵守的现象。

任何一种制度，都是人在起着决定的作用，执政者本身端正，就是一个良好的楷模，用不着严厉的法令，社会风气自然会随着转化而归于正道。如果执政者行为无矩，本身不正，仅靠权力命令，去要求别人遵从，结果是没有用的。

13-7

【原文】

> 子曰："鲁、卫之政，兄弟也。"

【译文】

孔子说："鲁国与卫国的政治，像兄弟一样相似。"

【历代论引】

朱子曰："鲁，周公之后。卫，康叔之后。本兄弟之国，而是时衰乱，政亦相似，故孔子叹之。"

【评析】

这一章中，孔子评论了鲁国和卫国的社会衰败情况大体不相上下，好像一对难兄难弟。周公旦和康叔是兄弟，他们分别被封于鲁和卫。他们二人有相似的治国理政主张，他们治下的国力和国情也大体相当。所以，孔子发出了这样的感叹。

13-8

【原文】

子谓卫公子荆①："善居室②。始有，曰：'苟③合④矣。'少有，曰：'苟完矣。'富有，曰：'苟美矣。'"

【注释】

①公子荆：卫国世家公子，名叫荆。其生活的态度知足随和，超脱豁达。②居室：积蓄家业过日子。③苟：差不多。④合：给、足。

【译文】

孔子评论卫国的公子荆说："他善于居家过日子。刚开始有一点财产，便说：'差不多够了。'稍微增加一些，便说：'差不多完备了。'当他富有时，他又说：'差不多已经完美了。'"

【历代论引】

杨氏曰："务为全美，则累物而骄吝之心生。公子荆皆曰'苟'而已，则不以外物为心，其欲易足故也。"

【评析】

本章中，孔子通过公子荆善于居家理财的例子，教导我们在物质生活上要知足常乐。

老子说过："祸莫大于不知足，咎莫大于欲得。故知足之足常足矣。"

然而可悲的是，许多人总是对现状感到不满足，并且是一种递进态度——无限期地不知足。人们并非有意如此，而是人们总是在说服自己："有朝一日我会快乐满足的。"人们告诉自己，当自己付清账单，当自己完成学业，得到自己的第一份工作、一次提升时，自己将会快乐满足。人们劝告自己，当自己结婚之后，有了孩子后，生活将会更美好，然后自己会苦于孩子不够大——当他们长大了自己将会更满足。之后，自己又苦于要去应付孩子的成长，当孩子跨过这一阶段自己当然会高兴。自己又对自己说，如果我的配偶表现出色，当我有辆更好的车，能够去欢度假期；当我退休了时，我的生活将会完美，如此等等。

每当人们得到什么，或达到了某个目标，大部分人仅是立即再继续到下一件事。这压制了人们对生活和许多幸福的欣赏，使人们感到从来都没有满足的时候。

学会满足并不是说自己不能、不会或不该想得到比自己的财产更多的东西，只是说自己的幸福不要依赖于它。自己可通过着眼于现在，而不是太注重自己想得到的东西来学会安抚现有的一切。

13-9

【原文】

子适卫，冉有仆①。子曰："庶②矣哉！"冉有曰："既庶矣，又何加焉？"曰："富之。"曰："既富矣，又何加焉？"曰："教之。"

【注释】

①仆：驾车。②庶：众多。

【译文】

孔子到卫国，冉有驾车。孔子说："人口真多啊！"冉有说："人丁兴旺，然后该如何做呢？"孔子说："让他们生活富裕。"冉有又问："老百姓富裕了以后，又该做什么呢？"孔子说："教育他们。"

【历代论引】

胡氏曰："天生斯民，立之司牧，而寄以三事。然自三代之后，能举此职者，百无一二。汉之文、明，唐之太宗，亦云庶且富矣，西京之教无闻焉。明帝尊师重傅，临雍拜老，宗戚子弟莫不受学；唐太宗大召名儒，增广生员，教亦至矣：然而未知所以教也。三代之教，天子公卿躬行于上，言行政事皆可师法。彼二君者，其能然乎？"

【评析】

这一章中，孔子表明了自己治理国政的方法和顺序，即"先富后教"。这一点虽然与今天我们所说的"先教后富"的思想有所不同，但在两千五百年前，能提出这样的思想是非常可贵的。

当今，国家经济繁荣，人民生活富裕，社会安定有序，礼仪言行文明乃为政者之要职，尤其是让农民富裕起来更加重要。如此，富有、稳定，全面建设小康社会的目标才有可能实现。而目前文化教育发展的程度也是衡量一个地方发展的水平最重要的和最终的目标。教、富齐抓并进方是富国强民之道。

13-10

【原文】

子曰："苟有用我者，期月①而已可也，三年有成。"

【注释】

①期月：一年的月份周而复始，即一整年。期，周期。

【译文】

孔子说："如果能够任用我主持国家政事，一年的时间便可初具规模，三年就可见到成效了。"

【历代论引】

尹氏曰："孔子叹当时莫能用己也，故云然。"

【评析】

这段话大概产生于孔子周游列国的中后期，那时他已访遍中原各国，对各国的社会状况有了比较深入的了解，当时说这句话，表达了孔子希望参与治国理政的态度，并且对自己的才干充满信心。

本章还告诉我们，做任何事情，仅有才能是不够的，还要有自信和强烈的责任感和使命感。凡事都怕"认真"二字，真正倾注心血和感情，以天下为己任，不但能事无不克，而且能尽显仁者情怀。

13-11

【原文】

子曰："'善人为邦百年，亦可以胜残去杀矣。'诚哉是言也！"

【译文】

孔子说："'善良的人治理国家一百年，便可以去掉残暴，消除杀戮了。'确实就像这句话所说的呀！"

【历代论引】

尹氏曰：“胜残去杀，不为恶而已，善人之功如是。若夫圣人，则不待百年，其化亦不止此。”

程子曰：“汉自高、惠至于文、景，黎民醇厚，几致刑措，庶乎其近之矣。”

《太平御览》注曰：“善人居中不践迹，不入室也。此人为政不能早有成功，百年乃能无残暴之人。”

【评析】

孔子认为，只要长期用善道去教化百姓，那就一定可以使民风净化。

所谓“善人为邦百年亦可”，是句大实话，教化的实行与推广，急进是不行的。建立一种理想的社会政治风气，需要经过相当长时期的孕育，进而演化成为国民的文化底蕴，不是一朝一夕间就可达成的。这对于我们做事也是一句箴言，凡事要循序渐进，不能急于求成，否则，只能一事无成。

13-12

【原文】

子曰：“如有王者，必世①而后仁。”

【注释】

①世：三十年为一世。

【译文】

孔子说：“假如有统御天下的君主兴起，也必定需要三十年的时间才能使仁政得以推行。”

【历代论引】

程子曰：“周自文、武至于成王，而后礼乐兴，即其效也。”或问：

"'三年''必世'，迟速不同，何也？"程子曰："'三年有成'，谓法度纪纲有成而化行也。渐民以仁，摩民以义，使之浃于肌肤，沦于骨髓，而礼乐可兴，所谓仁也。此非积久，何以能致？"

【评析】

孔子认为要真正实行仁政不是短时间可以做到的，至少要三十年的时间。

这是在告诫我们做事要脚踏实地，刻苦地去做，操之过急就会失败。只有经过深思熟虑并持之以恒才会有所收获。

13—13

【原文】

子曰："苟①正其身矣，于从政乎何有？不能正其身，如正人何？"

【注释】

①苟：假使、如果。

【译文】

孔子说："如果能够使自身行为正直，那么从事政务又有什么难的呢？如果不能端正自己的行为，又怎么能够纠正别人呢？"

【评析】

这一章中，孔子再三强调，君主治国理政务必端正自己。

对于身居高位的为政者，端正自身的行为可谓至关重要，它不仅关系到自身的修养境界，而且关系到部下群众的心理感受及由此引发的行为，直接影响到自己的政绩和功业。

13—14

【原文】

冉子退朝。子曰："何晏①也？"对曰："有政。"子曰："其事也。如有政，虽不吾以，吾其与②闻之。"

【注释】

①晏：迟、晚。②与：参与。

【译文】

冉子退朝回来。孔子说："为什么这么晚呀？"冉子说："有政务要办理。"孔子说："那无非是一般的私事罢了。如果国家有重要的政务，虽然不用我了，我也会参与听到的。"

【历代论引】

礼：大夫虽不治事，犹得与闻国政。

朱子曰："是时季氏专鲁，其于国政，盖有不与同列议于公朝，而独与家臣谋于私室者。故夫子为不知者而言：此必季氏之家事耳。若是国政，我尝为大夫，虽不见用，犹当与闻。今既不闻，则是非国政也。语意与魏徵献陵之对略相似。其所以正名分，抑季氏，而教冉有之意深矣。"

【评析】

孔子对自己的弟子参与政务要求是很严格的，反对他们为当权大臣们谋取私利。

在现代社会，一些有着某种权力的人，将私事当作公事办，在这些人中凡事皆凭私人关系，重人情往来，搞钱权交易，互为利用，置政策、法律、道德原则于不顾，把人民给予的权力当作私有财富，牟取非法利益，败坏社会风气，这种人实在应该受到应有的惩罚。

13-15

【原文】

定公问："一言而可以兴邦，有诸？"孔子对曰："言不可以若是其几①也。人之言曰：'为君难，为臣不易。'如知为君之难也，不几乎一言而兴邦乎？"曰："一言而丧邦，有诸？"孔子对曰："言不可以若是其几也。人之言曰：'予无乐乎为君，唯其言而莫②予违也。'如其善而莫之违也，不亦善乎？如不善而莫之违也，不几乎一言而丧邦乎？"

【注释】

①几：近。②莫：没有人。

【译文】

鲁定公问："一句话就可以使国家兴盛，有这样的事吗？"孔子回答说："任何话都不能如此的玄妙，跟这相似的情况是，人们常说：'做君王很难，做臣子的也同样不容易啊。'如果知道做国君的难处，谁不期望着一句话就能够让国家兴盛起来呢？"鲁定公又问："一句话就可以导致丧失了国家政权，有这样的事吗？"孔子回答说："任何话都不能如此的玄妙，跟这相似的情况是，人们常说：'我作为国君没有什么快乐的，只是我的话没有人敢于违背。'如果他的话是好的，而没有人违背，不也是好的吗？但是，如果他的话不正确而不能违背，这不也就几乎是等于一句话而丧失了国家吗？"

【历代论引】

范氏曰："言不善而莫之违，则忠言不至于耳，君日骄而臣日谄，未有不丧邦者也。"

谢氏曰："知为君之难，则必敬谨以持之。惟其言而莫予违，则谗谄面谀之人至矣。邦未必遽兴丧也，而兴丧之源分于此。然此非识微之君子，何足以知之？"

【评析】

　　孔子强调，一个国君对于国家大事是恭敬勤勉，还是懒散放纵，关系到国家的兴衰成败。

　　一个人的言论往往体现着他的思想，而一个人的思想往往又决定着他的行为，因此，我们从一个人的话里几乎可以看出他的人生前途、事业命运。尤其当一个人居于高位，他的言行就不仅仅只关系到他一个人。因此，"一言兴邦，一言丧邦"并不为过。所以，无论我们身为平常人还是位高权重，都必须以正确的理论作为指导，把言行和地位、责任联系起来。唯其如此，才不致让自己一事无成或一败涂地。

13-16

【原文】

> 叶公问政。子曰："近者说，远者来。"

【译文】

　　叶公问的为政之道。孔子说："使国内的人感到喜悦，使国外的人慕名而来。"

【历代论引】

　　朱子曰："被其泽则说，闻其风则来。然必近者说，而后远者来也。"

【评析】

　　治国理政重在获得民心，即所谓民心所向，得民心者得天下。

　　一个人的成功，很大程度取决于群众的评价。能够令周围的人称赞，即使没有什么建树，也是值得称道的，至少其人品是令人可以称说的。对领导者来说，个人的品德修养对于国家政事显得更加重要。

13-17

【原文】

子夏为莒父①宰，问政。子曰："无欲速，无见小利。欲速，则不达；见小利，则大事不成。"

【注释】

①莒父：鲁国的邑名，在今天山东莒县境内。

【译文】

子夏任莒父长官，问如何施政。孔子说："不要图快，也不要贪图眼前的利益。急于求成，必然显得忙乱；贪图眼前的利益，大事就不可能成功。"

【历代论引】

程子曰："子张问政，子曰：'居之无倦，行之以忠。'子夏问政，子曰：'无欲速，无见小利。'子张常过高而未仁，子夏之病常在近小，故各以切己之事告之。"

苏轼曰："若有始有卒，自可徐徐，十年之后，何事不立。"

【评析】

孔子在此教育子夏处理政务要目光远大，循序渐进，不能贪图眼前利益，急于求成。

公元前658年，晋国人以宝马、美玉献给虞公，要求借道讨伐虢国。宫之奇以唇亡齿寒的道理劝谏虞公不要答应晋国的要求，但虞公贪图宝马、美玉而不听劝谏。结果，晋国人灭虢国后在返回的途中便顺手灭了虞国。这是贪图小便宜而坏大事的典型。

我们在做事的时候，总是求快又求利，殊不知，最终往往不成功。所以，记住"欲速则不达"，凡事必须按照客观情况允许和事物的发展规律，绝不能求快；干大事不能被蝇头小利所诱惑，应把眼光放远，这样才能干大事、干成事。

13—18

【原文】

叶公语①孔子曰："吾党有直躬者②，其父攘羊③，而子证之。"孔子曰："吾党之直者异于是。父为子隐，子为父隐，直在其中矣。"

【注释】

①语：告诉。②直躬者：正直的人。③攘（ráng）羊：偷羊。

【译文】

叶公告诉孔子说："我们那里有个坦荡直率的人，他的父亲偷了羊，他便去告发了。"孔子说："我们这里人的正直与你说的这样的事不同。父亲为儿子遮掩承担责任，儿子为父亲隐讳，而正直就在这其中啊。"

【历代论引】

谢氏曰："顺理为直。父不为子隐，子不为父隐，于理顺邪？瞽瞍杀人，舜窃负而逃，遵海滨而处。当是时，爱亲之心胜，其于直不直，何暇计哉？"

朱子曰："父子相隐，天理人情之至。故不求为直，而直在其中。"

【评析】

孔子认为"父为子隐，子为父隐"就是具有了正直的品格。看来，他把正直的道德纳入"孝"与"慈"的范畴之中了，一切要服从"礼"的规定。这在今天当然是错误的，应该彻底批判和坚决摒弃的。

随着现在独生子女的增多，孩子在家长心目中的地位也越来越高，因此，就出现很多孩子犯了错误，家长知情不报，而且袒护、包庇孩子的行为，这是非常危险的，是不利于孩子成长的，所以，这种庇护孩子错误的做法应该坚决摈弃。

13-19

【原文】

樊迟问仁。子曰："居处恭，执事敬，与人忠。虽之夷狄，不可弃也。"

【译文】

樊迟问仁。孔子说："平常居家言行恭敬而端肃，为国家做事尽心负责任，与人交往忠厚诚恳。即使处于落后愚昧的夷狄之中，也不能放弃这些。"

【历代论引】

胡氏曰："樊迟问仁者三：此最先，'先难'次之，'爱人'其最后乎？"

程子曰："此是彻上彻下语。圣人初无二语也，充之则睟面盎背；推而达之，则笃恭而天下平矣。"

【评析】

这一章中，孔子对樊迟在日常生活中追求仁德提出了三点要求，即"恭""敬""忠"。如果我们每个人都能像孔子所希望的那样，不管处于什么样的环境中都不改变自己美好的素质，那我们的社会还能不美好吗？

13-20

【原文】

子贡问曰："何如斯可谓之士矣？"子曰："行己有耻，使于四方，不辱君命，可谓士矣。"曰："敢问其次。"曰："宗族称孝焉，乡党称弟焉。"曰："敢问其次。"曰："言必信，行必果，硁硁^①然小人哉！抑亦可以为次矣。"曰："今之从政者何如？"子曰："噫！斗筲之人^②，何足算也！"

【注释】

①硁硁：固执的样子。②斗筲（shāo）之人：筲，竹制容器，容量为二升。比喻气量狭小的人。

【译文】

子贡问："如何做才可以称之为士呢？"孔子说："对自己的行为能够以礼仪进行约束，出使于四方诸侯国家，不辜负国君的使命，就能够称得上是士了。"子贡问："请问比这较低一个层次的人是什么样的呢？"孔子说："在自己所处的家族中被人称赞孝敬父母，在乡邻中间人们称赞他尊敬兄长。"子贡又问："请问更低一个层次的呢？"孔子说："说话讲信用，做事果敢，虽然是浅陋的小人，也可称作次一等的人。"子贡说："那么，当今执政的人是什么样的人呢？"孔子说："嗨！才识短浅的人，算得什么！"

【历代论引】

程子曰："子贡之意，盖欲为皎皎之行，闻于人者。夫子告之，皆笃实自得之事。"

【评析】

孔子强调了个人的耻辱与国家的耻辱的关系，即"行己有耻，使于四方，不辱君命"，这种"士"才是国家依靠的力量。

这一点对我们也是非常重要的，不管我们身在何处，都应不辱自己和自己所代表的国家的尊严、责任和使命，以国家的利益为重，处处维护国家的利益。

13-21

【原文】

子曰："不得中行①而与之，必也狂狷乎！狂者进取，狷②者有所不为也。"

【注释】

①中行：行为符合中庸。②狷（juàn）：洁身自好。

【译文】

孔子说："找不到合乎中庸之道的人和他交朋友，那么也得找到那种性格进取与拘谨保守的人。志高狂放的人能够积极进取，保守拘谨的人能够固守信念，有所不为。"

【历代论引】

朱子曰："圣人本欲得中道之人而教之，然既不可得，而徒得谨厚之人，则未必能自振拔而有为也。故不若得此狂狷之人，犹可因其志节而激厉裁抑之，以进于道，非与其终于此而已也。"

《论语集解》引："狂者进取于善道，狷者守节无为。"

【评析】

孔子在此阐明了自己为传播圣贤之道而采取的一种权宜态度。中行之人，就是行中庸之道的人。所谓中庸，是指人的修养境界而言，喜怒不形于色，凡事能够保持中正，不偏不倚，无过无不及。对于任何人或事，都不表露感情，不讲任何带有倾向性的意见。孔子认为这种人太少，不易得到。所以，他看到了"狂"与"狷"的可取之处。这一章中所表达的一说，对于孔子来说应该是一种痛苦的选择，是一种无可奈何的哀叹。

13-22

【原文】

子曰："南人有言曰：'人而无恒①，不可以作巫医②。'善夫！""不恒其德，或承之羞。"③子曰："不占而已矣。"

【注释】

①无恒：古人认为没有恒心是不吉利的，因此不能充当治病的巫医。②巫医：用卜筮为人治病的人。③不恒其德，或承之羞：《周易·恒卦·九三爻卦》中的句子。

【译文】

孔子说："南方人有句谚语说：'人做事假如没有恒心，连巫医都做不了。'这话说得好啊！"《易经》说："不能够持之以恒地修养德行，就有可能承受羞辱。"

孔子说："这是告诉没有恒心的人不能够去占卜罢了。"

【历代论引】

杨氏曰："君子于《易》苟玩其占，则知无常之取羞矣。其为无常也，盖亦不占而已矣。"

【评析】

让我们先来看看一些名人的事例吧。

晋代著名书法家王献之写字，用尽18缸水，终于成为一代大师；

李时珍花了31年功夫，读了800多种书籍，写了上千万字笔记，游历了7个省，收集了成千上万个单方，为了了解一些草药的解毒效果，吞服了一些剧烈的毒物，最后写成了中国医药学的辉煌巨著——《本草纲目》；

马克思写《资本论》，呕心沥血，花了40年时间；

英国生物学家达尔文研究进化论，花了22年，写出了《物种起源》；

法国著名物理学家居里夫人，历经12年的实验，从几十吨的矿石中提取了几克的镭。

没错，他们的成功都不外"恒心"二字。恒心，即持之以恒，坚持不懈，勤学不怠，锲而不舍，有忍耐力，有不畏艰苦、不怕困难的精神。恒心的重要性，古往今来都是一样的。这一章孔子讲述了两层意思：一是人必须有恒心，这样才能成就事业；二是人必须持之以恒地保持自己的德行，否则就可能遭受羞辱。这是对他自己的要求，也为我们现代人指明了一条通向成功的道路，为我们实现自己的奋斗目标、人生价值提供了指导。

13-23

【原文】

子曰："君子和①而不同②，小人同而不和。"

【注释】

①和：不同的东西和谐地配合在一起为和。②同：相同的东西相加或与人相混同为同。

【译文】

君子是和谐而不是苟同。小人之间只是苟同而不是和谐。

【历代论引】

尹氏曰："君子尚义，故有不同。小人尚利，安得而和。"

【评析】

孔子在此明确地表示出君子与朋友相交时，其人际关系的特性。君子相交，道义相待，日久益敬。小人之间，利益相结，利尽则去，日久则怨愤相生。

君子忠厚诚实，不放弃原则，也不相忌恨。小人则阳奉阴违，以利益为最高准则，斤斤计较于蝇头之利而积怨难消，遗祸无穷。

然而君子与小人也不是绝对的，而是相对的。所谓"同阅一卷书，各自领其奥。同作一文题，各自善其妙"，讲的就是人各一面，从来就是参差不齐的。所以君子与小人不是天生的，也不是永恒不变的，是可以相互转化的。小人心有灵犀，能够在社会实践中悟出做人的道理，取人长，补己短，不断地改正自己的缺点，使自己不断地进步，小人就会成为君子。

13—24

【原文】

子贡问曰："乡人皆好之，何如？"子曰："未可也。""乡人皆恶之，何如？"子曰："未可也。不如乡人之善者好之，其不善者恶之。"

【译文】

子贡问："同乡的人们都称赞他，怎么样？"孔子说："还不行。"子贡又说："那么，同乡的人们都憎恶他，怎么样？"孔子说："还不行。这一切都不如他同乡中有德望的人们称赞他而有恶行的人憎恨他。"

【历代论引】

朱子曰："一乡之人，宜有公论矣，然其间亦各以类自为好恶也。故善者好之而恶者不恶，则必其有苟合之行，恶者恶之而善者不好，则必其无可好之实。"

【评析】

人心难测，正确评价一个人，其实并不容易。在这里孔子提出了一个识人的原则，即不以众人的好恶为依据，而应以善恶为标准。听取众人的意见是应当的，也是判断一个人优劣的依据之一，但绝不是唯一的依据。我们在评定一个人时，必须深入观察，真正看透一个人的内心，以防给自己造成不利和损失。

13—25

【原文】

子曰："君子易事而难说也。说之不以道，不说也。及其使人也，器①之。小人难事而易说也。说之虽不以道，说也。及其使人也，求备焉。"

【注释】

①器：量才而用。

【译文】

孔子说："君子相处做事容易，但是难以取得他的喜欢。用不合乎道义的行为取悦他，他是不会高兴的。他使用人的时候，总是量才而用。小人相处做事难，但是却容易讨得他的喜欢。虽然是以不合乎道德的行为讨好他，他却感到高兴。他在使用人的时候，总是求全责备。"

【历代论引】

朱子曰："君子之心公而恕，小人之心私而刻。天理人欲之间，每相反而已矣。"

【评析】

这是孔子从与人共事及任使上做说明。君子易于共事，不合道之事，他不喜欢。待他使用你时，却量你才器。小人难与他共事，只要讨他喜欢，即使合道，他也会喜欢，待他使用你时，却求全责备，凡他想要你做的，你都要做。

这些认识对我们现在仍然具有十分重要的现实意义。因为，在现实社会中，我们也能看到此类小人比比皆是。因此，真正的智者是因材施用，扬长避短，使人才各尽其用。

13—26

【原文】

子曰："君子泰①而不骄，小人骄而不泰。"

①泰：安静坦然。

【译文】

孔子说："君子安静坦然但不骄矜恣肆，小人骄矜恣肆但是不能安静坦然。"

【历代论引】

朱子曰："君子循理，故安舒而不矜肆。小人逞欲，故反是。"

【评析】

这是孔子从为人态度上做说明，君子顺天理而行，心地坦然，自觉无可骄，故常舒泰。小人矜己傲物，态度骄傲，心恒戚戚，故骄而不泰。

人应该泰然自若而不应该傲慢无礼。"欲加之罪，何患无辞"，一旦引起了别人的嫉恨，就会使他处处留意你的一言一行，鸡蛋里挑骨头，早晚会让他抓住把柄而进行攻击的。所以，一言一行都要谦虚谨慎，不可狂妄自傲。

13—27

【原文】

子曰："刚、毅①、木②、讷③、近仁。"

【注释】

①毅：果敢。②木：质朴。③讷：言语迟钝。

【译文】

孔子说："刚强、果决、质朴、谨言，有这四种品德的人近于仁人。"

【历代论引】

程子曰："木者，质朴。讷者，迟钝。四者质之近乎仁者也。"

杨氏曰："刚毅则不屈于物欲，木讷则不至于外驰，故近仁。"

何晏曰："刚，无欲。毅，果敢。木，质朴。讷，迟钝。有斯四者，近于仁。"

【评析】

这一章孔子提出了关于"仁德"的四条外在标准。在孔子看来，刚强、果决、质朴、谨言这四种品质是接近于"仁德"的要求的。

13—28

【原文】

子路问曰："何如斯可谓之士矣？"子曰："切切偲偲①，怡怡②如也，可谓士矣。朋友切切偲偲，兄弟怡怡。"

【注释】

①切切偲（sī）偲：切磋勉励。②怡怡：和气、顺从的样子。

【译文】

子路问："如何做可以称之为士呢？"孔子说："互相勉励，和睦相处，如此可以称为士啊。朋友之间互相勉励督促，兄弟之间和睦相处。"

【历代论引】

胡氏曰："切切，恳到也。偲偲，详勉也。怡怡，和悦也。皆子路所不足，故告之。又恐其混于所施，则兄弟有贼恩之祸，朋友有善柔之损，故又别而言之。"

这一章中，孔子告诫子路为人处世要有中庸平和的心态。

"和为贵"，这是古今中外成功者最推崇的处世哲学。《菜根谭》里这样写道："天地之气，暖则生，寒则杀。故性气清冷者，受享亦凉薄。惟和气热心之人，其福必厚，其泽亦长。"

要做到和气，其实就是要赢得好人缘，好人缘是事业成功的基石之一，特别是从政者、经商者和有一定交际活动的人，更应该在人缘上多下功夫。"人和为宝""和气生财"，讲的都是人缘的重要性。

13-29

【原文】

子曰："善人教民七年，亦可以即戎①矣。"

【注释】

①即戎：参军作战。

【译文】

孔子说："善人教导民众七年，人民就能够参军作战了。"

【历代论引】

程子曰："'七年'云者，圣人度其时可矣。如云'期月''三年''百年''一世''大国五年''小国七年'之类，皆当思其作为如何乃有益。"

坡公曰："夫民既富而教，然后可以即戎。"

【评析】

任何强大都是建立在经济实力之上的，拥有了强大的经济实力，就可以建立强大的国防。国富兵强就是这个道理。

　　经济建设是一切社会发展的基础，没有经济的发展，一切的蓝图都是空话。超级大国之所以到处伸手，就在于其拥有强大的经济实力和技术能力。贫穷，就只能被动挨打。这是被历史所再三证明的。所以，不论何种情况之下，都不能停滞经济建设，为国为家都应如此。

13-30

【原文】

　　子曰："以不教民①战，是谓弃之。"

【注释】

　　①不教民：没有经过教育训练的人民。

【译文】

　　孔子说："用没有经过训练的人进行战争，这是遗弃他的人民。"

【历代论引】

　　朱子曰："用不教之民以战，必有败亡之祸，是弃其民也。"

【评析】

　　这一章中，孔子警告那些不重视军队训练而又好战的人。

　　《孙子兵法》中提到：战争是国家的大事，它关系到军民的生死，国家的存亡，不可以不精心研究和慎重考虑。因此，必须认真对待此事，加强军事训练，学习兵法和军事科学技术。

宪问第十四

14-1

【原文】

宪①问耻。子曰："邦有道，谷②；邦无道，谷，耻也。"

【注释】

①宪：即原思。字子宪，又字子思。鲁国人。孔子弟子。清静守节，贫而乐道。孔子相鲁，曾为其邑宰。孔子卒后，他隐居卫国。②谷：俸禄。

【译文】

原宪问什么是耻辱。孔子说："国家政治清明时，做官得俸禄，国家动乱时，也攫取国家的薪俸，就是耻辱。"

【历代论引】

朱子曰："邦有道不能有为，邦无道不能独善，而但知食禄，皆可耻也。宪之狷介，其于'邦无道，谷'之可耻，固知之矣；至于'邦有道，谷'之可耻，则未必知也。故夫子因其问而并言之，以广其志，使知所以自勉而进于有为也。"

【评析】

我们要在这个世间立足，必须首先正确地认识自己，摆正自己在社会中的位置，坦然地面对世间所有的纷纷扰扰，守住自己的领地，最大限度地挥洒出自己的智慧，完成自己来到人世间的责任。当然，一个人怎么生活，别人无权干涉，但不劳而获永远会受到社会的唾弃。

一个有良知的人，始终不忘自己对社会、对生活的责任，不论是在安定的时代，还是在变乱期间，总是以天下为己任，以自己的力量做着力所能及的努力，耻于占着高位，拿着俸禄，庸碌度日，无所作为。

14-2

【原文】

"克、伐①、怨、欲不行焉，可以为仁矣？"子曰："可以为难矣，仁则吾不知也。"

【注释】

①伐：夸耀自己。

【译文】

原宪又问："好胜、自夸、怨恨、贪心的毛病不曾有过，可以说是仁德的人吧？"孔子说："这可以说是难能可贵的，但是，是否可以说是仁德的人我就不知道了。"

【历代论引】

程子曰："人而无克、伐、怨、欲，惟仁者能之。有之而能制其情，使不行，斯亦难能也，谓之仁则未也。此圣人开示之深，惜乎宪之不能再问也。"或曰："四者不行，固不得为仁矣。然亦岂非所谓克己之事，求仁之方乎？"曰："克去己私以复乎礼，则私欲不留，而天理之本然者得矣。若但制而不行，则是未有拔去病根之意，而容其潜藏隐伏于胸中也。岂克己求仁之谓哉？学者察于二者之间，则其所以求仁之功，益亲切而无渗漏矣。"

【评析】

在这个以利益为主要目的、追逐利益最大化的社会，能够守护自己的心灵，不怨天，不尤人，而且没有非分的欲望，没有过分的奢求，保持清心寡欲的处世心态，能克制自己的私念，谨守自己做人的原则，实在是难能可贵，值得人们敬重和尊崇。

只要我们认真地生活，何必孜孜以求所谓"仁"呢？何必在意虚无的，或者说根本就不存在的空泛的"仁"呢？实实在在地生活，尽力做到无愧于天地良心，这就行了。能够把人做清楚，就已经很难得，还要求什么呢？企求太高毫无意义。

14-3

【原文】

子曰："士而怀居，不足以为士矣。"

【译文】

孔子说："士如果留恋安逸的生活，就不足以称为士了。"

【评析】

这一章中，孔子劝勉士人努力前行，不要贪图安逸，为情欲所累。

人生在世，即使不能成就宏图伟业，也不能没有理想，同时，更要有一种决心为理想奋斗的精神。一个小富即安，沉溺于温柔乡而不思进取的人，无疑是一个没有前途的庸人。"人生在世，事业为重，一息尚存，绝不松劲。"只有把自己融进时代的潮流中去，用积极端正的态度，专心致力于事业，才能开创出属于自己的崭新天地。

14-4

【原文】

子曰："邦有道，危①言危行；邦无道，危行言孙②。"

【注释】

①危：直、正。②孙：通"逊"。

【译文】

孔子说："国家政治清明，语言正直，行为正派。国家政治昏庸，行为端正，说话谦虚。"

【历代论引】

尹氏曰："君子之持身不可变也，至于言则有时而不敢尽，以避祸也。然则为国者使士言孙，岂不殆哉？"

【评析】

这一章中，孔子规劝世人要注重为人处世的艺术。在孔子看来，不论国家有道无道，都要严格要求自己，行为要端正，但在言语上却要小言谨慎，尽可能避免那些无谓的牺牲。

这是一种有胆量的表现，一种自我保护的手段，一种讲求生存策略的智慧。对于我们在社会中立身行事，具有很强的指导意义。这种指导方法可以让人在不利的环境中既保持原则，又不受伤害；而在不利的环境中，能够主动充分发挥自己的优势和长处。

14-5

【原文】

子曰："有德者必有言①，有言者不必有德。仁者必有勇，勇者不必有仁。"

【注释】

①有言：善言，有价值的言论。

【译文】

孔子说："有德行的人必定有善言，而有善言的人却不一定有德行；仁德的人一定是一个勇敢的人，而勇敢的人不一定有仁德。"

【历代论引】

尹氏曰："有德者必有言，徒能言者未必有德也。仁者志必勇，徒能勇者未必有仁也。"

坡公曰："非有言也，德之发于口者也。"

【评析】

孔子认为仁和德是一切优秀言行的基础。有了仁和德，就必然表现在一定的言行上。偶尔表现出一些优秀的言行，并不能说明他的道德水平有多高。

立德、立功、立言为历代仁人志士所奋力追求的人生境界，而真正能够流芳百世的，只有德行与文章相得益彰者。不能很好地做人，而能有好的文字传世，从来也是没有的；不能很好地做人，而能建立大功业者，也从来就没有。

14-6

【原文】

南宫适问于孔子，曰："羿善射，奡①荡舟，俱不得其死然。禹②稷③躬稼，而有天下。"夫子不答。南宫适出，子曰："君子哉若人！尚德哉若人！"

【注释】

①奡（ào）：寒浞之子。相传为夏代的大力士。擅长水战，力能陆地行舟，可以把在江海里航行的船，一手抓起来在陆上拖着走。为少康所诛。②禹：即夏禹、大禹。姓姒，名文命。鲧之子。为夏后氏部落领袖。③稷：即唐尧的农师后稷，周朝的祖先。农耕文明的始祖。

【译文】

南宫适向孔子请教，说："羿擅长射箭，奡擅长水战，但都不能得到一个好的结局。夏禹和后稷亲自参加农事，却能够拥有天下。"孔子没有回答。南宫适出去后，孔子说："这个人是君子啊！这个人尊尚道德啊！"

【评析】

这一章是说孔子鄙视武力和权术，崇尚朴素和道德，主张统治者以德治天下，而不要以武力得天下，否则是没有好下场的。

孔子这个观点，对于现代生活同样具有指导意义。因为作为一种做人做事的手段，相对于技巧和力量，其实德行操行是具有重大的影响力的，同时也是最为长久永恒的。那种逞勇斗狠，其实是一种最没有"技术含量"的手段，成事不足而败事有余。

14-7

【原文】

子曰："君子而不仁者有矣夫，未有小人而仁者也。"

【译文】

孔子说："君子也可能做出不够仁义的事情来，但是从来就没有小人是有仁德的人啊。"

【历代论引】

谢氏曰："君子志于仁矣，然毫忽之间，心不在焉，则未免为不仁也。"

【评析】

这一章是讲孔子劝勉君子而指责小人。在孔子看来，人无完人，君子和仁者都是人生修养的最高层次，但君子也可能有过错；然而，小人和仁者就不是层次的问题，而是有质的不同。因为小人的道德水平决定了他们的行为方式，即使他们做出了所谓的仁德之事，那也是为了达到他们不可告人的目的。

14-8

【原文】

子曰："爱之，能勿劳乎？忠焉，能勿诲乎？"

【译文】

孔子说："爱他，怎么能不让他经受劳苦呢？忠于他，怎么能不给予他教诲呢？"

【历代论引】

苏氏曰："爱而勿劳，禽、犊之爱也。忠而勿诲，妇、寺之忠也。爱而知劳之，则其为爱也深矣。忠而知诲之，则其为忠也大矣。"

【评析】

爱自己的孩子，这是天下父母的天性。但是，爱之，必须立足于正确的原则。真正的爱，必劳其筋骨，在劳动中教会孩子学习人生。

人生的艰难困苦，其实是最好的老师。经过劳动的磨炼，可以培养其应对生活中各种变故的能力，有助于孩子的成长。正如巴尔扎克的名言："苦难对于天才是一块垫脚石，对能干的人是一笔财富，对弱者是一个万丈深渊。"人生离不开劳动，劳动给我们带来一切，劳动不仅能够给我们财富，还能够强健我们的体魄，坚定我们的精神。

14-9

【原文】

子曰："为命①，裨谌②草创之，世叔③讨论之，行人④子羽⑤修饰之，东里⑥子产润色之。"

【注释】

①命：国家的政令。②裨（bì）谌（chén）：郑国大夫。长于计划，对农村的事计划得当。《左传·襄公三十一年》："裨谌能谋，谋于野则获，谋于邑则否。"③世叔：游吉。《春秋传》作子太叔。④行人：执掌出使的官。⑤子羽：公孙挥的字，郑国大夫，经常出使四方，了解各诸侯国的情况。⑥东里：子产所居之地，在今郑州。

【译文】

孔子说："郑国制定外交辞令，先由裨谌起草，然后交由世叔组织讨论，提出意见，再由负责外交事务的子羽加以修改，最后经由东里的子产加以润色。"

【评析】

这一章中，孔子谈论了郑国起草法令的过程，赞扬郑国能吸收一些好的意见和建议，博采众长。在郑国，一项政令的制定与颁布实施，如此的慎重严谨，需要经过严密的制定程序，最后形成，充分体现了一个政治集团的集体智慧，至今仍然有着值得借鉴的现实意义。

14-10

【原文】

或问子产。子曰："惠人也。"问子西①。曰："彼哉②！彼哉！"问管仲。曰："人也。夺伯氏③骈邑④三百，饭疏食，没齿⑤无怨言。"

【注释】

①子西：楚国公子申。楚国之贤大夫。能逊楚国，立昭王，而改纪其政。然不能革其僭王之号。昭王欲用孔子，又阻止之。其后卒召白公以致祸乱。其为人由此可知。②彼哉：表示轻蔑的习惯用语。③伯氏：齐国的大夫。名偃。④骈邑：伯氏的采邑。⑤没齿：死。

【译文】

有人问子产是怎样的人。孔子说："是个宽厚仁慈的人。"问子西是怎样的人。孔子说："他，他啊！"问管仲是怎样的人。孔子说："是个人才！没收伯氏骈邑三百户，使其只有粗疏的饭食维持生计，伯氏却一辈子也没有怨言。"

【历代论引】

荀卿所谓"与之书社三百，而富人莫之敢拒"者，即此事也。或问"管仲、子产孰优？"曰："管仲之德，不胜其才。子产之才，不胜其德。然于圣人之学，则概乎其未有闻也。"

【评析】

子产、子西、管仲都是功业德行卓著的贤哲，在当时的国际事务中具有举足轻重的影响力，当然也各有其不足和瑕疵，而正因为如此，对他们的评价，各有不同，也由此看出圣贤的胸襟，圣贤言辞的谨慎得体。

14—11

【原文】

子曰："贫而无怨难，富而无骄易。"

【译文】

孔子说："贫穷而不怨恨，是难得的，富裕而不骄横，则是容易的。"

【历代论引】

朱子曰："处贫难，处富易，人之常情。然人当勉其难，而不可忽其易也。"

【评析】

这一章是讲孔子谈论人的处世心态，鼓励人们要善于在逆境中生存。

能够正确地认识自己，在自己的位置上认真做事，诚实做人，不以贫富为界，不以穷达为意，能够"安贫乐道"，不怨天，不尤人，恬然自处，十分不容易。

14-12

【原文】

子曰："孟公绰①为赵、魏老则优，不可以为滕②、薛③大夫。"

【注释】

①孟公绰：鲁国大夫。清心寡欲，清高、廉洁。②滕：当时的小国，故称在今山东滕县西南。③薛：当时的小国，故称在今山东滕县西南。

【译文】

孔子说："孟公绰做赵、魏的家臣，是绰然有余的。但是不足以胜任像滕、薛等这样一些小国的大夫的职责。"

【历代论引】

杨氏曰："知之弗豫，枉其才而用之，则为弃人矣。此君子所以患不知人也。言此，则孔子之用人可知矣。"

【评析】

《尚书》说："知人则哲，惟帝其难之。"干部班子的配备，实为重中之重。而任德任能，必得根据其所治事务予以妥善权衡。择其适宜者而任之。尤其必须健全监督机制，从而从制度上保证既有利于事业的发展，又确保人才的健康成长。其实，中国不是缺少天才，而是缺少发现，尤其缺少的是使天才得以成长和发展的环境。

14-13

【原文】

子路问成人。子曰："若臧武仲①之知，公绰之不欲②，卞庄子③之勇，冉求之艺，文之以礼乐，亦可以为成人矣。"曰："今之成人者何必然？见利思义，见危授命，久要④不忘平生之言，亦可以为成人矣。"

【注释】

①臧武仲：名纥。鲁国大夫。官司寇。智慧高深，知识渊博，在当时的贵族中有"圣人"之称。②不欲：不贪心。③卞庄子：鲁国卞邑的大夫，以勇敢著称。有勇略、有决心、有决断、有敢于牺牲的大勇；卞庄刺虎，是中国历史上有名的故事。④要：困顿。

【译文】

子路问怎样才能够做一个完美的人。孔子说："像具有臧武仲那样的智慧，赵公绰那样的淡泊，卞庄子的勇气，冉求的才艺，再用礼乐来制约，就可以称作一个完人了。"又说："现在的完人何必这样呢？能够做到以道义为重，遇到危险勇于献身，经过长久的穷困日子而不忘记平日的诺言，也就可以说是完人了。"

【历代论引】

胡氏曰："'今之成人'以下，乃子路之言。盖不复'闻斯行之'之勇，而有'终身诵之'之固矣。"

朱子曰："兼此四子之长，则知足以穷理，廉足以养心，勇足以力行，艺足以泛应。而又节之以礼，和之以乐，使德成于内而文见乎外，则材全德备，浑然不见一善成名之迹；中正和乐，粹然无复偏倚驳杂之蔽，而其为人也亦成矣。"

【评析】

这一章中，孔子论述了怎样的人才算是一个完人。在孔子看来，所谓"成人"亦即完人，应该是具有多方面实际才能而又能在礼乐修养上自由运用的从政者。

虽然，生活中完美的人没有，我们也不可能成为完美的人，但如果我们能向这个标准看齐，努力使自己具备一些完美的品质，我们也会逐渐向完美靠近。

14—14

【原文】

子问公叔文子①于公明贾②，曰："信乎夫子不言、不笑、不取乎？"公明贾对曰："以告者过也。夫子时然后言，人不厌其言；乐然后笑，人不厌其笑；义然后取，人不厌其取。"子曰："其然？岂其然乎？"

【注释】

①公叔文子：即卫国大夫公孙拔。谥号"文子"。卫国的名人，在社会上很有声望，政治上很有影响力。②公明贾：姓公明，名贾。卫国人。

【译文】

孔子向公明贾问公叔文子的为人，说："确实是这样的吗？老人家不说话、不笑、不索取吗？"公明贾回答说："这是告诉你的人说话过头了。他这个人总是到应该说话的时候才说话，因此别人不厌恶他的话。发乎内心的高兴然后喜笑颜开，别人也就不讨厌他的笑容。所取必然合乎道义才拿取，别人自然就不嫉恨他拿取了。"孔子说："是这样吗？难道真是这样吗？"

【历代论引】

朱子曰："厌者，苦其多而恶之之辞。事适其可，则人不厌，而不觉其有是矣，是以称之或过，而以为不言、不笑、不取也。然此言也，非礼义充溢于中、得时措之宜者不能。文子虽贤，疑未及此。但君子与人为善，不欲正言其非也，故曰：'其然，岂其然乎？'"

【评析】

对任何人都不要有成见，认识评定一个人，不能只看表面，人的许多外在表现都是装出来的，尤其是当处于复杂的环境中时，人心更是难测。所以，对于一个人的评价，不仅要考察他的言行，还要深入其内心，洞察其动机。

14-15

【原文】

子曰："臧武仲以防①求为后于鲁，虽曰不要②君，吾不信也。"

【注释】

①防：臧武仲的采邑。②要：要挟。

【译文】

孔子说："臧武仲以防这块封地为交换条件，请求鲁君封立他的后人为自己的继承人。虽然他嘴上说不是要挟国君，我才不相信呢。"

【历代论引】

朱子曰："武仲得罪奔邾，自邾如防，使请立后而避邑。以示若不得请，则将据邑以叛，是要君也。"

范氏曰："要君者无上，罪之大者也。武仲之邑，受之于君。得罪出奔，则立后在君，非己所得专也。而据邑以请，由其好知而不好学也。"

杨氏曰："武仲卑辞请后，其迹非要君者，而意实要之。夫子之言，亦《春秋》诛意之法也。"

公元前550年，臧文仲因得罪了孟孙氏，受到孟孙氏的排挤而出走。后又回到鲁国的防地，向鲁君提出要求，以臧氏的后人来继承他的卿位为条件，自己才离开防地。

白居易有诗："周公恐惧流言日，王莽谦恭下士时。若是当时身便死，一生真伪有谁知？"所以，孔子这种就事论事，对人对事都能有一个客观评价的态度，是值得我们每一个人学习的。

14—16

【原文】

子曰："晋文公①谲②而不正，齐桓公③正而不谲。"

【注释】

①晋文公：名重耳，前636年至前628年在位。晋献公之子。其母狐姬。春秋五霸之一。②谲（jué）：言行多变化，诈伪。③齐桓公：名小白。春秋五霸之首，终其身为盟主。

【译文】

孔子说："晋文公诡诈而不正直；齐桓公正直而不诡诈。"

【历代论引】

朱子曰："二公（指晋文公、齐桓公）皆诸侯盟主，攘夷狄以尊周室者也。虽其以力假仁，心皆不正，然桓公伐楚，仗义执言，不由诡道，犹为彼善于此。文公则伐卫以致楚，而阴谋以取胜，其谲甚矣。"

【评析】

孔子对晋文公和齐桓公有不同的评价。春秋时期，齐桓公、晋文公，相继创立霸业，领导诸侯，尊王攘夷，但就某些事情而言，他们有谲正之分。晋文公称霸后召见周天子，这对孔子来说是不能接受的，所以他说晋文公诡诈。齐桓公打着"尊王"的旗号称霸，孔子认为他的行为是符合礼的规定的。孔子主张"礼乐征伐自天子出"，所以，他对晋文公和齐桓公这两位著名政治家做出了截然相反的评价。

14–17

【原文】

> 子路曰："桓公杀公子纠①，召忽②死之，管仲不死。"曰："未仁乎？"子曰："桓公九合诸侯，不以兵车，管仲之力也。如其仁，如其仁。"

【注释】

①公子纠：姜姓。齐桓公之兄，齐襄公之弟。因内讧而出奔鲁国，后回国争位，被杀。②召忽：春秋时齐国人，曾辅佐公子纠出奔鲁国，子纠死，召忽自杀以殉义。

【译文】

子路说："齐桓公杀了公子纠，召忽殉难而死，管仲却不能追随赴死。"说："这是不仁义的吧？"孔子说："齐桓公号令诸侯，却不是经过战争，这就是他的仁德，这就是他的仁德！"

【评析】

子路为人，注重道义，他认为，桓公杀公子纠，召忽为之而死，可谓杀身成仁，管仲不为公子纠自杀，当不能与召忽相比，因问孔子说："未仁乎？"

孔子答复，齐桓公为诸侯盟主，九合诸侯，不用武力，故称"衣裳之会"，天下由此而安，这都是得力于管仲。因此，"如其仁，如其仁"，管仲亦如召忽之仁。

公子纠被杀了，召忽自杀以殉其主，管仲却没有死。不仅如此，他还说服其主的政敌，担任宰相，为齐国人民建了大功，立了大业。

赴死者以殉义，存活者以任重，各为其所，共同为了国家的兴盛，这就是中国古文化的民族精神，也就是中华文明历数千年而不衰的内在品质。

14—18

【原文】

> 子贡曰："管仲非仁者与？桓公杀公子纠，不能死，又相之。"子曰："管仲相桓公，霸诸侯，一匡①天下，民到于今受其赐。微②管仲，吾其被发左衽矣。岂若匹夫匹妇之为谅③也，自经④于沟渎而莫之知也。"

【注释】

①匡：正。②微：没有。③谅：信，这里指小信。④自经：上吊自杀。

【译文】

子贡说："管仲不能算作是有仁义的人吧？桓公诛杀公子纠，管仲不仅不能够殉死取义，而且又辅佐齐桓公。"孔子说："管仲辅佐齐桓公，称霸诸侯，使天下安定下来，百姓至今还受到他的恩惠。如果没有管仲，我们恐怕早就披散头发，衣襟向左开，沦为落后民族了。所以，怎么能像普通的平民那样以拘泥于小节小信，在山沟中自杀而没有人知道他呢？"

【历代论引】

程子曰："桓公，兄也。子纠，弟也。仲私于所事，辅之以争国，非义也。桓公杀之虽过，而纠之死实当。仲始与之同谋，遂与之同死，可也；知辅之争为不义，将自免以图后功，亦可也。故圣人不责其死而称其功。若使桓弟而纠兄，管仲所辅者正，桓夺其国而杀之，则管仲之与桓，不可同世之仇也；若计其后功而与其事桓，圣人之言，无乃害义之甚，启万世反复不忠之乱乎？

如唐之王珪、魏徵，不死建成之难，而从太宗，可谓害于义矣；后虽有功，何足赎哉？"

朱子曰："管仲有功而无罪，故圣人独称其功；王、魏先有罪而后有功，则不以相掩可也。"

【评析】

管仲的大功，一则使桓公能够维持天下安定的局面，一则维护了以人伦为核心的中华文化，不使沦为非礼非义的夷狄，天下后世人民皆受其赐，这是孔子以大公立论，并着眼于天下人民所受之惠，为子贡解释疑问，实为后儒论人论事的准据。

在孔子看来，对现实生活中的人及行为的评说，不能走所谓"忠臣不事二君，烈女不事二夫"的极端，而要看对当时天下百姓的利益和生活有无帮助。正是基于这样的认识，孔子肯定了管仲有仁德。

14-19

【原文】

公叔文子之臣大夫僎①与文子同升诸公。子闻之，曰："可以为文矣。"

【注释】

①大夫僎（xún）：卫国大夫。原为公叔文子的家臣。经由公叔文子的提拔推荐，从平民而提升保荐到大夫的地位。

【译文】

公叔文子的家臣大夫僎，文子举荐他升任大夫，共同为公朝之臣。孔子听到这件事后说："公叔文子是可以称为'文'的呀。"

【历代论引】

洪氏曰："家臣之贱而引之使与己并，有三善焉：知人，一也；忘己，二也；事君，三也。"

【评析】

对于举荐贤才，我国历史上有许多的佳话流传，这只是其一。能够举贤，说明举贤者本人就是贤能大德之人。因此孔子以进贤为德，说："齐有鲍叔，郑有子皮。"唐朝魏玄同也说："然而人有异能，才有大小。且惟贤知贤，圣人笃论。伊、皋既举，不仁咸远。"

14-20

【原文】

子言卫灵公①之无道也，康子曰："夫如是，奚而不丧？"孔子曰："仲叔圉②治宾客，祝鮀治宗庙，王孙贾治军旅。夫如是，奚其丧？"

【注释】

①卫灵公：卫献公之孙，名元。政治昏乱，夫人南子曾经操权。②仲叔圉（yǔ）：即孔文子。

【译文】

孔子说卫灵公是无道之君，季康子说："既然是这样，为什么没有失去君位呢？"孔子说："有仲叔圉办理外交，祝鮀治理内务，王孙贾统率军队。既然如此，又怎么能够丧失君位呢？"

【历代论引】

尹氏曰："卫灵公之无道，宜丧也；而能用此三人，犹足以保其国。而况有道之君，能用天下之贤才者乎？《诗》曰：'无竞维人，四方其训之。'"

【评析】

此章论知人善任的重要性，也有启示康子之意。在孔子看来，一个国家其国君的作用虽然是举足轻重的，但在一定时期内，大批的贤才能臣也是可以支撑这个国家的运转的。在这里，孔子是强调举贤任能的重要性和正确性。无论历史还是现实都雄辩地昭示：真正的人才是国家治乱的根本。

14-21

【原文】

子曰："其言之不怍①，则为之也难。"

【注释】

①怍（zuò）：惭愧。

【译文】

孔子说："说大话而不惭愧，让他做起来就觉得很难了。"

【历代论引】

朱子曰："大言不惭，则无必为之志，而不自度其能否矣。欲践其言，岂不难哉？"

【评析】

在言、行的关系上，孔子的原则历来是少言多行，先言后行。一个人在做事之前，首先要掂量一下自己的德才实学，然后再考察一下外部的环境，最后再确定自己的对策，这样才能做到言行一致，才不至于失信于人。

【原文】

陈成子^①弑简公^②。孔子沐浴而朝，告于哀公曰："陈恒弑其君，请讨之。"公曰："告夫三子^③！"孔子曰："以吾从大夫之后，不敢不告也。君曰'告夫三子'者？"之三子告，不可。孔子曰："以吾从大夫之后，不敢不告也。"

【注释】

①陈成子：即陈常。名恒。齐国大夫。②简公：名壬。齐国国君。③三子：即当时鲁国的当权者孟孙、叔孙、季孙。

【译文】

陈成子弑杀齐简公。孔子斋戒沐浴而后朝见鲁哀公，向鲁哀公禀告说："陈恒弑杀他的国君，请发兵征讨他。"鲁哀公说："告诉三家大夫！"孔子自语说："因为我跟随在大夫的后面，不能不告诉他们呀。但是，鲁君却说出'告诉三家大夫'这样的话？"孔子去向三家大夫转达鲁君的话，他们不同意出兵讨伐。孔子说："由于我只是列于大夫的位置之后，不敢不报告呀。"

【历代论引】

程子曰："左氏记孔子之言曰：'陈恒弑其君，民之不予者半。以鲁之众，加齐之半，可克也。'此非孔子之言。诚若此言，是以力不以义也。若孔子之志，必将正名其罪，上告天子，下告方伯，而率与国以讨之。至于所以胜齐者，孔子之余事也，岂计鲁人之众寡哉？当是时，天下之乱极矣，因是足以正之，周室其复兴乎？鲁之君臣，终不从之，可胜惜哉！"

胡氏曰："《春秋》之法：弑君之贼，人得而讨之。仲尼此举，先发后闻可也。"

【评析】

　　陈氏在齐国是有势力的，齐景公之后齐简公继位，但陈氏察觉齐简公不符合自己的要求，于是在公元前481年，谋杀了齐简公。此时，虽然孔子闲居在家，但他仍以国事为重，郑重其事地把此事告诉了鲁哀公，请求发兵征讨陈氏。尽管孔子知道这样做是"知其不可为而为之"，但他的这种抗争精神也是难能可贵的。

14-23

【原文】

　　子路问事君。子曰："勿欺也，而犯①之。"

【注释】

　　①犯：犯颜谏诤。

【译文】

　　子路问如何敬事君主。孔子说："不能存心欺骗，但可以犯颜谏劝。"

【历代论引】

　　范氏曰："犯非子路之所难也，而以不欺为难。故夫子教以先勿欺而后犯也。"

【评析】

　　这一章中，孔子教子路侍奉君主的方法。侍奉君主不能言过其实，以虚掩实，更不能阳奉阴违，背离臣道，要做到实事求是，以实相告，忠实守信，言之规劝，甚至犯颜直谏，守正不惧，这才是为臣应该做的。如果我们的为臣者都能做到这样，而为官者都能接受，那国家还能不繁荣吗？

【原文】

子曰："君子上达，小人下达。"

【译文】

孔子说："君子追求德义，小人追逐财利。"

【历代论引】

朱子曰："君子循天理，故日进乎高明。小人殉人欲，故日究乎污下。"

【评析】

君子重其德，小人重其利。君子好德之心与小人贪利之心，其实是一样的。但是，君子与小人的区别也正在于此。同样度过一天，自强不息者，珍惜每一点滴的时间，默默地潜心于自己的事业。而大多数人却沉湎于眼前小利的攫取中。

"天行健，君子以自强不息。"生命在创造中展现其精彩，生命在创造中升华其价值，生命在创造中成就其辉煌。

14-25

【原文】

子曰："古之学者为己①，今之学者为人②。"

【注释】

①为己：为了端正和充实自己。②为人：向别人炫耀。

【译文】

孔子说："古代人学习的目的是提高自己的学问、修养自己的道德，现在的人学习的目的只是向别人炫耀。"

【历代论引】

程子曰："为己，欲得之于己也。为人，欲见知于人也。"又曰："古之学者为己，其终至于成物。今之学者为人，其终至于丧己。"

朱子曰："圣贤论学者用心得失之际，其说多矣，然未有如此言之切而要者。于此明辨而日省之，则庶乎其不昧于所从矣。"

【评析】

学习，只有学习，才是推动人类社会进步的内在动力。也只有通过学习，才能够充实提高自己。

不论其学习的初衷如何，学习是首要的，尤其重要的是提高自己学问道德的修养水平。名利之心，任何人都有，也是任何人都想要得到而终生孜孜以求的。不可否认，只要这种名利心是正当的，是合乎道义，是有助于社会进步的，都应予支持，应予倡导。因为名利之心也是推进人类进步的原动力之一。宋代大儒张载说："为天地立心，为生民立命；为往圣继绝学，为万世开太平。"这应当成为中国知识分子共同的目标。为国家、为社会、为整个人类文化，求名、求利、求取大学问。

14-26

【原文】

蘧伯玉①使人于孔子。孔子与之坐而问焉，曰："夫子何为？"对曰："夫子欲寡其过而未能也。"使者出。子曰："使乎！使乎！"

【注释】

①蘧（qú）伯玉：名瑗（yuàn）。卫国大夫，孔子对他评价很高。

【译文】

蘧伯玉派人来看望孔子。孔子请他坐下，说："老人家在做什么？"使者回答说："夫子想减少自己的过错，但却不能够做到。"使者离去后，孔子说："好使者啊！好使者啊！"

【历代论引】

朱子曰："言其但欲寡过而犹未能，则其省身克己，常若不及之意可见矣。使者之言愈自卑约，而其主之贤益彰，亦可谓深知君子之心而善于辞令者矣。故夫子再言'使乎'，以重美之。按庄周称'伯玉行年五十而知四十九年之非'，又曰：'伯玉行年六十而六十化'。盖其进德之功，老而不倦。是以践履笃实，光辉宣着。不惟使者知之，而夫子亦信之也。"

【评析】

这一章孔子称赞使者的机敏、睿智、有礼、幽默和不辱使命。在这里，孔子表达了"人无完人"的思想。应该说，孔子也不是泛泛地反对人有口才，而是反对口出狂言，反对言之无物。孔子认为，即使是真正美好的东西也是需要用恰当的语言来表达的，而这种恰当的表达才可以真正称得上有口才。

14—27

【原文】

子曰："不在其位，不谋其政。"曾子曰："君子思不出其位。"

【译文】

孔子说："不在那个职位，就不考虑它的政务。"曾子说："君子所谋划的事情决不超越他的职责。"

【历代论引】

范氏曰："物各止其所，而天下之理得矣。故君子所思不出其位，而君臣、上下、大小皆得其职也。"

【评析】

这一章中，孔子和曾子都强调要恪守职责。

一个有修养的人，只是尽力做好自己职责以内的工作，不过多地考虑是否有利可图有名可得，只求把工作做好，把事情办妥。对自己职责内的事，不论困难大小，不推不拖，勇于负责。对自己职责以外的事情，不论利益大小，不争不抢。

14-28

【原文】

子曰："君子耻其言而过其行。"

【译文】

孔子说："君子耻于言而无行、言过其实。"

【评析】

冰心说："言论的花儿，开得愈大，行为的果子，结得愈小。"

在社会生活中，总有一些说得多做得少的人，他们夸夸其谈、口若悬河，滔滔不绝，说尽了大话，但到头来，一件实事也没有做，给集体和他人造成极大的不良影响。

其实，不论做人还是处世，要言而有信。能够做到，则说；做不到，就不要说。做出的承诺，就要兑现。不说空话、大话、无意义的废话；不许空愿，不开空头支票。

14-29

【原文】

子曰："君子道者三，我无能焉：仁者不忧，知者不惑，勇者不惧。"子贡曰："夫子自道也。"

【译文】

孔子说："君子的道德修养有三个方面，但是我却没有能够做到：仁德的人没有忧患，智慧的人没有迷惑，勇敢的人无所畏惧。"子贡说："这是老师在说自己呢。"

【历代论引】

尹氏曰："成德以仁为先，进学以知为先。"

【评析】

这一章论述孔子在仁、智、勇三个方面严格要求自己。仁者乐天知命，所以能够无忧无虑；智者明于事理，所以能够不迷不惑；勇者一往无前，所以能够无所畏惧。这三种德行具有普遍性和继承性，是儒家人生哲学中最重要的内涵之一，也是儒家思想学说悠长绵久的缘由所在。

14-30

【原文】

子贡方①人。子曰："赐也贤乎哉？夫我则不暇。"

【注释】

①方：通"谤"，公开指责别人的过失。

【译文】

子贡对别人评头论足。孔子说："赐啊，你就比别人好吗？我却没有闲暇去做这样的事。"

【历代论引】

谢氏曰："圣人责人，辞不迫切而意已独至如此。"

朱子曰："比方人物而较其短长，虽亦穷理之事，然专务为此，则心驰于外，而所以自治者疏矣。故褒之而疑其辞，复自贬以深抑之。"

【评析】

这一章讲了孔子批评子贡在背后论人长短的缺点。人总是看别人的错误比较清楚。如果看出别人的错误，从而引起自己的警觉，也是一件有益的事。但是，我们也要注意，不要整天只评论别人的错误，而对自己的错误视而不见。所以，当你想指责别人时，还是先自问一声：我做得如何？我的德行达到了何种程度？我有无资格去要求别人？别人的行为别人自会负责，自己的德行必须要靠自己长期的修养，重要的是自己先做楷模。

14-31

【原文】

子曰："不患人之不己知，患其不能也。"

【译文】

孔子说："不必要忧虑别人不了解自己，而应当忧虑自己没有能力啊。"

【评析】

"不己知"就是"不知己"，不愁他人不知道自己。"患其不能也"，皇本此句是"患己无能也"，只怕自己无能力。

学无止境，患己无能，则必发愤研究学问，修养道德。至于自己的学问道德是否为人所知，那就不用计较了。这是孔子教给学者非常重要的观念。每个人都渴望得到别人的认可，自己的价值被别人所重视，自己的才能得到别人的赏识。但是，孔子再三劝告我们，要充实自己，对己从严，认真修道立德，完善自我，加强自身的修养和锻炼，积极地对待人生，这样，还怕没人知道自己吗？

就算别人不了解我，我还是我，于我自己并没有什么损失。所以，"人不知而不愠"，不知道的事情不值得忧虑，更没有必要怨天尤人。

14—32

【原文】

子曰："不逆①诈，不亿②不信。抑亦先觉者，是贤乎！"

【注释】

①逆：迎、预先猜测。②亿：臆测。

【译文】

孔子说："不预先怀疑别人的欺诈，不臆测揣度别人的不诚实。然而也能够预先有所察觉的人，这就是圣贤啊！"

【历代论引】

杨氏曰："君子一于诚而已，然未有诚而不明者。故虽不逆诈、不亿不信，而常先觉也。若夫不逆不亿而卒为小人所罔焉，斯亦不足观也已。"

【评析】

本章大意是说，不可以预料他人会来诈欺，不可以揣测他人不能守信。反过来说，以预料揣测而得事先发觉他人的诈欺或不信者，这岂能算是贤者。

因为这样或恐有时反而冤枉人。孔子认为，作为一个贤人，应该具备不怀疑别人欺诈，不主观臆断别人不诚实的气度和明智。

孔子只是不主张由逆亿而得的先觉，并非反对不由逆亿的先觉。怎样才是不由逆亿的先觉呢，中庸说："至诚之道，可以前知。"以至诚心待人，可以先觉。这一观点对于我们今天也有指导意义。我们做人要宽厚仁慈，崇人之德，耻己不修，以善待人。

14—33

【原文】

微生亩①谓孔子曰："丘何为是栖栖②者与？无乃为佞乎？"孔子曰："非敢为佞也，疾固③也。"

【注释】

①微生亩：孔子家乡中的年长者，所以直呼孔子之名。②栖：忙碌不安、不安定。此处用来形容孔子周游列国席不暇暖的意思。③疾固：疾，忧患。固：固执。

【译文】

微生亩对孔子说："孔丘你何必如此忙碌奔波？不是为了卖弄口才吧？"孔子说："不敢卖弄口才，只是担忧人们顽固不化。"

【历代论引】

朱子曰："圣人之于达尊，礼恭而言直如此，其警之亦深矣。"

【评析】

孔子周游列国，目的是在实行圣人之道。微生亩问孔子，为何如此到处奔波，莫非是要施展佞才，讨好各国君主。孔子告诉微生亩，他不敢以佞口悦人，而是疾固。在这里，孔子面对与自己不同道的微生亩，采取谦退，解嘲的办法来应对。

因此，当我们遇到与我们志不同，道也不同的人，也不妨学学孔子的做法，这样自己不仅不会失去什么，反而会显得大度。

14-34

【原文】

子曰："骥^①不称其力，称其德^②也。"

【注释】

①骥：千里马。古代称善跑的马为骥。②德：指训练有素，驾驭时能配合人意。

【译文】

孔子说："好马不是以其力量被人所称道的，而是因为它的美德啊。"

【历代论引】

尹氏曰："骥虽有力，其称在德。人有才而无德，则亦奚足尚哉？"

【评析】

骥是千里马，一日能行千里。孔子认为，骥之所以被人称之为骥，不是称赞其有日行千里的能力，而是称赞其具有优越的品德。这一章是孔子用比喻的方法，说明君子重德不重才干能力。品德的好坏直接影响一个人的发展。离开了良好的品德，人就像失去了稳固的根基，无法进行事业的开展，也无法立足于社会。

14-35

【原文】

或曰："以德报怨，何如？"子曰："何以报德？以直报怨，以德报德。"

【译文】

有人问孔子说："用恩惠来报答仇恨，怎么样？"孔子说："那么用什么报答恩惠呢？以公平正直来对待仇怨，用恩惠来报答恩惠。"

【历代论引】

朱子曰："或人之言，可谓厚矣。然以圣人之言观之，则见其出于有意之私，而怨德之报皆不得其平也。必如夫子之言，然后二者之报各得其所。然怨有不仇，而德无不报，则又未尝不厚也。此章之言，明白简约，而其指意曲折反复，如造化之简易易知，而微妙无穷。"

【评析】

这一章中，孔子谈论了报恩、报怨的方法。老子《道德经》第63章中就有"报怨以德"的说法，对于这种思想，孔子认为是行不通的。如果真的实行了，会使"怨者"觉得怨可得利，会继续"怨"下去，直至毒化社会风气。所以孔子主张"以直报怨，以德报德"。直是正直，既不以德报怨，也不以怨报怨。例如，你是法官，审判一个犯人，他正是你的所怨者，而你以正直的心来量刑，既不特别减轻，也不特别加重，这就是以直报怨，可以算是恕道，而对于以德报德来说，自然得其平衡。这一原则对于今天我们处理恩怨问题，仍有重要的借鉴意义。

14-36

【原文】

子曰："莫我知也夫！"子贡曰："何为其莫知子也？"子曰："不怨天，不尤①人。下学而上达②。知我者其天乎！"

【注释】

①尤：责怪、怨恨。②上达：上通于天，了解天命。

【译文】

孔子说："没有人了解我啊！"子贡说："为什么说没有人了解先生呢？"孔子说："不怨恨命运，不责怪别人。下学人事，上知天命。了解我的大概只有天吧！"

【历代论引】

程子曰："不怨天，不尤人，在理当如此。"又曰："下学上达，意在言表。"又曰："学者须守下学上达之语，乃学之要。盖凡下学人事，便是上达天理。然习而不察，则亦不能以上达矣。"

朱子曰："不得于天而不怨天，不合于人而不尤人，但知下学而自然上达。此但自言其反己自修，循序渐进耳，无以甚异于人而致其知也。然深味其语意，则见其中自有人不及知而天独知之之妙。"

【评析】

"知我者其天乎？"坡公说："此乃《易》所谓'知命'也。命者，非独贵贱死生尔。万物之废兴，皆命也。"孟子说："君子行法以俟命而已矣。"

命运是一手既定的牌，不论你所持有的牌型如何、点数大小，都有一种契机蕴含在里面，关键看你如何使用，次序如何确定，牌路如何建立。因此，怨天尤人毫无意义，关键在于自己的努力。

14-37

【原文】

公伯寮①愬②子路于季孙。子服景伯③以告，曰："夫子固有惑志于公伯寮，吾力犹能肆诸市朝④。"子曰："道之将行也与，命也；道之将废也与，命也。公伯寮其如命何！"

【注释】

①公伯寮（liáo）：姓公伯，名寮，字子周，鲁国人。是当时鲁国政治上、社会上有地位的人。②愬：通"诉"，告发、诽谤。③子服景伯：姓子服，名何。字伯，谥号景。即鲁国大夫子服何，孔子学生。④肆诸市朝：古代处死罪人后陈尸示众。

【译文】

公伯寮在季孙面前毁谤子路。子服景伯将这件事告诉孔子，说："季孙已经被公伯寮迷惑了，我的力量同样能够让他陈尸街市。"孔子说："我所传播的'道'如果能够推行，那是上天的旨意啊。如果我所传授的'道'不能在世间施行，那也是天意啊。公伯寮又能将上天的旨意怎样呢？！"

【历代论引】

朱子曰："言此以晓景伯，安子路，而警伯寮耳。圣人于利害之际，则不待决于命而后泰然也。"

谢氏曰："虽寮之愬行，亦命也。其实寮无如之何。"

【评析】

孔子认为，圣道能否行得通，全在于天命，人力是无法阻挡的。

人一生不论做什么，成就大小，那种冥冥中的注定是不可改变的，是挣不脱的。对于我们可以控制的，理应全力以赴；对于我们不能控制的，我们也应有坦然接受的胸怀和气度，积极争取。

14-38

【原文】

子曰："贤者辟①世，其次辟地，其次辟色，其次辟言。"

子曰："作②者七人矣。"

【注释】

①辟：通"避"，逃避。②作：为。

【译文】

孔子说："大贤隐避乱世，其次则离开战乱的国家，再次则避免不好的脸色，最低的也避免不好的言论。"

孔子又说："如此做的有七个人了。"

【评析】

贤者次于圣人，贤人在乱世，不做官，不要名，言语行为一切谨慎，避免灾难，这就是贤者避世。《皇疏》引《坤文言》："天地闭，贤人隐。""天地闭"，就是天下大乱的时代，贤人无处可避，只好在人群中藏身逃名。次一等的人，不避世，但不居乱邦，能够择地而处，这叫作"辟地"。再次一等者，不知"辟地"。但能观察君主的颜色，而决定去就。例如醴酒不设，即知礼数已疏，态度已变。必须决定辞去。这叫作"辟色"。再次一等者，能以"辟言"。听到君主不善的言辞，即决定辞去。这一章是孔子悲叹世风日下，贤德的人纷纷逃世隐退。人不能总是处于一帆风顺的环境中，所以，孔子告诉我们，身居逆境时，要根据不同的环境，采取各种相应的回避策略。

14-39

【原文】

子路宿于石门①。晨门②曰："奚自？"子路曰："自孔氏。"曰："是知其不可而为之者与？"

【注释】

①石门：鲁城外门。②晨门：早上看守城门的人。

【译文】

子路在石门过夜，看门的人问他说："你从什么地方来？"子路说："师从孔夫子。"看门人说："是明知道其事不可以做而仍然做的那个人吗？"

【历代论引】

胡氏曰："晨门知世之不可而不为，故以是讥孔子。然不知圣人之视天下，无不可为之时也。"

【评析】

从孔子的"知其不可为而为之"，我们可以看出孔子的入世哲学和孜孜不倦的执着进取精神。

这种精神对于现代人来说，也是非常可贵的。许多事情都是经过艰苦努力和奋斗而得来的，所以，一个人只有对某种事物孜孜不倦地追求，坚定不移地努力进取，才能有所成就。

14—40

【原文】

子击磬①于卫。有荷蒉②而过孔氏之门者曰："有心哉！击磬乎！"既而曰："鄙哉，硁硁乎！莫己知也，斯己而已矣。深则厉，浅则揭③。"子曰："果哉！末④之难矣。"

【注释】

①磬：石制打击乐器，形状像曲尺。②荷蒉（kuì）：荷，肩扛。蒉，草编的筐。肩背着草筐。③深则厉，浅则揭：《诗经·邶（bèi）风·匏（páo）有苦叶》中的句子。厉，连衣涉水。揭，提起衣裳。④末：无。

【译文】

孔子在卫国击磬自乐。一位担着草筐的人途经孔子居住的门前，说：

"有深意啊，这击磬声！"过了一会儿又说："真鄙陋啊，这硁硁声！没有人了解自己，就专守己志算了。《诗经》中说水深则和衣泅涉，水浅则徒步而过。"孔子说："好坚决啊！没有什么可以说服他。"

【历代论引】

朱子曰："圣人心同天地，视天下犹一家，中国犹一人，不能一日忘也。故闻荷蒉之言，而叹其果于忘世，且言人之出处若但如此，则亦无所难矣。"

【评析】

这一章是说，乡间的隐士讽刺孔子，孔子则表示自己不忍弃世的心情。

荷蒉者说击磬者是有心人，磬是石制的乐器，蒉是草编的盛物之器。音乐表现心声，孔子击磬，当然有心思。但荷蒉的人口气一转，又说："鄙哉，硁硁乎，莫己知也。斯己而已矣。深则厉，浅则揭。"硁是磬的古字。硁硁是磬的声音，荷蒉者从这声音里想象击磬者是个坚强固执的人，所以说："鄙哉，硁硁乎。"

"莫己知也"，据刘氏正义，是说没有人知道孔子。"斯己而已矣"，是说孔子但当为自己，不必为人，即孟子所说的独善其身的意思。但"莫己知也"是从上句"鄙哉，硁硁乎"而来，荷蒉者的意思，是说击磬者把磬敲击得硁硁而不自知。下句"斯己而已矣"，是说击磬者只知自己而已，言外之意，不知时代环境。

"深则厉，浅则揭。"这是荷蒉者引自《毛诗·邶风·匏有苦叶》篇的诗句。这两句诗大意是说，涉浅水，可以提起衣服，免湿。涉深水，例如水深至膝以上，提起衣服还是免不了湿，干脆不揭衣，就任衣服垂下。水有深浅之异，涉水的方法不同，以喻有心人不必固执，天下无道，就应该归隐。

荷蒉者也是自隐姓名之士，孔子听见他的话，便说："果哉，末之难矣。""果哉"应该是就前文"硁硁乎"而言，意思是说，如果人人都这样，把磬击得硁硁乎，只为自己，不为他人，那就不难了。孔子是知其不可而为之的圣人，天下无道，仍不做隐士。

孔子面对现实，既不能因为不满现实而放弃自己的道德主张，也不能向别人宣扬自己的思想原则，更不能自己也因不满现实而归隐田园山林。但是面对隐士们，他又无法也不能否定他们的做法，于是，只能说是这么个道理，但做起来太难。

14—41

【原文】

> 子张曰："《书》云：'高宗①谅阴②，三年不言。'何谓也？"子曰："何必高宗？古之人皆然。君薨③，百官总己以听于冢宰④三年。"

【注释】

①高宗：商王武丁。高宗得傅说而殷复兴，是殷商时代贤明的皇帝。②谅阴：古时天子守丧之称。③薨：古时诸侯国君之死叫薨。④冢宰：统理政务、总御群官的最高长官。

【译文】

子张说："《尚书》记载：'殷高宗守孝，三年不言语。'是什么意思呢？"孔子说："何止是殷高宗一人？古人都是这样做的。国君弃世，所有的官员都全面负责自己的职务，听命于宰相三年。"

【历代论引】

刑昺云："言君既薨，新君即位，使百官各总己职以听于冢宰三年，丧毕，然后王自听政。"

胡氏曰："位有贵贱，而生于父母无以异者。故三年之丧，自天子达于庶人。子张非疑此也，殆以为人君三年不言，则臣下无所禀令，祸乱或由以起也。孔子告以听于冢宰，则祸乱非所忧矣。"

【评析】

这一章中，孔子解说论述了古代君主的孝礼。子女为父母守丧三年，这是在提倡孝道。但作为子女，能够在父母有生之年，在物质和精神上对父母尽孝才是可贵和重要的，才是真正地尽孝。如果只是在父母死后为父母守丧三年就算是在尽孝，这种思想和做法是我们所鄙夷的。

14—42

【原文】

> 子曰："上好礼，则民易使也。"

【译文】

孔子说："高居在执政地位的人崇尚礼仪，则老百姓容易治理。"

【历代论引】

谢氏曰："礼达而分定，故民易使。"

【评析】

这一章中，孔子论述了君主的表率作用。

《孟子·离娄上》说"民之归仁也，如水之就下。"也就是说上级要想与下级搞好关系，就必须重视礼仪。因为只有上级重视礼仪，才能够礼贤下士，平等待人，百姓才会拥戴，乐于履行自己的义务。如果上级自己都不能够重视礼仪，遵从礼法，那下面的人又怎么会服从你呢？

14—43

【原文】

> 子路问君子。子曰："修己以敬①。"曰："如斯而已乎？"曰："修己以安人。"曰："如斯而已乎？"曰："修己以安百姓。修己以安百姓，尧、舜犹病诸！"

【注释】

①敬：严肃谨慎。

【译文】

子路问怎样才合乎君子的标准。孔子说："提高自己的修养，对人敬重。"子路说："如此就可以了吧？"孔子说："提高自己的修养，安抚别人。"子路说："如此就可以了吧？"孔子说："提高自己的修养，安抚百姓。这一点，恐怕唐尧、虞舜尚且不能完全做到！"

【历代论引】

朱子曰："夫子之言至矣尽矣，而子路少之。故再以其充积之盛、自然及物者告之，无他道也。'人'者，对'己'而言。'百姓'，则尽乎人矣。'尧、舜犹病'，言不可以有加于此，以抑子路，使反求诸己也。盖圣人之心无穷，世虽极治，然岂能必知四海之内果无一物不得其所哉？故尧、舜犹以安百姓为病，若曰'吾治已足'，则非所以为圣人矣。"

程子曰："君子修己以安百姓，笃恭而天下平。惟上下一于恭敬，则天地自位，万物自育，气无不和，而四灵毕至矣。此体信达顺之道，聪明睿知皆由是出，以此事天飨帝。"

【评析】

孔子的政治理想就是使民众皆安。此处说明，安百姓，尧舜犹难，即是告诉子路，安民的工作没有止境，但其基本功夫则是修己以敬。孔子认为，作为君子之人，应当终身修养自己的品德，并用以造福百姓。

修养自己是君子立身处世和管理政事的关键所在，只有这样，才可以使上层人物和老百姓都得到安乐。其实，真正有修养的人，不只为自己而活，也为周围的人，甚至是为全天下的人而活，这样的人才是值得我们敬佩的。

14—44

【原文】

原壤①夷俟②。子曰："幼而不孙弟，长而无述③焉，老而不死，是为贼！"以杖叩其胫。

【注释】

①原壤：孔子之故人。母死而歌，盖老氏之流，自放于礼法之外者。根据《孔子家语》的记载，是孔子的老朋友。②夷俟：夷，一种不礼帽的坐姿，臀部坐在地上，腿和脚伸出来在身前，并张开两膝。俟，等待。③无述：没有什么可称道的。

【译文】

原壤很随意地蹲踞着接待孔子。孔子说："年幼的时候不友爱兄弟姐妹，长大以后又没有做出什么值得人们称道的事迹，现在老来而又不得好死，实在是一个害人贼啊！"说完，用手杖敲他的小腿。

【评析】

大凡成就非凡业绩的人，都具有非常优秀的个人品德。在人类的历史中，很少有奸猾邪恶之徒成就什么令人惊叹的伟业。因为成就事业必须具备两种基本的素质：聪慧与美好的心灵。而心灵远比智力更重要。美好的心灵造就高尚的品质，也从而使他的聪明灵秀得以超常地发挥。否则，一切都是不足称道的，不论他具有多么令人惊叹的天赋。

古语说："无财非贫，无学乃为贫；无位非贱，无耻乃为贱；无寿非夭，无述乃为夭；无子非孤，无德乃为孤。"人生活在现实社会中，重要的是能够充分地利用一切因素成就事业。关键在于自己，在于自己不懈的努力。不必牢骚满腹，其实这世界并不亏欠谁什么，一切都是取决于自己的意识。只有经过艰难困苦，才有可能造就有所称道的人生。只要是认真地"完成他生来应当做的工作，并从其中感受到快乐和满足，感到一种衷心的欢乐"，那么他的人生就是值得尊敬的。

14—45

【原文】

阙党①童子将命②。或问之曰："益者与？"子曰："吾见其居于位③也，见其与先生④并行也。非求益者也，欲速成者也。"

【注释】

①阙党：即阙里，孔子家住的地方。②将命：传达君主的辞命。③居于位：童子与长者同坐。④先生：年长者。

【译文】

孔子的住地阙里的一个童子出入传达宾主的谈话。有人问孔子说："是个求学上进的人吗？"孔子说："我看见他坐在成人的位置上，又看见他与先生并列而行，他不是一个追求进步的人，而是一个贪图速成的人。"

【历代论引】

礼：童子当隅坐，随行。孔子言：吾见此童子不循此礼，非能求益，但欲速成尔。故使之给使令之役，观长少之序，习揖逊之容，盖所以抑而教之，非宠而异之也。

【评析】

这一章是讲孔子责备阙里的一个童子不懂礼貌。

现在有些年轻人为了尽快出人头地，不是去认真学习努力提高自己的真才实学，而是去拉关系走后门，这种急于求成的做法是不对的。因为这看似是一条成功的捷径，实际上却因此失去了很多机会，还会受到世人的鄙夷。因此，作为年轻人，要把立足点放在自己能力范围之内，依靠自己的真才实学去争取自己所要的东西，这样才是最可靠、最实际的做法。

卫灵公第十五

15-1

【原文】

卫灵公问陈①于孔子。孔子对曰："俎豆②之事，则尝闻之矣；军旅之事，未之学也。"明日遂行。

【注释】

①陈：通"阵"，军队作战时，布列的阵势。②俎（zǔ）豆：俎和豆都是古代的礼器，这里用以代表礼仪。

【译文】

卫灵公向孔子询问有关作战阵法的问题。孔子回答说："礼仪祭祀等事务，我还知道一些；军旅战阵的事，我从来没有学过啊。"第二天就离开了卫国。

【历代论引】

尹氏曰："卫灵公，无道之君也，复有志于战伐之事。故答以未学而去之。"

【评析】

这一章是讲孔子表明对卫灵公不施仁政、只讲霸道的不满。孔子主张以礼治国，反对用战争的方式解决国与国之间的争端，孔子到卫国，希望能够行道。卫灵公待孔子也很友善。可惜灵公只知讲求用兵，而不及其他。因此，灵公问陈，孔子便对以未学军旅之事，而且明日遂行。足见圣人不合则去，十分明快。这也体现了孔子"道不同不相为谋"的观点。

15-2

【原文】

> 　　在陈绝粮，从者病，莫能兴①。子路愠见，曰："君子亦有穷乎？"子曰："君子固穷②，小人穷斯滥③矣。"

【注释】

　　①兴：这里指行走。②固穷：安于贫困。③滥：胡作非为。

【译文】

　　孔子在陈国断绝了粮食，跟随的人饥饿疲病，卧床不起。子路气呼呼地来见孔子，说："君子也有不得志而走投无路的时候吗？"孔子说："君子穷途末路，仍然固守着道德原则；而小人穷愁困顿之时，便无所不为了。"

【历代论引】

　　程子曰："固穷者，固守其穷。"
　　何氏曰："滥，溢也。言君子固有穷时，不若小人穷则放溢为非。"

【评析】

　　这一章说明孔子能随遇而安，且安贫乐道。君子固穷，是一种难得的操守，是传统文化理想人格的内核之一。有了这种操守，一个人可以安于贫困，也一样可以安于富贵。面对穷困潦倒的局面，君子与小人就有了显而易见的不同。也就是说，人能不能处变不惊，居穷不滥是君子和小人的分水岭。

15-3

【原文】

子曰："赐也，女以予为多学而识之者与？"对曰："然。非与？"曰："非也。予一以贯之。"

【译文】

孔子说："端木赐，你认为我是博学而又能记得住的人吗？"子贡回答说："是。难道不是这样吗？"孔子说："并非如此。我用一个中心把它们贯穿起来。"

【历代论引】

谢氏曰："圣人之道大矣，人不能遍观而尽识，宜其以为多学而识之也。然圣人岂务博者哉？如天之于众形，匪物物刻而雕之也。故曰：'予一以贯之。''德辖如毛，毛犹有伦。上天之载，无声无臭。至矣！'"

朱子按："夫子之于子贡，屡有以发之，而他人不与焉。则颜、曾以下诸子所学之浅深，又可见矣。"又曰："子贡之学，多而能识矣。夫子欲其知所本也，故问以发之。"

【评析】

这一章孔子表明自己不仅是一个广见博识的学者，而且还是一个身体力行的实践家。

在《里仁》篇，孔子曾告诉曾子："吾道一以贯之。"此处告诉子贡："予一以贯之。"都是提示修道的方法。修道必须默而识之，就是明记不忘之意，但不能多学而识，要将所学的都默而识之，谁也办不到，如能默识一条，即能成功。这一条，就是曾子所说的"忠恕"之道。"忠"是诚诚恳恳地尽自我的本分，"恕"是原谅一切人。忠恕出于人的本心，对待一切人都是忠恕的，便是有道之人，也就能如孔子所说的志于道。

为政贵在坚持始终。做人也在于谨守初衷。大凡人生只要能够成就一番事业，就已经足够。重要的是要有"一以贯之"的坚守精神，平庸与伟大的分水岭并非别的，就在于"一以贯之"地坚持。

15-4

【原文】

> 子曰："由！知德者鲜矣。"

【译文】

孔子说："仲由！能够理解仁德的人很少啊。"

【评析】

孔子感叹当时社会有仁德的人太少，勉励子路努力上进，做有德之人。有仁德的人会自觉约束自己的行为，处处为别人考虑，没有仁德的人是非不明，黑白不分，在利益面前你争我夺。当今社会，有仁德的人又有多少呢？

15-5

【原文】

> 子曰："无为而治①者其舜也与？夫何为哉？恭己正南面而已矣。"

【注释】

①无为而治：国君无所烦劳就能够使天下大治。

【译文】

孔子说："能够无所作为而使天下得到治理的人，大概只有舜吧？他干了什么呢？他只是庄严端正地坐在自己的位置上罢了。"

朱子曰："无为而治者，圣人德盛而民化，不待其有所作为也。独称舜者，绍尧之后，而又得人以任众职，故尤不见其有为之迹也。"

【评析】

这一章中，孔子追忆了舜帝的圣德和他实行无为而治而出现的太平盛世。

无为而治的意思，是说舜自己不做什么事，而能平治天下。究其原因，当如何晏解说："任官得其人。"据《尚书·舜典》记载，舜命禹做司空，平水土，命弃为后稷，播种百谷，命契做司徒，办教育，命皋陶做士，掌法律，命益做虞官，管山泽鸟兽。这些都足以说明他能知人善任，所以能无为而治。

政治的最高理想，就是顺其自然，自然而然地达到治化大同的境界。不论在何种位置，也不论权力大小，如果真心诚意为群众谋利益，不扰民生，不敛民财，教化推行，人民自会感谢，政事自然清明，百姓自然安居而乐业。"无为而治"对于我们现在的管理者来说，也具有借鉴意义。

15-6

【原文】

子张问行①。子曰："言忠信，行笃敬，虽蛮貊②之邦，行矣。言不忠信，行不笃敬，虽州里，行乎哉？立则见其参③于前也，在舆④则见其倚于衡⑤也，夫然后行。"子张书诸绅⑥。

【注释】

①行：行得通。②蛮貊（mò）：古人对少数民族的贬称，蛮在南，貊在北。③参：并立。④舆：车厢。⑤衡：车辕前面的横木。⑥绅：束在腰间的大带。

【译文】

子张问怎样做才行得通。孔子说："说话忠厚诚信，行为质朴恭敬，即使是在蒙昧不开化的蛮貊地区，也能行得通；如果说话不忠诚老实，行为不忠厚严肃，即使在本乡本土，能行得通吗？站立则如同看见'忠信笃敬'几个字耸峙在眼前，坐在车上时也好像看见'忠信笃敬'几个字就悬挂在车前的横木上。能够做到这样，就可以行得通了。"子张便将这句警言书写在衣服的绅带上。

【历代论引】

程子曰："学要鞭辟近里，着己而已。博学而笃志，切问而近思；言忠信，行笃敬；立则见其参于前，在舆则见其倚于衡：只此是学。质美者明得尽，渣滓便浑化，却与天地同体。其次惟庄敬以持养之，及其至则一也。"

朱子曰："其于忠信、笃敬念念不忘，随其所在，常若有见，虽欲顷刻离之而不可得；然后一言一行，自然不离于忠信、笃敬，而蛮貊可行也。"

【评析】

孔子认为，要使自己的道理主张得到别人的支持和理解，首先自己要诚心诚意。

社会是人与人的集合体，在这个大集体中，谁说话诚实、讲信用，行为敦厚尊敬，谁就处处受到欢迎；谁说话不诚实，又不讲信用，行为也不敦厚，谁就处处招人厌恶。你愿意做哪一种人，相信答案是不言而喻的。

15-7

【原文】

子曰："直哉史鱼①！邦有道，如矢②；邦无道，如矢。君子哉蘧伯玉！邦有道，则仕；邦无道，则可卷而怀之③。"

【注释】

①史鱼：名鱼酋。卫国大夫。字子鱼。卫灵公不用贤臣蘧伯玉而宠信佞臣弥子瑕，史鱼酋数谏，灵公不听。鱼酋将死，命其子曰："吾生不能正君，死无以成礼，置尸牖下。"灵公往吊，见而怪之。其子以告。灵公惊曰："寡人之过也。"于

是进蘧伯玉而退子瑕。孔子闻，曰："直哉史鱼！既死，犹以尸谏。"事见《孔子家语·困誓篇》。②矢：箭。③卷而怀之：这里指隐居民间不做官。

【译文】

孔子说："正直啊史鱼！国家政治清明，像箭一样直；国家政治昏暗，也像箭一样直。君子啊蘧伯玉！国家政治清明，则出任政事；国家政治昏庸，就收束志向退隐深居。"

【历代论引】

杨氏曰："史鱼之直，未尽君子之道。若蘧伯玉，然后可免于乱世。若史鱼之如矢，则虽欲卷而怀之，有不可得也。"

【评析】

这一章中，孔子赞扬了卫国的史鱼和蘧伯玉两位贤大夫。

古代的读书人大体都讲究出处进退。所谓出进，就是指出任官职；处退，指退隐潜居。他们对自己政治道路抉择的前提就是国家政治是否"有道"。如果国家政治局面清正安定，就出来参与治理国家；如果国家政治腐败糜烂、政局动荡，就隐居远遁，明哲保身。因为当社会现实不允许他们实现其政治抱负时，既不愿同流合污，但又明知回天无力，那么何必要去白白送死呢？现在，这种进退方式已经成为一些自诩请告知追捧的信条。

15—8

【原文】

子曰："可与言而不与之言，失人；不可与言而与之言，失言。知者不失人，亦不失言。"

【译文】

孔子说："可以同他谈话的人，却不互相交谈，这是错失了人。不可以同他谈话的人，却和他谈了不该谈的话，这是言语有失。智慧的人可以做到既不错失人，也不使言语有失。"

【评析】

这一章是讲孔子教导人们说话要看对象，要理性明智。

知者，就是智者。失人，失言，都是不智。智者有知人之明，既不失人，也不失言。

说话要注意对象，也就是当你在和对方交谈时，尽量使用对方认同的语言，谈论对方熟悉和关心的话题，并且也要视当下的具体情况灵活应变，以便在迎合对方心理的同时，也赢得对方的好感；唯有赢得对方的好感时，你才有可能得到你想获得的东西，而这也是成就大事的一种技巧。

15-9

【原文】

子曰："志士仁人，无求生以害仁，有杀身以成①仁。"

【注释】

①成：成全。

【译文】

孔子说："有志向有仁德的人，不会为了自己的生存而损害仁义，只会选择牺牲自己成全仁义。"

【历代论引】

朱子曰："（志士仁人）理当死而求生，则于其心有不安矣，是害其心之德也。当死而死，则心安而德全矣。"

程子曰："实理得之于心自别。实理者，实见得是，实见得非也。古人有捐躯殒命者，若不实见得，恶能如此？须是实见得生不重于义、生不安于死也，故有杀身以成仁者，只是成就一个'是'而已。"

【评析】

这一章是讲孔子谈论志士仁人的美德以及献身精神。智士，亦即志士，是有智慧之士。仁人，是有仁德之人。智士、仁人，不会因为求生而损害仁，只会牺牲生命而成全仁。

生命虽然可贵，但智士仁人认为仁更可贵，所以不害仁，但成仁。"杀身成仁"就是要人们在生死关头宁可舍弃自己的生命也要保全"仁"。自古以来，它激励着多少仁人志士为国家和民族的生死存亡而抛头颅、洒热血，谱写了一首首可歌可泣的壮丽诗篇。当然，孔子也并不是主张成仁者一定要杀身，而是认为像管仲那样，既能成仁又能以保全性命为佳。

15—10

【原文】

子贡问为仁，子曰："工欲善其事，必先利其器。居是邦也，事其大夫之贤者，友其士之仁者。"

【译文】

子贡问怎样实行仁德。孔子说："工匠要想做好他的工作，一定要先整理好他的工具。居住在这个国家，就要侍奉大夫中贤德的人，与那些有仁德的人交朋友。"

【历代论引】

程子曰："子贡问'为仁'，非问'仁'也，故孔子告之以为仁之资而已。"

朱子曰："贤以事言，仁以德言。夫子尝谓子贡悦不若己者，故以是告之，欲其有所严惮切磋以成其德也。"

【评析】

孔子先做了个比喻，工匠想做好工作，必先使其工具锋利，然后为子贡说为仁之道，居在这国家里，要侍奉这国家的贤大夫，要结交有仁德的士人。事贤大夫，可以随之学习，友其仁士，则有所切磋。这一章是孔子用比喻的方法说明，要学会用有德的人来帮助自己培养仁德。

"工欲善其事，必先利其器"是人们熟知的名言。一个做工的人要把工作完成好，必须先把工具准备好。同样，要想行仁，也要借助锐利的工具，否则，必然出现"手长衣袖短"，想得到做不到的窘况。而且人以类聚、物以群分。人与人之间相互感染、相互影响、相互促进，多交接那些贤人，你便会从中受到熏陶和教育，潜移默化地使自己向着贤人的方向发展。

15-11

【原文】

颜渊问为邦。子曰："行夏之时①，乘殷之辂②，服周之冕，乐则《韶》舞③。放郑声④，远佞人。郑声淫，佞人殆。"

【注释】

①夏之时：夏代的历法，即现在的农历。②辂：天子所乘的车。③《韶》舞：舜时的音乐，孔子认为是尽善尽美的。④郑声：郑国的乐曲。

【译文】

颜渊问治理国家的方法。孔子说："实行夏代的历法，乘坐殷朝的木辂车，戴周朝的礼帽，欣赏舜时的《韶》乐。摒弃郑国的乐曲，疏远谄媚的小人。郑国的音乐淫奢过度，奸邪谄媚的小人很阴险。"

【历代论引】

张子曰："礼乐，治之法也。放郑声，远佞人，法外意也。一日不谨，则法坏矣。虞夏君臣更相饬戒，意盖如此。"又曰："法立而能守，则德可久，业可大。郑声、佞人，能使人丧其所守，故放远之。"

尹氏曰："此所谓百王不易之大法。孔子之作《春秋》，盖此意也。孔、颜虽不得行之于时，然其为治之法，可得而见矣。"

【评析】

孔子主张国家要用夏、商、周三朝的道德进行教化。治国的事情千头万绪，孔子告诉颜渊以上几点，博采历代的长处，确定时令、车制、服制，选最好的音乐，以及禁用郑声佞人，自能树立宏规，治国平天下的章法可以概见。

一个时代的文化精华，代表和反映的就是这个时代的政治精神。任何时代、任何社会，其文化的发展无不体现国民心态对政治现状的映射，是当时社会时尚、社会心态、社会思想潮流的记载。因而，文化对社会发展的影响是深刻而又深远的。我们总是对意识领域的思想性创见表现出过分的敏感而又警惕，但是，对于伪文化甚至反文化潮流的侵蚀与祸心，却疏于防范。因此必须重视文化建设，使我们的思想纯正，守护我们的心灵不被污染。

15-12

【原文】

子曰："人无远虑，必有近忧。"

【译文】

孔子说："一个人如果没有长远的打算，就会有即将到来的忧患。"

【历代论引】

苏氏曰："人之所履者，容足之外，皆为无用之地，而不可废也。故虑不在千里之外，则患在几席之下矣。"

【评析】

孔子提醒人们，要随时预防祸患，居安思危，要从长计议。

在现实生活中，努力培养自己的忧患意识，提高自己对事物发展的把握能力，是很有必要的。因为生活每天都在进行，我们身处的环境也在发生着日新月异的变化，没有人知道自己将来要发生什么事情，如果不为自己的未来有一个长远的打算，没有人会提醒你。因此，我们应该积极地面对这种变化，开拓思路，避开隐藏于暗中的危机，以获得更大成功。

15—13

【原文】

子曰："已矣乎！吾未见好德如好色者也。"

【译文】

孔子说："罢了罢了！我从来也没有见到过热爱仁德像喜爱美色一样的人啊。"

【评析】

孔子感叹世人追求美德的心志不坚定。此章与第九篇第十七章内容相同，只是多了"已矣乎！"三个复合感叹词。好色的人，自身尚不能治，何能齐家治国，所以孔子不止一次感叹。重申此句，只是为了表示现在爱好美德的人，已经凤毛麟角了。

【原文】

子曰："臧文仲其窃位①者与？知柳下惠②之贤而不与立也。"

【注释】

①窃位：身居高位而不称职。②柳下惠：字季，又字禽。春秋时鲁国大夫，曾为士师官。食邑柳下，谥曰惠。相传他为士师，三黜而不去，屈身为仕。

【译文】

孔子说："臧文仲是一个窃居高位的人吧？他了解柳下惠的贤能，却不举荐，使其不能为国家出力。"

【历代论引】

范氏曰："臧文仲为政于鲁，若不知贤，是不明也；知而不举，是蔽贤也。不明之罪小，蔽贤之罪大。故孔子以为不仁，又以为窃位。"

【评析】

孔子批评臧文仲不愿意举贤荐能，堵塞人才晋升的途径。孔子认为，上级的重要职责之一就是要提拔下属，要像公叔文子那样有举才之德，如果做不到这一点，就证明你把官位视为私有，如同窃取官位。孔子的话对当今社会仍有现实意义。

15-15

【原文】

子曰："躬①自厚②而薄责③于人，则远怨矣。"

【注释】

①躬：自身、自己。②自厚：严格要求自己，多做自我批评。③薄责：少挑剔责备别人。

【译文】

孔子说："对自己要求严格而宽松地要求别人，则怨愤自然减少了。"

【历代论引】

朱子曰："责己厚，故身益修；责人薄，故人易从。所以人不得而怨之。"

【评析】

孔子教育人们要严于律己，宽以待人。

人与人相处难免会有各种矛盾和纠纷。所以，为人处世要宽容一点，多替别人考虑，从别人的角度看待问题。这是保持良好和谐的人际关系所不可缺少的原则，也是为人处世的大智慧。尤其是做领导的，如果能宽容下属的一些小错误，下属往往会更加努力，做得更好。

当然，要做到这一点是非常难的。能够"躬自厚"的人是很少的，往往倒是"厚"责于人的多；把一切功劳归于自己，一切错误推给别人，这又怎么能和别人交往呢？

正是针对这种情况，孔子才语重心长地教诲我们，要多批评自己，少责怪别人，这样才能让别人喜欢，才能很好地和别人交往。

15-16

【原文】

子曰："不曰'如之何①，如之何'者，吾未如之何也已矣。"

【注释】

①如之何：怎么办。

【译文】

孔子说："不念叨'为什么，为什么'的人，我不知道该怎么办了。"

【历代论引】

朱子曰："'如之何，如之何'者，熟思而审处之辞也。不如是而妄行，虽圣人亦无如之何矣。"

【评析】

孔子教育人们遇事要多加思考，要有上进心。

人的一生会遇到很多必须自己独立面对的问题，所以遇到问题的时候主动去思考怎么办，是值得提倡的积极的人生态度。任何时候，都不能人云亦云，要用自己的头脑去思索，用自己的思想去甄别，要有研究精神，凡事多问几个"为什么"，只有在对于这一个个的"为什么"，"如之何"的求解考证过程中，我们对客观世界的认识才能逐步深入，也同时对我们自身获得更多的了解，从而更为真切地感知生命的要义。人类就是在不断地求知中前进的。学问也就是在"为什么"的不断追问中逐步深入的。

15—17

【原文】

子曰："群居终日，言不及义，好行小慧①，难矣哉！"

【注释】

①好行小慧：爱耍小聪明。

【译文】

孔子说："整天聚集在一起，不说一句涉及公理、大义的话，只喜欢卖弄小聪明，这种人是难成大器的。"

【评析】

孔子反对结交不懂礼义的人。在这里，我们还看到，孔子极其反对小聪明，认为那是小人之举，是品行不端，难以救药。

聪明是一笔财富，关键在于怎么使用。真正聪明又有智慧的人会使用自己的聪明和智慧，那是因为他们深藏不露，不到火候时不会轻易使用，一定要貌似平常，让他人不眼红。一味地耍小聪明，不管必要或不必要，不管合适不合适，时时处处显露精明，不仅无益于成功，还往往招来祸根。

有大智若愚，同样也有大愚若智，区别在于是否有自知之明。

《老子》中云："不自见，故明；不自是，故障；不自伐，故有功；不自矜，故长。"这段话的意思是：一个人不自我表现，反而显得与众不同；不自以为是，反而会超出众人；不自夸成功，反而会进步。又云："企者不立，跨者不行；自见者不明，自是者不彰，自伐者无功，自夸者不长。"这是说：那些盲目自傲，不宽容，耍小聪明，固执己见，自以为是，好大喜功的人在任何一方面都是很难成功的。

15–18

【原文】

子曰："君子义以为质，礼以行之，孙以出之，信以成之。君子哉！"

【译文】

孔子说："君子以道义为做人的根本，以礼仪通行于世间，以谦逊的语言表达，以诚实的态度实践。这就是君子的作风啊。"

【历代论引】

程子曰："义以为质，如质干然；礼行此，孙出此，信成此。此四句只是一事，以义为本。"又曰："'敬以直内'则'义以方外'。'义以为质'，则'礼以行之，孙以出之，信以成之'。"

朱子曰："义者制事之本，故以为质干；而行之必有节文，出之必以退逊，成之必在诚实：乃君子之道也。"

【评析】

孔子教育人们做人的道理。在孔子看来，义是内在的美德，是做人的根本。礼义和谦逊是外在要求，须落实到具体言行中。君子以义为其行事之实质，表达于外的行为是礼，有高度文化修养。态度自然表现谦逊，对人对事，处处有信，言而有信，自信信人。只有如此做人行事，才是真正的君子。因此，如果你也想成为真正的君子，不妨按照这些准则行事。

15—19

【原文】

子曰："君子病①无能焉，不病人之不己知也。"

【注释】

①病：忧虑。

【译文】

孔子说："君子担忧自己的能力有限，不责怨别人不理解自己。"

【评析】

君子只愁自己无能，不愁他人不知道自己。"能"，是办事的能力，君子办事，为公而不为私。这一章是孔子强调君子治学是为了提高自己的才干，不是为了让人家知道自己。一个真正有本事的人，在等待中养精蓄锐，不断丰富自己的能力，那么，总有一天，会有发现自己的伯乐，会有机遇将临。

15—20

【原文】

子曰："君子疾没世①而名不称②焉。"

【注释】

①没世：去世。②名不称：名声不被世人称道。

【译文】

孔子说："君子所遗憾的是一生直到死的时候还没有什么能被人们称赞的。"

【历代论引】

范氏曰："君子学以为己，不求人知。然没世而名不称焉，则无为善之实可知矣。"

【评析】

本章接上一章，孔子认为作为一个君子应当在有生之年为社会做贡献，使后人有所称道。只要你生前有益于社会，有益于国家，做出了一番大事业，那死后才能名入史册，名垂千古。

15—21

【原文】

子曰："君子求诸己，小人求诸人。"

【译文】

孔子说："君子反求于自己，小人则苛求他人。"

【历代论引】

谢氏曰："君子无不反求诸己，小人反是。此君子小人所以分也。"

杨氏曰："君子虽不病人之不己知，然亦疾没世而名不称也。虽疾没世而名不称，然所以求者，亦反诸己而已。小人求诸人，故违道干誉，无所不至。三者文不相蒙，而义实相足，亦记言者之意。"

【评析】

这一章中，孔子论述了君子和小人的不同修养之道。在孔子看来，君子把成败的关键放在自己身上，时时处处从严要求自己，而小人则是片面地要求别人。一切成就都靠自己的努力，不去攀附依赖别人，更不要做蓄意的炒作，那一切虽可收效于一时，却是短命的。

15—22

【原文】

子曰："君子矜^①而不争，群^②而不党^③。"

【注释】

①矜：庄重。②群：汇集、相处。③党：结党营私。

【译文】

孔子说："君子庄重矜持，但不相互争执排挤；与人和睦相处，但不勾结私党。"

【评析】

很多人认为，生活就是一场争斗。文人争名，商人争利，勇士争功，艺人争能，强者争胜。争并不是坏事，能促使人向上，促进事业的发展，但争要合乎规矩，不能采取不正当的手段，干损人利己的事。

15-23

【原文】

子曰："君子不以言举人，不以人废言。"

【译文】

孔子说："君子不单凭语言来举荐人，也不会因为一个人的不好而废弃他说的话。"

【评析】

在这里，孔子告诉人们，看人不能光听其言，还要观其行，也不要因为一个人一时的失足，就否定他的一切。

"不以言举人，不以人废言"这在今天仍有借鉴意义，它时刻都在提醒我们：处理问题时，既不要偏听偏信，也不要抱有成见。

15-24

【原文】

> 子贡问曰："有一言而可以终身行之者乎？"子曰："其'恕'乎！己所不欲，勿施于人。"

【译文】

子贡问："有没有一个字而可以让人终身奉行的？"孔子说："那大概就是'恕'吧！自己不愿做的事，不要强加于别人。"

【历代论引】

朱子曰："推己及物，其施不穷，故可以终身行之。"

尹氏曰："学贵于知要。子贡之问，可谓知要矣。孔子告以求仁之方也，推而极之，虽圣人之无我，不出乎此。终身行之，不亦宜乎？"

坡公云："夫以忠恕为心，而以平易为政，则上易知而下易达。"

【评析】

孔子强调了恕道的永恒意义。

在《颜渊》篇里，当仲弓向孔子问什么是仁时，孔子也把"己所不欲，勿施于人"作为仁的一个重要组成部分向仲弓推荐。

在本章中，圣人再次把"己所不欲，勿施于人"的"恕道"作为终身奉行的座右铭推荐给他的高才生子贡。

"恕"是一种推己及人的情怀。一个内心怀有仁德的人，即使不能成全别人，起码遇事不能给他人下套子，自己不愿意干的事，不能推到别人头上，把麻烦和痛苦转嫁到别人头上；而应该在替自己打算的时候，也设身处地地替别人想一下。能够做到这一点，并且能够坚持，就可以算得上心底有仁义了，能让自己在任何人面前都问心无愧，活得光明正大，活得舒心自然。

论语全集

15-25

【原文】

子曰："吾之于人也，谁毁谁誉？如有所誉者，其有所试[1]矣。斯民也，三代之所以直道而行也。"

【注释】

①试：这里指考察过某人的行为。

【译文】

孔子说："我平素对待别人，毁谤过谁，称赞过谁？如果有所赞誉，那也是经过多次的考验。这些值得称赞的人，正是夏、商、周三代推行正道的依靠。"

【历代论引】

朱子曰："吾之所以无所毁誉者，盖以此民，即三代之时所以善其善、恶其恶而无所私曲之民，故我今亦不得而枉其是非之实也。"

尹氏曰："孔子之于人也，岂有意于毁誉之哉？其所以誉之者，盖试而知其美故也。斯民也，三代所以直道而行，岂得容私于其间哉？"

【评析】

孔子教育人们要诚信待人，不要随意去毁损或称赞一个人。这里从字面上看，语言似有不顺畅，但这里孔子想要说的是，他对于别人尽管有批评，有赞扬，但都是适当节制而又恰如其分的。

一个真正干事业的人，应不轻易相信别人的议论，不要计较别人的毁誉，而是应该专心于自己的事，踏实走自己的路。同时对于别人，也不应当因任何原因进行不切实的诋毁和赞誉。这既是一种做人的道德原则，也是一种处世的方法和策略。

15-26

【原文】

子曰："吾犹及史之阙文①也。有马者借人乘之②，今亡矣夫！"

【注释】

①阙文：史官记史，遇到有疑问的地方便缺而不记，这叫作阙文。②有马者借人乘之：有马的人如果自己不能训练驾驭，就可以借给有能力的人来训练驾驭，不必强不能以为能。

【译文】

孔子说："我还能够看出史书中缺疑的地方，如同有马的人自己不能驾驭先借给别人乘骑一样。这种精神现在已经没有了啊。"

【历代论引】

杨氏曰："'史阙文''马借人'，此二事孔子犹及见之。'今亡矣夫'，悼时之益偷也。"

朱子曰："此必有为而言。盖虽细故，而时变之大者可知矣。"

坡公曰："夫史之不阙文，与马之不借人也，岂有损益于世者哉？然且识之，以为世之君子长者，日以远矣，后生不复见其流风遗俗，是日趋于智巧便佞而莫之止。是二者虽不足以损益，而君子长者之泽在焉，则孔子识之，而况其足以损益于世者乎。"

【评析】

孔子说他从前还曾见过那样的人，但到了今日已经没有了。这是孔子感叹在他晚年时期，史官多妄加穿凿，有马不能调御的人，不肯虚心请人调御，以致世俗多有无知妄作之徒。这一章是孔子感叹世风日下，人心不古，表示对当时社会现实的不满。

孔子看到史书上有缺失的文字，说明古人慎重，不知道就不妄补。现在的人，好为臆测，牵强附会，演绎戏说，以至于实事求是的科学态度丧尽，而浮躁虚妄的主观臆断之风盛行。

15-27

【原文】

子曰："巧言乱德，小不忍则乱大谋。"

【译文】

孔子说："花言巧语扰乱德义，小事不能够忍让就可能破坏大局。"

【评析】

孔子教育人们要坚持道德原则，办事讲究方式方法，不要因小失大。

在中国人眼中，忍让是一种美德，是一种成熟的涵养，更是一种以屈求伸的深谋远虑。同时，忍让也是人类适应自然选择和社会竞争的一种方式。

"退一步海阔天空，忍一时风平浪静"，在生活中提倡的忍让，并不是一种强行的压抑，有许多人强行压抑各种愿望，把苦闷、烦恼和痛苦都藏于心中，什么事情都忍着，最终总会把自己忍出病来的。忍让是一种处世的艺术，是一种淡然的生活态度，是将生活中不快的事和许多不良的情绪淡化和遗忘。

生活中有许多事情，不用看得太重。人们只在乎一件事情时，才会觉得无法忍让；如果把一些事情看得淡一些，不让它们在自己心中留有重要的位置，这时就不会觉得是在忍让了。这就是忍者无敌的道理。

15—28

【原文】

子曰："众恶之，必察焉；众好之，必察焉。"

【译文】

孔子说："人们都憎恶讨厌的人，一定要深入观察；人们普遍称扬的人，也必须细致地进行考察。"

【历代论引】

杨氏曰："惟仁者能好恶人。众好恶之而不察，则或蔽于私矣。"

【评析】

孔子教育人们对人要实事求是，不要人云亦云，好恶在我。这一观点，既抓住了人们认识并判断事物的错误所在，又恰到好处地点明了正确认识、判断事物的途径和方法，它是我们为人处世不可忽视的重要策略。

关于"好"和"恶"，虽说都有公认的标准，但在具体运用中，也容易为自我利益所左右。因此对一个人一定要进行全面的了解，因为物以类聚，人以群分，人与人之间又有亲疏之分，所以不要因众人的意见看法而看错人。

15—29

【原文】

子曰："人能弘道，非道弘人。"

【译文】

孔子说："人能够弘扬道德，不是道德来光大人。"

【历代论引】

张子曰："心能尽性，人能弘道也。性不知检其心，非道弘人也。"

朱子曰："人外无道，道外无人。然人心有觉，而道体无为，故人能大其道，道不能大其人也。"

【评析】

孔子认为道的本身是静止的，它需要人去发扬它、扩充它。

道，就是人的本性，无思无为，人则能以感通，再用种种方法把道弘扬出来，所以人能弘道。但道不能自说，道必须由人去领悟，所以非道弘人。孔子说这话的意思，是要人明白，道虽人人具有，但必须自己领悟，方得受用，悟后又须弘扬光大，使人皆得其受用。

人必须首先修炼自身、扩充自己、提高自己，才可以把道发扬光大，反过来，用道来装点门面，哗众取宠，那就不是真正的君子行为了。这两者的关系是不能颠倒的。

15—30

【原文】

子曰："过而不改，是谓过矣。"

【译文】

孔子说："有过错而不能够及时改正，这是真正的过错啊。"

【历代论引】

朱子曰："过而能改，则复于无过。惟不改，则其过遂成，而将不及改矣。"

【评析】

孔子教育人们有了错误就一定要改正，否则会铸成大错。

一个人有了过错，真心悔过，把错误改过来就好了。一个有道德的人，就要有公开承认自己的错误，公开改正自己的错误的勇气，这不仅不会降低自己的威信，反而会提高威信。古人对于过的认识，在今天仍闪着智慧的光芒，是我们应当牢记的有益的格言。绝对不要像晋灵公那样，假认过或不认过，过而不断，终成大过直至酿成大祸，危害了自身的人格和国家的事业。

15—31

【原文】

子曰："吾尝终日不食，终夜不寝，以思，无益，不如学也。"

【译文】

孔子说："我曾经整天不吃饭，整夜不睡觉，冥思苦想，但是却没有什么进步，不如认真地学习啊。"

【历代论引】

朱子曰："盖劳心以必求，不如逊志而自得也。"
李氏曰："夫子非思而不学者，特垂语以教人尔。"

【评析】

孔子强调了学习的重要性，说明人不能陷入空想之中。

荀子曰"吾尝终日而思焉，不如须臾之所学也"，只有善加学习前人的成果，才有利于发挥和发展其思想精髓。不学而思的冥思苦想，只能是无知者的狂妄行为，充其量也只能是步人后尘，做着徒劳的重复劳动，既浪费生命，又无所成就。学问是跑接力赛，是一代代的思想者薪火传承的事业，只有通过学习，接过前人的火炬，才可能有所建树，有所贡献。

15-32

【原文】

子曰："君子谋道不谋食。耕也，馁^①在其中矣；学也，禄在其中矣。君子忧道不忧贫。"

【注释】

①馁：饥饿。

【译文】

孔子说："君子只图谋光大道德，不图谋衣食。种地，也常常忍受饥饿；做学问，则官职俸禄自在其中啊。君子忧虑道能不能实行，而不忧虑贫穷。"

【历代论引】

尹氏曰："君子治其本而不恤其末，岂以在外者为忧乐哉？"

朱子曰："耕所以谋食，而未必得食。学所以谋道，而禄在其中。然其学也，忧不得乎道而已，非为忧贫之故而欲为是以得禄也。"

【评析】

在这里，孔子从自身的人生经验中总结出了生活的准则："君子谋道不谋食""君子忧道不忧贫"。这一准则能赋予以道自任的君子、士人以生命力和抗争力，使真正的知识分子在挫折、颠沛之时能保持一种完整的人格尊严，保持理想，弘毅精神。同时这一准则还启迪我们为实现自己的理想而孜孜不倦地奋斗。

15-33

【原文】

子曰："知及之，仁不能守之，虽得之，必失之。知及之，仁能守之，不庄以莅①之，则民不敬。知及之，仁能守之，庄以莅之，动之不以礼，未善也。"

【注释】

①莅：治理。

【译文】

孔子说："依靠智慧取得的，仁德不能够守护它，虽然得到了，必然又将失去。依靠智慧取得的，又有仁德能够守护，但是如果没有庄重的形式驾驭它，则百姓就不会敬服。依靠智慧取得的，能够用仁德守护，也有庄敬的形式驾驭它，但是如果没有礼仪的规范，也仍然不是最好的。"

【历代论引】

朱子曰："学至于仁，则善有诸己而大本立矣。莅之不庄，动之不以礼，乃其气禀学问之小疵，然亦非尽善之道也。故夫子历言之，使知德愈全则责愈备，不可以为小节而忽之也。"

【评析】

智、仁、庄、礼是四个层次的修养要求，四个层次都做到才能达到完善的地步，而一般人是很难都做到的。

其实，不只是从政如此，诸如我们一般性地做事业、做生意，也都是这个道理。比如说在我们今天市场经济体制的时代，不少人抓住了时机，又凭借着自己的知识和智慧优势，一"下海"就适逢其会，春风得意地发了一笔，赚了一把。但由于不能"仁以守之"，贪心不足，该刹车的时候不知道刹车，结果一夜之间又成为一无所有的穷光蛋。如此等等，其实都有一个"得"与

论语全集

"守"的关系在内。

从这些角度来理解，孔子的话就不仅仅局限于行政的范围，而与我们每个人的生活与事业密切相关了，所以具有普遍的指导意义。

15—34

【原文】

子曰："君子不可小知①而可大受②也，小人不可大受而可小知也。"

【注释】

①小知：做小事情。②大受：承担大任。

【译文】

孔子说："君子不应当计较那些小事，但可以授予重任的。小人不可以重用，但是可以利用他的小聪明。"

【历代论引】

朱子曰："此言观人之法。知，我知之也。受，彼所受也。盖君子于细事未必可观，而材德足以任重；小人虽器量浅狭，而未必无一长可取。"

【评析】

唐太宗说："为官择人，不可造次。用一君子，则君子皆至；用一小人，则小人竞进矣。"对于君子，不应拘泥于小处，而小人则不可使其太得志。君子与小人的识别，就在于大节，在于固守。君子注重德行的修养，小人患得患失热衷于玩弄小聪明。

【原文】

子曰："民之于仁也，甚于水火。水火，吾见蹈^①而死者矣，未见蹈^②仁而死者也。"

【注释】

①蹈：踏、踩。②蹈：履行、遵循。

【译文】

孔子说："百姓对仁德的需要，超过对水火的需要。水与火，我见到过陷身于其中而死的人，但是没有看见过投身仁德而身亡的啊。"

【历代论引】

李氏曰："此夫子勉人为仁之语。"

朱子曰："民之于水火，所赖以生，不可一日无。其于仁也亦然。但水火外物，而仁在己。无水火，不过害人之身，而不仁则失其心。是仁有甚于水火，而尤不可以一日无者也。况水火或有时而杀人，仁则未尝杀人，亦何惮而不为哉？"

【评析】

有仁德的人，胸怀坦荡，与人为善，与世无争，淡泊明志，安详自在，所以在这一章里孔子认为，百姓对于仁德的需要，就如依赖于水与火。然而，对于仁德的躬行却存在着相当的困难，有时是需要付出代价的，而且是昂贵的代价。

15-36

【原文】

子曰："当①仁，不让于师。"

【注释】

①当：值。

【译文】

孔子说："面临仁义的抉择，即使是自己的老师也不谦让。"

【历代论引】

朱子曰："以仁为己任。虽师亦无所逊，言当勇往而必为。盖仁者，人所自有而自为之，非有争也，何逊之有？"

程子曰："为仁在己，己所与逊。若善名在外，则不可不逊。"

【评析】

"当仁，不让于师"，这里又包含两个方面的意思：一个方面的意思是说，当自己的意见和老师的意见发生分歧时，老师错了，自己是对的，这时就不必谦让，而应该坚持自己正确的看法。这里引用古希腊哲学家亚里士多德那句名言："吾爱吾师，吾更爱真理。""当仁，不让于师"的另一个意思是说，只要是行仁义的事，就要自告奋勇，积极主动上前，而不要谦让。

15-37

【原文】

子曰："君子贞①而不谅。"

【注释】

①贞：信。

【译文】

孔子说："君子讲诚信，但不拘泥于小信。"

【评析】

孔子认为，君子做事不固执己见，不拘泥于小事，凡事都从正道和大局出发。

信守承诺、兑现承诺是人的美德。我们在向他人承诺时，一定要问自己能否做得到，如果做不到或没有把握，就不要轻易说"没问题"，如果许了诺，便一定要遵守，只有这样，别人才会认为你是一个守信者，从而会信赖你、依靠你。

15—38

【原文】

子曰："事君，敬其事而后其食①。"

【注释】

①食：俸禄。

【译文】

孔子说："侍奉君主，必须首先做到诚敬，尽其职责，然后才考虑俸禄。"

【历代论引】

朱子曰："君子之仕也，有官守者修其职，有言责者尽其忠。皆以敬吾之事而已，不可先有求禄之心也。"

【评析】

　　孔子认为，为君主办事的人，首先要恭恭敬敬地把事情办好，而后才能去考虑俸禄报酬的事情。

　　"敬其事而谋其食"是人类维持社会正常秩序、人生实现其社会价值的重要策略。人与社会之间，是相互依存的关系，在这种关系中，每个人首先应该想到为社会先做贡献，多做贡献，促使社会财富迅速增加，逐渐发达，然后再谈取之于社会。而对于从政者来说，尤其应当如此。

15-39

【原文】

> 子曰："有教无类。"

【译文】

　　孔子说："施教不分任何种类。"

【历代论引】

　　朱子曰："人性皆善，而其类有善恶之殊者，气习之染也。故君子有教，则人皆可以复于善，而不当复论其类之恶矣。"

【评析】

　　孔子论述了著名的"有教无类"的人才培养原则。孔子"开门设教""有教无类"地广收弟子，开创了平民教育的先例，打破了西周以来"学在官府"，收教限于贵族子弟，教育被奴隶主贵族所垄断的传统，为中华民族文明发展、智力开发，打开了广阔的领域。

15-40

【原文】

子曰："道不同，不相为谋。"

【译文】

孔子说："主张不同，就不能共同谋划。"

【评析】

孔子认为只有志同道合，才能共谋大事。

所谓"人各有志，不能强勉"，又所谓"燕雀安知鸿鹄之志"，其实都是"道不同，不相为谋"的意思。当然，"道"在这里的外延较广，既指人生志向，也指思想观念、学术主张等。

这句话对于我们做人做事都非常适用。两个人在一起，如果彼此之间的主张、信仰不同，那很难相处下去。尤其是夫妻之间，如果两个人的人生观、价值观、事业观、交友观、爱情观、育儿观等有分歧的话，那么这个婚姻肯定不能长久地维持下去。所以，不管做人做事都应记住：道不同，不相为谋。

15-41

【原文】

子曰："辞达而已矣。"

【译文】

孔子说："言论能够表达意思就可以了。"

【历代论引】

坡公曰："夫言止于达意，即疑若不文，是大不然。辞至于能达，则文不可胜用矣。"

【评析】

这一章是讲孔子主张言语应朴实，反对华而不实。

这句话现在来理解，更多强调的是言辞能表达意思即可，反对雕琢浮夸的花言巧语或者不留情面的肆意攻击。

事实上，"辞达而已矣"就是让我们说话时不要说得太满、太直。如果说三分话即已能让对方明白，那就没有必要把其余的七分也说了。

逢人只说三分话的确是聪明人的处世所为，其隐含真谛是谨言慎语，它反映出一个人的心理素质和操行品德。谨言慎语，谨的是说话要经过认真思考，慎的是说话要留有余地。

15-42

【原文】

师冕①见，及阶，子曰："阶也。"及席，子曰："席也。"皆坐，子告之曰："某在斯，某在斯。"师冕出。子张问曰："与师言之道与？"子曰："然。固相②师之道也。"

【注释】

①师冕：乐师。瞽者。②相：帮助。

【译文】

师冕约见而来，他走到台阶前，孔子说："这是台阶啊。"走近坐席，孔子说："这是席位。"一同坐下，孔子告诉师冕说："某人在这儿，某人在这儿。"师冕告辞离开。子张问："这就是同盲人交谈的方法吗？"孔子说："是的。这本来就是帮助乐师的方法。"

范氏曰："圣人不侮鳏寡，不虐无告，可见于此。推之天下，无一物不得其所矣。"

尹氏曰："圣人处己为人，其心一致，无不尽其诚故也。有志于学者，求圣人之心，于斯亦可见矣。"

【评析】

这一章讲了孔子对待残疾人的态度，表明了孔子所具有的仁爱之心。像孔子这样的圣人对残疾人都能做到如此，我们常人对残疾人不是更应该如此吗？

季氏第十六

16-1

【原文】

　　季氏将伐颛臾①。冉有、季路见于孔子,曰:"季氏将有事②于颛臾。"孔子曰:"求!无乃尔是过与?夫颛臾,昔者先王以为东蒙主③,且在邦域之中矣,是社稷之臣也。何以伐为?"冉有曰:"夫子欲之,吾二臣者皆不欲也。"孔子曰:"求!周任④有言曰:'陈力就列⑤,不能者止。'危而不持,颠而不扶,则将焉用彼相矣?且尔言过矣。虎兕⑥出于柙,龟玉毁于椟中,是谁之过与?"冉有曰:"今夫颛臾,固而近于费。今不取,后世必为子孙忧。"孔子曰:"求!君子疾夫舍曰'欲之'而必为之辞。丘也闻:有国有家者,不患贫而患不均,不患寡而患不安。盖均无贫,和无寡,安无倾。夫如是,故远人不服,则修文德以来之。既来之,则安之。今由与求也,相夫子,远人不服,而不能来也;邦分崩离析,而不能守也;而谋动干戈于邦内。吾恐季孙之忧,不在颛臾,而在萧墙⑦之内也。"

【注释】

　　①颛(zhuān)臾(yú):鲁国的附属国,在今山东费县西北。②有事:这里指军事行动,用兵作战。③东蒙主:住持祭祀东蒙山的人。东蒙,蒙山。因在鲁国东边,故称东蒙。④周任:周代的一个史官,有良史之称。⑤陈力就列:陈力,发挥能力。按能力担任适当的职务。⑥兕(sì):雌性犀牛。⑦萧墙:门屏,古代宫室用以分割内外的当门小墙。这里指宫廷之内。

【译文】

季氏准备征伐颛臾。冉有、季路前往拜见孔子，说："季氏将对颛臾有军事行动。"孔子说："冉求！难道这不是你的过错吗？颛臾，上代的君王曾经授权他主持东蒙山的祭祀，而且是在被封的疆域之中，是鲁国的臣属，有什么理由去征伐呢？"冉有说："季氏想要这么做，不是我们二人的意思啊。"孔子说："冉求！古代良史周任有句话说：'能够贡献自己的力量，就任职；如果不能，就让贤。'遇到困难而不去帮助，将要摔倒而不去搀扶，那又何必用你做辅佐的大臣呢？而且你的话太过分了。放虎、犀牛归山，把龟甲、美玉毁损在盒子里，这是谁的过错呢？"冉有说："现在的颛臾，城墙坚固，而且接近费邑。此时不攻占，必留后患，成为后世子孙的危险。"

孔子说："冉求！真正的君子最厌憎的是那种不说自己贪心，而一定要另找托词的人。我也听说过：有国有家的人，不忧虑财物的多少而忧虑分配不均，不忧虑人口少而忧虑生活不安定。因为平均则没有贫富的悬殊，上下和睦，就不觉得人少，生活安定则没有覆灭的后顾之忧。诚能如此，远处的人不服从治理，就应该修治文明的德行吸引他们来悦服。既然招致他们来了，就应该安置他们。现在你们二人同时在辅佐季氏，居住在偏远的地方的人不能悦服而来，国家面临着分崩离析的危险而不能守卫，却阴谋在国内发动战争。我估计恐怕季孙真正的忧患，不是在颛臾，而是在鲁国的宫廷之内呀！"

【历代论引】

何晏集解："马（融）曰：'周任，古之良史。言当陈其才力，度己所任，以就其位。不能则当止。'"

谢氏曰："当是时，三家强，公室弱，冉求又欲伐颛臾以附益之。夫子所以深罪之，为其瘠鲁以肥三家也。"

【评析】

孔子以仁德大义来正面教育冉求和子路，借以阻止季氏大臣准备大动干戈、征战打仗的企图。孔子不主张通过军事手段解决国际、国内的问题，而希望采用礼、义、仁、乐的方式解决问题。在这一章里孔子还提出了"不患贫而患不均，不患寡而患不安"，这种思想对后代人的影响很大，甚至成为人们的社会心理。就今天而言，这种思想有其消极的一面，不适宜现代社会。

16-2

【原文】

孔子曰："天下有道，则礼乐征伐自天子出；天下无道，则礼乐征伐自诸侯出。自诸侯出，盖十世希不失矣；自大夫出，五世希不失矣；陪臣①执国命，三世希不失矣。天下有道，则政不在大夫。天下有道，则庶人②不议。"

【注释】

①陪臣：大夫的家臣。②庶人：没有官爵的平民百姓。

【译文】

孔子说："天下政治清明，则礼乐征伐等国家大事由天子决定。政治昏暗，则礼乐征伐等大事由诸侯决定。由诸侯执秉国事，大约十世之内很少有不丧失政权的。如果国事执掌在大夫手中，五代之内也很少有不丧失政权的；若是由大夫的家臣把持国家政权，传到三代很少有不丢掉政权的。天下政治清明，那么政权就不在大夫手中。天下太平，老百姓就不会议论纷纷。"

【历代论引】

刑昺疏曰："政出诸侯，不过十世必失其位，不失者少也。"

【评析】

这一章讲述了孔子论说国家越统一社会就越安宁的道理。治国的三种境界：一曰"天下有道，则礼乐征伐自天子出"，高度的中央集权；二曰"天下有道，则政不在大夫"，高度的政令畅通；三曰"天下有道，则庶人不议"，高度的思想一致性。高度的封建中央集权思想于此得到明确的体现。集权可以使政令得以迅速贯彻，使国家意志得以不折不扣地落实。诸侯分权割据，则必然导致政出多门，民无所适从，而各附其党，政局动荡不宁，众议沸腾。但是，没有正常的民主制度，所谓的思想的一致性，是值得怀疑的。

16-3

【原文】

孔子曰："禄之去公室五世①矣，政逮于大夫四世②矣，故夫三桓之子孙，微矣。"

【注释】

①五世：鲁宣公、成公、襄公、昭公、定公五代。②四世：季孙氏文子、武子、平子、桓子四代。

【译文】

孔子说："国家的政事不由朝廷决定的状况，已经持续有五代的时间了。权力落到大夫的手中也已经有四代了。由此观之，从桓公之后三家大夫的子孙已趋衰微了。"

【历代论引】

苏氏曰："礼乐征伐自诸侯出，宜诸侯之强也，而鲁以失政。政逮于大夫，宜大夫之强也，而三桓以微。何也？强生于安，安生于上下之分定。今诸侯、大夫皆陵其上，则无以令其下矣，故皆不久而失之也。"

【评析】

这一章进一步说明了上章的主题思想，说明权臣当国，必导致倒势衰微。在这里，孔子对当时的社会政治形势提出了自己的认识和态度。他认为，社会政治变革就是"天下有道"，这还是基于他的"礼治"思想。此章与前章合观，可以了解春秋时代各国兴衰的事实与原因，天道好还之理，值得深思。

16-4

【原文】

孔子曰："益者三友，损者三友。友直，友谅，友多闻，益矣。友便辟①，友善柔②，友便佞③，损矣。"

【注释】

①便辟：虚伪奸诈。②善柔：阿谀奉承。③便佞：花言巧语。

【译文】

孔子说："有益的朋友有三种，有害的朋友也有三种。结交正直的人，结交诚实的人，结交见闻广博的人，是有益的。同虚伪奸诈的人交朋友，同谄媚奉承的人交朋友，同花言巧语的人交朋友，那是有害的。"

【历代论引】

尹氏曰："自天子至于庶人，未有不须友以成者。而其损益有如是者，可不谨哉？"

【评析】

明代苏浚在《鸡鸣偶记》中讲："道义相砥，过失相规，畏友也；缓急可共，生互可托，密友也；甘言如饴，游戏征逐，昵友也；利则相合，患则相倾，贼友也。"意思是说：道义相互砥砺，过失相互规劝的是"诤友"；能够风雨同舟、患难与共的是"密友"；甜言蜜语和相互倾轧者乃属于"昵友""贼友"。

克雷洛夫曾讲过一个善择良友、警惕"贼友"的寓言故事：一个冬天的早晨，一簇快要熄灭的火苗和小树林攀谈：跟我做个朋友吧，我可以给你带来温暖，可使小树林在冬天保持着夏季的苍翠。小树林信以为真，与火苗交上了朋友，为火苗添上燃料。火苗变成熊熊大火，很快小树林便化为乌有。你说小树林应该怪谁呢？这就是小树林交友不慎带来的灭顶之灾啊！克雷洛夫讲完了寓言故事之后说："选择朋友一定要谨慎！地道的自私，会戴上友谊的假面具，却又设好陷阱来坑你。"这话说得多么深刻啊！因此，交友之道首先要注意的是善于择友，要"结有德之朋，绝无义之友"。

16—5

【原文】

孔子曰："益者三乐[1]，损者三乐。乐节礼乐，乐道人之善，乐多贤友，益矣。乐骄乐，乐佚[2]游，乐宴乐，损矣。"

【注释】

①乐：爱好。②佚：安逸。

【译文】

孔子说："有益的爱好有三种，有害的爱好也有三种。喜欢有节制的礼仪音乐，喜欢称述他人良好的德行，喜欢交结很多贤德的朋友，这都是有益的。喜爱骄纵作乐，喜爱安逸游乐，喜爱宴饮取乐，则是有害的。"

【历代论引】

尹氏曰："君子之于好乐，可不谨哉？"

【评析】

孔子告诫自己的弟子，对于自己的兴趣爱好，也应当有所选择。兴趣是成就事业的先决条件，有益的、健康的、高尚的兴趣爱好，对于人生的成就具有积极的帮助；不良的、低俗的、怪癖的嗜好，必将导致其人生发生变故。因此，古人说：慎其好哉。

人生是建立在品行之上的，而品行的养成决定于其志趣。爱好，当有所节制，当以义为先，以礼为约。无度的纵奢极欲，必将成为隐疾。一个人最快乐的时候，莫过于其所好得到满足之时，那种幸福是深刻的，深入内心以至于渗入骨骼血液。而兴趣满足的方式则大不相同。所以，古人又进一步说：大德无好。

16-6

【原文】

孔子曰："侍于君子有三愆①：言未及之而言谓之躁，言及之而不言谓之隐，未见颜色而言谓之瞽。"

【注释】

①愆（qiān）：过失。

【译文】

孔子说："侍奉君子，常犯的过失有三种：不该说话的时候急于表现自己，叫作急躁；话到了该说的时候不说，叫作隐瞒；没有察言观色就贸然开口，叫作有眼无珠。"

【历代论引】

尹氏曰："时然后言，则无三者之过矣。"

【评析】

这一章中，孔子教育人们待人处世时说话要谨慎。

说话是一门艺术，何时开口说话，如何把话说得恰到好处是我们要掌握的学问。我们都听说过"口无遮拦"的后果，所以，说话不仅要把握技巧，也要把握火候，这样，才能避免因口无遮拦而引火上身。因此，是否能把握好说话的时机和火候的确是我们为人处世成功与否的关键所在。

16-7

【原文】

孔子曰："君子有三戒：少之时，血气未定，戒之在色；及其壮也，血气方刚，戒之在斗；及其老也，血气既衰，戒之在得①。"

【注释】

①得：探求占有。

【译文】

孔子说："君子处世有三戒：年轻的时候，血气不定，警惕贪恋女色；等到壮年，血气正盛，警惕争抢好斗；待到老年，血气已经衰退，警惕贪婪无度。"

【历代论引】

范氏曰："圣人同于人者血气也，异于人者志气也。血气有时而衰，志气则无时而衰也。少未定、壮而刚、老而衰者，血气也。戒于色、戒于斗、戒于得者，志气也。君子养其志气，故不为血气所动，是以年弥高而德弥劭也。"

【评析】

孔子告诫自己的弟子要时刻警惕自己的欲念。在人的成长过程中，随着年龄的不同，人的思想行动也会有不同，所以，一个人要想成为君子，就必须戒色、戒斗、戒贪。今天我们还是很有注意的必要，以之为戒，益于立身。

16-8

【原文】

孔子曰："君子有三畏：畏天命，畏大人①，畏圣人之言。小人不知天命而不畏也，狎②大人，侮圣人之言。"

【注释】

①大人：地位高贵的人。②狎（xiá）：亲昵而不尊重。

【译文】

孔子说："君子在三个方面心存敬畏：畏惧上天的宿命，畏惧身居高位的人，畏惧圣人的箴言。小人不理解天命，因而不知敬畏，怠慢居高位的人，戏谑圣人的言语。"

【历代论引】

尹氏曰："三畏者，修己之诚当然也。小人不务修身诚己，则何畏之有？"

【评析】

此章前后两段，前段说君子，畏天命三句各有一畏字，后段说小人，句法则有变化，仅说不知天命而不畏，然后接说狎大人、侮圣言。如此变化，即将天命、大人、圣言三者连在一起。大人，如天子，是替天行道者，古代帝王都是圣人，一言而为天下法，大人与圣言都是出于天命。小人既对天命不知不畏，所以对于大人与圣言也不知不畏。

孔子表明，作为君子处世总是存敬畏之心，但作为小人总是什么都不怕却肆无忌惮。敬畏德高望重的人，其实是敬畏其高尚的道德修养与为人处世的准则，敬畏他的人格力量。因此，德高望重的人不仅可以作为我们的榜样，也可以在我们松懈的时候提醒我们。对待百姓也应心存敬畏，敬畏他们的辛劳坚忍，如果因为贫穷卑微而歧视他们，就说明道德上还有缺陷，还没有超越功名利禄的世俗观念。

16—9

【原文】

孔子曰："生而知之者上也；学而知之者次也；困而学之，又其次也；困而不学，民斯为下矣。"

【译文】

孔子说："从生下来就知道，是上等的人；通过学习而求得知识，是次一等的人；感到困惑才学习的人，是又次一等的人；感到困惑仍然不学习，这样的人就是下等人了。"

【历代论引】

杨氏曰："生知、学知以至困学，虽其质不同，然及其知之，一也。故君子惟学之为贵。困而不学，然后为下。"

【评析】

人们的资质差异是客观存在的事实。在人生的征途上，资质差异会给人们的工作、学习造成一定的影响。但是，对于这一差异，人们是可以通过不断学习来加以弥补，加以改变的。因此，任何时候，任何境遇下都不能放弃学习，用学习升华我们的生命，成就我们人生的精彩，使我们的事业辉煌。

16-10

【原文】

孔子曰："君子有九思：视思明，听思聪，色思温，貌思恭，言思忠，事思敬，疑思问，忿思难，见得思义。"

【译文】

孔子说："君子在九个方面要经常注意：观察时要考虑；听时要考虑是否听清了；脸上的颜色要考虑是否温和；态度要考虑是否谦恭；语言要考虑是否忠诚；做事要考虑是否谨慎；存有疑问要考虑如何请教；情绪冲动时要考虑是否有后患；得到利益时要考虑不要忘义。"

【历代论引】

朱子曰："视无所蔽，则明无不见。听无所壅，则聪无不闻。色，见于面者。貌，举身而言。思问，则疑不蓄。思难，则忿必惩。思义，则得不苟。"

程子曰："九思各专其一。"

谢氏曰："未至于从容中道，无时而不自省察也，虽有不存焉者，寡矣。此之谓思诚。"

【评析】

君子待人接物，开头即有对象，这是第一步，名为"对境"。怎么知道有这对象，即由视听而知。眼看对方的形象，耳听对方的声音，皆是对境。视听确实，则第二步即是"表态"。"态"是态度，包括面部颜色与容貌而言。颜色有青黄赤白黑，如羞耻则面红，怒则面色发青。容貌属于肌肉动态，如笑则解颐，怒则张目等。表态就是表现自己的态度，君子必须自省。然后第三步就是"出动"办事。"动"是动作，不外言事二者。言是言语，事是行为。事情办完之后，有无过失，必须预防，所以最后是"防非"。这是九思最后的三条：疑、忿、得。疑而不决，来自愚痴，忿恨来自嗔心，得来自贪心。这三条都是过失，必须防范。

本章是孔子教育自己的弟子，处事一定要认真负责，随时严格要求自己。孔子提出的九思，提醒我们平时在与人交往的时候应该注意这九个方面，要在平时努力培养自己这方面良好的行为习惯，然后在与人交往的时候，能自然地流露出来。

16—11

【原文】

孔子曰："见善如不及①，见不善如探汤②。吾见其人矣，吾闻其语矣。隐居以求其志，行义以达其道。吾闻其语矣，未见其人也。"

【注释】

①如不及：好像赶不上似的，形容急切追求。②探汤：探，试。汤，热水。

【译文】

孔子说："看见好的唯恐不能达到，看见不好的就像用手试热水一样唯恐不快。我见到过这种人，我也听到过这样的话。隐居在僻静的地方是为了保持他的志节，奉行道义是为了传播他的思想。我听到过这样的话，但还没有见到过这样的人啊。"

【评析】

此章前节，"见善如不及，见不善如探汤"，比较容易，所以孔子见其人、闻其语。后节隐居以求其志，行义以达其道，则非普通人所能为，所以孔子闻其语，未见其人。孔子意在勉人难为而能为。在孔子看来，趋善避恶固然可贵，但理想的君子应该趋善除恶；同时，在现实不合理的情况下；"隐居"是合理的，但不能把"隐居"，当作一种自私的逃避责任避开暴政的手段。"见善如不及，见不善如探汤"作为一种个人修养的标准，如果能经常以此来勉励自己，不断完善自己，并及时纠正自己的缺点和不足，确实是一种值得赞赏的行为，是可取的。

16-12

【原文】

齐景公有马千驷①，死之日，民无德而称②焉。伯夷、叔齐饿于首阳之下，民到于今称之。其斯之谓与？

【注释】

①千驷：驷，四匹马。古代用四匹马驾一辆车。千驷，即四千匹马。②无德而称：没有什么德行值得称赞。

【译文】

齐景公有马四千匹，死的时候，却没有什么德行值得让老百姓称道。伯夷、叔齐饿死在首阳山下，老百姓到于现在还怀念称赞他们。这说明什么道理呢？

【评析】

孔子以事例说明，人应该像伯夷、叔齐一样修身养性，而不要只是追求富贵。

一个人，无论他多富有，在他生命走到尽头时，这些财产都会像浮云一样飘走，被人们忘记，唯有德行，是人人皆可自觉修养而能够提高的，人可以没有成功，但不可以没有好的品德；人可以没有只言片语流传后人，但不可以没有遗泽留存于世间。因此，德行是为人之本，也是人所皆可拥有的。

人生的任何失败都是无足轻重的，唯有到死而无所称，是最终的最彻底的失败。世人可以不称赞我的成功，可以不信我说过的话语，但是不可以让其不认可我的德行。德行，这是做人的最后"底线"。如果我们终其一生，既没有建功立业，也没有著书立说，而又丧失了做人的德行，则我们这一生是怎样的人啊？虽如齐景公富有千驷，其生时的赫赫威势不可谓不显贵，然而到死民无所称，又有何益于世？

16–13

【原文】

陈亢问于伯鱼曰："子亦有异闻①乎？"对曰："未也。尝独立，鲤趋而过庭。曰：'学《诗》乎？'对曰：'未也。''不学《诗》，无以言。'鲤退而学《诗》。他日又独立，鲤趋而过庭。曰：'学《礼》乎？'对曰：'未也。''不学《礼》，无以立。'鲤退而学《礼》。闻斯二者。"陈亢退而喜曰："问一得三：闻《诗》，闻《礼》，又闻君子之远②其子也。"

【注释】

①异闻：这里指不同于其他学生所讲的内容。②远：不亲近溺爱，指严格要求。

【译文】

陈亢问伯鱼说："你在老师那里得到过与众不同的教诲吗？"伯鱼回答说："没有啊。他曾经一个人站在庭院中，我恭敬地快走而过。他问：'学《诗经》了没有？'我回答说：'没有。'他说：'不学《诗经》，就不会说话。'我于是便开始钻研学习《诗经》。过了一段时日，他又一个人站在院子中，我又恭敬地快走而过。他问：'学过礼仪了没有？'我说：'没有。''不懂得礼仪法度，则无从立足于社会。'我于是就认真学习礼仪，只听到过这样两次啊。"陈亢回去后高兴地说："提出一个问题而得到了三个方面的知识，听到《诗经》的精义，闻知礼仪的奥妙，又知道君子严格要求自己的儿子。"

【历代论引】

尹氏曰："孔子之教其子，无异于门人，故陈亢以为'远其子'。"

【评析】

这是孔子的一种"诗礼传家"的教育，称之为"庭训"。有悟性的人能问一得三。孔子的"庭训"是做人做事立足社会的根本，具有普遍推行和发扬光大的现实意义。

现代社会，我们当然不能要求每一个家庭都像古代人那样以诗礼传家，但是孔子的教导我们也不能等闲视之。一个家庭如果没有了礼，现在来说就是如果没有了良好的家风，那么家庭是很难和谐的。

你的家庭要形成良好的家风，就要从现在做起，从自己做起。

16-14

【原文】

邦君之妻，君称之曰夫人，夫人自称曰小童；邦人①称之曰君夫人，称诸异邦曰寡小君；异邦人②称之亦曰君夫人。

【注释】

①邦人：国人，自己国家的人。②异邦人：别的国家的人。

【译文】

国君的妻子，国君称她为"夫人"，夫人自称"小童"；国人称她为"君夫人"，对别国就称为"寡小君"；别国的人也称她"君夫人"。

【评析】

在我们这个重视礼仪文明的国度，其礼仪等级之繁杂琐细，令人敬慕而又感到无措。在邦交事务中，我们总是注重于一个字词的遣用，以为正名，过分注重的是细节而不是原则，然而却对实质的东西忽视不见，忽略以至放弃的是实实在在的利益，得到的是毫无意义的文牍称谓；损失的是国家民族的尊严，换取的是一纸空文。只要翻开史书，这样的史实比比皆是，不胜枚举。

其实，惯常的称谓并不十分重要，只要不是故意地侮辱，何必拘泥于某种"规定"。

阳货第十七

17-1

【原文】

阳货①欲见孔子，孔子不见。归孔子豚②。孔子时其亡③也，而往拜之。遇诸途。谓孔子曰："来！予与尔言。"曰："怀其宝而迷其邦④，可谓仁乎？"曰："不可。""好从事而亟⑤失时，可谓知乎？"曰："不可。""日月逝矣，岁不我与。"孔子曰："诺。吾将仕矣。"

【注释】

①阳货：季氏家臣，名虎。当时把持季氏的权柄，尝囚季桓子而专国政。后因企图削除三桓而未成功，逃往晋国。②归孔子豚：归，赠送。豚，小猪。赠送给孔子一只熟小猪。③时其亡：趁阳货不在家的时候。④迷其邦：听任国家迷乱。⑤亟（qì）：屡次。

【译文】

阳货想见孔子，孔子不愿相见。于是，阳货送给孔子一只煮熟的乳猪。孔子探听到阳货不在家的时候，去答谢他。二人却在路途中不期而遇。阳货对孔子说："过来！我有话告诉你。"阳货说："怀藏着高尚的道德和才能但却不拯救国家的靡乱，能说这是仁德的吗？"孔子说："不能。""热衷于处理事务却屡次失去时机，能说这是智慧的吗？"孔子说："不能。""时光在消逝，岁月不等待人呀！"孔子说："是啊，我将出来做事。"

【历代论引】

朱子曰："货语皆讥孔子而讽使速仕。孔子固未尝如此，而亦非不欲仕也，但不仕于货耳，故直据理答之，不复与辩，若不谕其意者。阳货之欲见孔子，虽其善意，然不过欲使助己为乱耳。故孔子不见者，义也。其往拜者，礼也。必时其亡而往者，欲其称也。遇诸途而不避者，不终绝也。随问而对者，理之直也。对而不辩者，言之孙而亦无所诎也。"

杨氏曰："扬雄谓：'孔子于阳货也，敬所不敬，为诎身以信道。'非知孔子者。盖道外无身，身外无道，身诎矣而可以信道，吾未之信也。"

【评析】

这一章记述孔子与权臣阳货交往的事情。孔子认为不可与之言而言之，就会失言，含糊应对以便在进退之中做到原则性和灵活性相结合，既不拒人于千里之外，也合乎礼的规定，这其中的奥妙，也很值得我们在为人处世时学习并灵活运用。

17-2

【原文】

子曰："性相近也，习相远也。"

【译文】

孔子说："人的本性是相近的，只是由于习染不同，而渐渐地相差很远了。"

【历代论引】

程子曰："此言气质之性，非言性之本也，若言其本，则性即是理，理无不善，孟子之言'性善'是也。何相近之有哉？"

苏轼曰："至于言性，则未尝断其善恶。"

【评析】

在孔子看来，就人的本性而言，人与人之间虽然不是完全相同但却是相近的，但世上之人之所以形形色色，其表现也各个不同，是因为后天的习染。也就是说，人不能选择"性"，但人可以选择"习"，因为"习"即人的品德的善与恶，是在人生过程中逐渐形成的。

明白了这个道理，我们就更应该理解"习"的重要性。出身对人的命运具有深刻的影响，但不是决定性因素，重要的是如何认识、如何对待人生。就算出身卑微，但如果有坚韧不拔的毅力，尽力将自己的天分发挥到极致，必然能够实现其人生目标。同样的，即使一个人出身高贵，但如果不思进取，必定会流于平庸。因此，人生的最终结果，取决于自己的努力。

17-3

【原文】

子曰："唯上知与下愚不移。"

【译文】

孔子说："只有最上等的智者与最下等的愚夫是不能改变的。"

【历代论引】

朱子曰："人之气质相近之中，又有美恶一定，而非习之所能移者。"

【评析】

"唯上知"的"唯"字，承前"性相近，习相远"而来，虽然"性相近，习相远"，但还是唯有上智与下愚不移。此说"不移"，就是不转变的意思。无论是修道还是办事，不移方能成功。"上智"是指高贵而有智慧的人，"下愚"是指卑贱而愚蠢的人，孔子认为这两类人是先天所决定的，是不能改变的。一般而言，人的本性是善良的，人的品质的善与恶是后天习染而得的，人的错误、缺点都是可以通过外在力量改变的，不可改变的只是极少数。因此，孔子的这一说法过于绝对化，与其"性相近，习相远"的观点矛盾。

17-4

【原文】

> 子之武城①，闻弦歌之声。夫子莞尔②而笑，曰："割鸡焉用牛刀？"子游对曰："昔者偃也闻诸夫子曰：'君子学道则爱人，小人学道则易使也。'"子曰："二三子！偃之言是也。前言戏之耳。"

【注释】

①武城：鲁国的一个小城，当时子游是武城宰。②莞（wǎn）尔：微笑的样子。

【译文】

孔子到武城，听到弹琴唱歌声。孔子微笑着说："杀鸡哪里用得着宰牛的刀呢？"子游回答说："以前我曾听夫子说过'君子学习礼乐就会爱护人，老百姓受到礼乐的教化就能够遵守法度而容易治理啊'。"孔子说："弟子们！子游的话是正确的。我刚才只是同他开玩笑罢了。"

【历代论引】

朱子曰："子游所称，盖夫子之常言。言君子、小人，皆不可以不学。故武城虽小，亦必教以礼乐。""嘉子游之笃信，又以解门人之惑也。治有大小，而其治之必用礼乐，则其为道一也。但众人多不能用，而子游独行之。故夫子骤闻而深喜之，因反其言以戏之。而子游以正对，故复是其言，而自实其戏也。"

【评析】

这一章是说孔子发现自己在弟子面前失言，立刻以"开玩笑"的说法委婉地承认了自己的错误。

知错能改，从善如流，这一点是值得赞赏的。生活中长辈、家长、老师、上司等在晚辈、孩子、学生、下属面前失言是难免的，关键是要能正确对待，知错能改。如果只是为了维护面子而不肯承认，不仅事情得不到解决，还会失去自己的威信。所以，坦然地承认并及时改正错误，是处理事情的最好方法。

17-5

【原文】

公山弗扰①以费畔，召，子欲往。子路不说，曰："末之也已②，何必公山氏之之也。"子曰："夫召我者，而岂徒哉？如有用我者，吾其为东周乎？"

【注释】

①公山弗扰：季氏宰。与阳货共执桓子，据邑以叛。②末之也已：末，无；之，到、往；末之，无处去。已，算了。

【译文】

公山弗扰据守费邑发动叛乱，召任孔子，孔子准备前往。子路不高兴，说："没有地方去也就算了，何必要到公山氏那里去呢？"孔子说："召用我的人，他岂能是平白无故地征召我？如果有人真正能够任用我，我将使周朝的道德礼仪重新复兴起来。"

【历代论引】

程子曰："圣人以天下无不可有为之人，亦无不可改过之人，故欲往。然而终不往者，知其必不能改故也。"

【评析】

成功并不只有一种途径，一条路走不通，也可另寻出路。人生既需要固守，也应舍得放弃。固守的是做人的原则，放弃的是虚妄的诱惑。人生只有勇于取舍，才有可能成就事业。人生价值的实现，固然在于奋其志以展宏图，但是，如果没有自己的舞台，那么，就让这一切淡淡地逝去。没有必要耿耿于怀，跃跃欲试。

17-6

【原文】

子张问仁于孔子。孔子曰："能行五者于天下，为仁矣。""请问之。"曰："恭，宽，信，敏，惠。恭则不侮，宽则得众，信则人任焉，敏则有功，惠则足以使人。"

【译文】

子张问孔子什么是仁。孔子说："能在天下实行五种品德就是仁了啊。"子张问："五种品行是什么？"孔子说："恭敬、宽恕、诚信、勤敏、慈惠。恭敬则不致受到侮辱，宽恕就能够得到众人的拥戴，诚信就能使人们信任，勤敏就能取得成功，慈惠就足以役使别人。"

【历代论引】

朱子曰："行是五者，则心存而理得矣。'于天下'，言无适而不然，犹所谓虽之夷狄不可弃者。五者之目，盖因子张所不足而言耳。"

张敬夫曰："能行此五者于天下，则其心公平而周遍可知矣。然恭其本与？"

【评析】

孔子论述了实行仁德的五项标准——"恭敬、宽恕、诚信、勤敏、慈惠"。恭敬，就能赢得别人的重视；宽容，就能赢得别人的拥戴；诚信，就能赢得别人的信任；勤敏，就能取得事业的进步；慈惠，就能赢得别人的尊敬。所以，我们应把它们作为自己一种精神上的追求，努力培养自己，使自己具备这些美德。

17-7

【原文】

佛肸①召，子欲往。子路曰："昔者由也闻诸夫子曰：'亲于其身为不善者，君子不入也。'佛肸以中牟②畔。子之往也，如之何？"子曰："然。有是言也。不曰坚乎，磨而不磷③；不曰白乎，涅而不缁④。吾岂匏瓜⑤也哉？焉能系而不食？"

【注释】

①佛（bì）肸（xī）：晋国大夫赵氏之中牟宰。②中牟（mù）：晋国的地名，在今河北邢台、邯郸之间。③磷（lìn）：损伤。④涅（niè）而不缁（zī）：涅，染黑；缁，黑色。⑤匏（páo）瓜：葫芦的一种，味苦不能吃。

【译文】

佛肸召请孔子。孔子将前往赴召。子路说："以前曾经听夫子说：'亲自做坏事的人那里，君子是不去的。'佛肸以中牟为据点而叛逆。夫子却要去赴召，这是为什么呢？"孔子说："是的，我是讲过这样的话。但是，不是还说过最坚硬的东西，磨也磨不薄；最洁白的东西，染也染不黑的话吗？我又怎么能像个匏瓜一样，总是悬挂着不被人摘取呢？"

【历代论引】

杨氏曰："磨不磷，涅不缁，而后无可无不可。坚白不足，而欲自试于磨涅，其不磷缁也者，几希。"

张敬夫曰："子路昔者之所闻，君子守身之常法。夫子今日之所言，圣人体道之大权也。然夫子于公山、佛肸之召皆欲往者，以天下无不可变之人，无不可为之事也。其卒不往者，知其人之终不可变而事之终不可为耳。一则生物之仁，一则知人之智也。"

【评析】

这是晋国的一次内乱，史事难考。据《史记·晋世家》记载，晋国自昭公以后，六卿日渐强大。六卿就是韩、赵、魏、范、中行（原姓荀）以及智氏。后来智伯与赵、韩、魏合力灭范氏及中行氏，共分范、中行氏土地以为邑。不久赵襄子、韩康子、魏桓子，又共杀智伯，尽分其地。最后三家分晋，而为韩、赵、魏三国的结局。当时六卿时挟晋君攻伐异己，各自扩张私家权利，而无公是公非。这一章表明孔子在推行仁德道义时，自己能通达权变，又能恪守节操。

在现代社会的经济大潮中，大凡腐败者，其根本原因就出在自己的身上，都是由于思想的问题，面对金钱美色的诱惑，迷失了自我，自动放弃了原则，丧失了应有的警惕，在腐蚀面前主动缴械，从而走向自我毁灭。只要坚定地守护着自己的灵魂，谨守着清白做人的道德底线，自励自律，始终保持着艰苦奋斗的精神，不放纵私欲，不艳羡奢靡的生活，那么金钱美色又能把你怎么样呢？

17–8

【原文】

子曰："由也，女闻六言六蔽①矣乎？"对曰："未也。""居②！吾语女。好仁不好学，其蔽也愚③；好知不好学，其蔽也荡；好信不好学，其蔽也贼；好直不好学，其蔽也绞④；好勇不好学，其蔽也乱；好刚不好学，其蔽也狂。"

【注释】

①蔽：通"弊"，弊病。②居：坐。③愚：受人愚弄。④绞：说话尖刻。

【译文】

孔子说："仲由，你听说过六种美德和六种弊病的说法吗？"子路回答说："没有。"孔子说："坐下！我告诉你。喜好仁德却不喜好学习，它的弊病是愚蠢；喜好聪明却不喜好学习，它的弊病是放荡；喜好诚信却不喜好学习，它的弊病是被人利用而害了自己；喜好耿直却不喜好学习，它的弊病是尖刻刺人；喜好勇猛却不喜好学习，它的弊病是导致动乱；喜好刚强却不喜好学习，它的弊病是狂妄无知。"

【历代论引】

朱子曰："六言皆美德，然徒好之而不学以明其理，则各有所弊。"

范氏曰："子路勇于为善，其失之者，未能好学以明之也，故告之以此。曰勇，曰刚，曰信，曰直，又皆所以救其偏也。"

【评析】

仁、智、信、直、勇、刚六者，各有表现的事实与所依据的道理，事实则非常繁杂，道理则非常精微，如果只好六言中的任何一言，而不好学其中的事与理，便不能中道而行，因而各有其蔽，所以好仁等，不能不好学。

学习是提高素质、成就事业的基本途径。任何一种好的品德，都是通过学习获得的。人最难的就是认识自己，要有方向、有目的地学习，只有勤奋地学习，才能有所进益，使自己的学问丰富，思想深刻。只有深入地学习不懈地努力，才能克服自己的不足，弥补自己的弱点。

学习成就人生，知识改变命运。然而，社会现实，却令人怀疑。孜孜不倦学习的人总是与这社会格格不入。而那些不学无术之徒却八面玲珑，真正的饱学之士，纵使有何等渊博的知识，却得不到一点知识的甘霖，总是窘迫困顿。你能说知识有何用？但是，我们不能被浮在社会表面的泡沫所迷惑。只要有真知灼见，最终会被历史记取。

17-9

【原文】

子曰："小子！何莫学夫《诗》？《诗》，可以兴①，可以观②，可以群③，可以怨④。迩⑤之事父，远之事君。多识于鸟兽草木之名。"

【注释】

①兴：《诗经》即景抒情的创作手法之一，即托物兴起的意思。②观：观察了解天地万物与人间万象。③群：与人交际、交往。④怨：讽谏上级、怨而不怒。⑤迩（ěr）：近。

【译文】

孔子说："弟子们啊，为什么不学习《诗经》呢？《诗经》可以即景抒发感慨，可以用来考察风俗民情政理得失，可以用来交往朋友，可以用来讥刺评论时事政治。近可以用其教化的道理来孝敬父母，远可以以其侍奉君主。而且还可以通过学习《诗经》的词句了解许多鸟兽草木的名称。"

【历代论引】

朱子曰："学《诗》之法，此章尽之。读是经者，所宜尽心也。"

【评析】

《诗经》有赋、比、兴三种文学创作手法。这里的"兴"即以此物说明彼物，"观"即观察人间风土人情，"群"即与人共处和共事，"怨"即讽刺评论。学诗不仅可以陶冶情操，而且可以增强一个人的道德伦理观念。因此，我们现代人也应该在闲暇之余学习诗歌来陶冶自己的情操，提高自己的修养。

17-10

【原文】

子谓伯鱼曰："女为《周南》《召南》①矣乎？人而不为《周南》《召南》，其犹正墙面而立②也与！"

【注释】

①《周南》《召南》：《诗经·国风》的两个部分，即两种地方民歌。②正墙面而立：面向墙壁站立着，这里比喻没有知识，就没有前途。

【译文】

孔子对伯鱼说："你学习《周南》《召南》了吗？做人如果不研究《周南》《召南》，就像面对墙壁站立，无法前进吧！"

【评析】

这一章讲述了孔子对自己的儿子伯鱼再三强调《周南》《召南》这两篇诗歌的重要意义，这其实也是在说明学习诗歌的益处。

17—11

【原文】

子曰："礼云礼云，玉帛云乎哉？乐云乐云，钟鼓云乎哉？"

【译文】

孔子说："礼呀礼呀，难道只是指瑞玉和束帛等礼器物品吗？音乐呀音乐，难道只是指钟鼓之器吗？"

【历代论引】

朱子曰："敬而将之以玉帛，则为礼；和而发之以钟鼓，则为乐。遗其本而专事其末，则岂礼乐之谓哉？"

程子曰："礼只是一个'序'，乐只是一个'和'。只此两字，含蓄多少义理。天下无一物无礼乐。且如置此两椅，一不正，便是无序。无序便乖，乖便不和。又如盗贼至为不道，然亦有礼乐。盖必有总属，必相听顺，乃能为盗。不然，则叛乱无统，不能一日相聚而为盗也。礼乐无处无之，学者须要识得。"

【评析】

这一章讲述了孔子要求自己的弟子深入理解礼、乐的深刻含义和重要意义。在孔子看来，礼乐的作用不仅仅是指其外在的形式，而是这些外在形式和内在教化作用的相结合。孔子既强调了礼乐的重要性，又指出了不能让玉帛、钟鼓遮盖和淹没了礼的安邦定国之功和乐的化民成俗之用，这样礼乐才能大放光芒。

17-12

【原文】

子曰："色厉而内荏①，譬诸小人，其犹穿窬②之盗也与？"

【注释】

①荏（rěn）：怯懦。②窬（yú）：越过。

【译文】

孔子说："外表严厉，内心怯懦，如果以小人的行为做比喻，不就像那挖洞跳墙的小偷吗？"

【历代论引】

朱子曰："言其无实盗名，而常畏人知也。"

【评析】

在这里，孔子用"厉""荏"两个字刻画了那些当权者欺世盗名，表里不一的丑相。在孔子看来，表里不一是小人的重要表现，而那些权欲强烈的当权者，表面上看好像不可一世，而内心却极为怯懦。这种德行的人我们现在也经常看到，所以，我们与人相处时，千万不要被这种"小人"所迷惑。

【原文】

子曰："乡愿①，德之贼也。"

【注释】

①乡愿：指那些表里不一、言行不一的伪君子。

【译文】

孔子说："那些表里不一、言行不一的伪君子，是道德的败坏者。"

【历代论引】

朱子曰："乡愿，乡人之愿者也。盖其同流合污以媚于世，故在乡人之中独以愿称。夫子以其似德非德，而反乱乎德，故以为德之贼而深恶之。"

【评析】

在《孟子·尽心下》里，孟子引述了孔子在我们这里听说的："乡原，德之贼也。"学生万幸便问："什么样的人可以叫作乡原呢？"孟子回答："阉然媚于世也者，是乡原也。"换句话说，"乡原"就是那种一味做事圆滑的人。万幸并没有完全理解，于是又问："一乡的人都称他为老好人，他自己也到处都表现得像个老好人，孔子为什么还要说他是偷道德的贼呢？"孟子说："是啊，这种人，你要说他有什么不对又举不出例子来，你要指责他似乎又无可指责。他所做的一切都符合世俗，看起来还很忠信廉洁，很得大家的喜欢。但实际上，他的作为并不合于尧舜之道，所以说他是偷道德的贼。"

在现实生活中也不乏其人，他们唯唯诺诺，人云亦云，无主见无原则；他们邯郸学步，好学人语，貌似有德，以假乱真；他们做事以圆滑取巧为技，以讨好别人为能，这些出卖原则而求利者是人际关系的腐蚀剂，是道德的败坏者，是不为我们现代社会所容忍的，是阻碍社会进步的绊脚石，所以，是我们要坚决摒除的。

17-14

【原文】

子曰：“道听而途说，德之弃也。”

【译文】

孔子说：“听信过路人的谣言并渲染传播，这是有德行的人所唾弃的。”

【历代论引】

朱子曰：“虽闻善言，不为己有，是自弃其德也。”

王氏曰：“君子多识前言往行以畜其德，道听途说则弃之矣。”

【评析】

孔子认为，教育重要的是道，道须在闻后认真地学习，如果只是耳闻口说，便是无道可言。又以教人而论，必须温故而知新，这才能做人师，如果闻道之后，不加以温习，就说给他人，那不是教人，而是害人。孔子认为，凡是传播不实之言就是对道德的自我背弃。在此，孔子特别反对那种不负责任地乐于传播小道消息的人，认为这是道德的自我背弃，是应该舍弃的。但是，纵观我们生活周围，这种道听途说、散布谣言、闲谈大论他人是非的人大有人在。

有些人闲谈不看对象，不分场合，不择内容，专爱议论、传播别人的私事，特别是拣人家不愿公开的“隐私”大肆聒噪，而且越扯越离奇，以此当成一大乐事、他们拿这些事当谈资，东家长、西家短，捕风捉影，飞短流长，一有机会便唠叨个没完。

因此，我们一定要摒弃这种道听途说的行为，做一个明智的人，不随便听信和传播流言。

17-15

17-15

【原文】

子曰："鄙夫可与事君也与哉？其未得之也，患得之。既得之，患失之。苟患失之，无所不至矣。"

【译文】

孔子说："卑鄙陋劣的人可以与他一起侍奉国君吗？当他没有获得的时候，他总担心不能得到；已经得到了，就又恐怕失去。如果担心失去什么，那么他就没有什么事不敢做的。"

【历代论引】

朱子曰："小则吮痈舐痔，大则弑父与君，皆生于患失而已。"

胡氏曰："许昌靳裁之有言曰：'士之品大概有三：志于道德者，功名不足以累其心；志于功名者，富贵不足以累其心；志于富贵而已者，则亦无所不至矣。'志于富贵，即孔子所谓鄙夫也。"

【评析】

孔子认为，那些品德不好的人总是患得患失，是不可以与之共事的。成语"患得患失"就是出自此处。

"患得患失"的人在现实生活中也是司空见惯的，他们为了自己的利益，就会不择手段去做任何事情，以至于不惜危害群体，危害他人。当然，这种人最终是不会有什么好的结局的。所以，我们做人做事要千万杜绝这种"患得患失"的心理。

17-16

【原文】

子曰："古者民有三疾，今也或是之亡也。古之狂①也肆②，今之狂也荡③；古之矜也廉④，今之矜也忿戾⑤；古之愚也直，今之愚也诈而已矣。"

【注释】

①狂：狂妄自大。②肆：放肆。③荡：放荡。④廉：品行方正有威严。⑤戾：蛮横不讲理。

【译文】

孔子说："古人有三种毛病，现在或许连这样的毛病也没有了。古时候狂傲的人是肆意直言，现在狂妄的人却放荡不羁；古代矜持的人行为方正，而当今人是暴躁蛮横；古代愚钝的人也还正直，而现在愚蠢的人却是伪装的。"

【历代论引】

范氏曰："末世滋伪。岂惟贤者不如古哉？民性之蔽，亦与古人异矣。"

【评析】

孔子认为他那时候的人比不上古人，他以古人的三疾与当时人比较，便显出今古之异。孔子在感叹世风日下，人心不古。上古时期，人们的"狂""矜""愚"虽然也是毛病，但并非不能让人接受，而到了孔子时代，这三种毛病都变本加厉。从孔子时代到现代，这三种毛病依然存在，而且愈加严重。因此，这就需要加强道德理念和思想素质的培养和教育，使我们的国民意识得到加强，民族性格得到完美塑造。同时也希望有这三种小毛病的人警醒。

17—17

【原文】

子曰："巧言令色，鲜矣仁。"

【译文】

孔子说："花言巧语，伪装和善，这种人很少有仁德。"

【历代论引】

见《学而篇》第3章。

【评析】

见《学而篇》第3章。

17—18

【原文】

子曰："恶紫①之夺朱②也，恶郑声之乱雅乐也，恶利口之覆邦家③者。"

【注释】

①紫：间色。②朱：正色。③邦家：诸侯之邦与大夫之家。

【译文】

孔子说："我憎恶用紫色取代红色的正位；我厌恶用郑国的乐曲破坏了典雅的音乐；我憎恨那些花言巧语误国误民而使国家倾覆的人。"

【历代论引】

范氏曰："天下之理，正而胜者常少，不正而胜者常多，圣人所以恶之也。利口之人，以是为非，以非为是，以贤为不肖，以不肖为贤。人君苟悦而信之，则国家之覆也不难矣。"

【评析】

朱色是五种正色中的赤色。以黑加赤而为紫，名为闲色。紫色中有赤色的成分，所以能乱朱色，又能予人以美好之感，令人喜好，此即夺朱。以紫夺朱，即是以邪夺正。这一章孔子对当时的三种社会现象表示了反感和反对：一是紫色的流行超过了朱色，二是流行音乐扰乱了传统的典雅音乐，三是利口之人危害了国家的安定，孔子以此揭示了当时负面势力的残暴和社会的不良风气。其实，像这样的情况，不管是古代还是现代，都是为人们所痛恨的。

17-19

【原文】

子曰："予欲无言。"子贡曰："子如不言，则小子何述焉？"子曰："天何言哉？四时行焉，百物生焉，天何言哉？"

【译文】

孔子说："我觉得没有什么可以说的了。"子贡说："夫子如果不做论述，那么让我们记述学习什么呢？"孔子说："天说了什么呢？四季运行，万物生长。天说了什么吗？"

【历代论引】

程子曰："孔子之道，譬如日星之明，犹患门人未能尽晓，故曰：'予欲无言。'若颜子则便默识，其他则未免疑问，故曰'小子何述'。"又曰："'天何言哉？四时行焉，百物生焉'，则可谓至明白焉。"

王安石曰："孔子曰：'予欲无言。'然未尝无言也；其言也，盖有不得已焉。"

朱子曰："学者多以言语观圣人，而不察其天理流行之实，有不待言而著者，是以徒得其言，而不得其所以言。故夫子发此以警之。"

【评析】

孔子提示弟子，学道必须离言而求。言能诠道，而不是道，道在默而识之。学道传道都要离言。故说："予欲无言。"又一再地说："天何言哉。"本章突出了孔子身教重于言教的思想。孔子启发他的弟子们从他的言行举止中学习，使其能览宇宙无穷而顺于时，察万物虽众然各遵其序。

17—20

> 孺悲①欲见孔子，孔子辞以疾。将命者出户。取瑟而歌，使之闻之。

【注释】

①孺悲：鲁国人。尝学《士丧礼》于孔子。

【译文】

孺悲想见孔子，孔子托言有病不接待。等通报传话的人走出门外，孔子便取出古瑟弹唱，故意让他听见。

【历代论引】

程子曰："此孟子所谓'不屑之教诲'，所以深教之也。"

【评析】

孺悲来求见孔子时，孔子故意让他吃点苦头，受点挫折，然后懂点事理。大千世界并非处处顺心，当你志得意满的时候，适时地受些挫折，才能让你猛然回头，不至于掉进胜利的陷阱里。

17-21

【原文】

宰我问："三年之丧，期已久矣。君子三年不为礼，礼必坏；三年不为乐，乐必崩。旧谷既没，新谷既升^①，钻燧改火，期^②可已矣。"子曰："食夫稻，衣夫锦，于女安乎？"曰："安。""女安，则为之！夫君子之居丧，食旨^③不甘，闻乐不乐，居处不安，故不为也。今女安，则为之！"宰我出。子曰："予之不仁也！子生三年，然后免于父母之怀。夫三年之丧，天下之通丧也。予也有三年之爱于其父母乎？"

【注释】

①升：成熟。②期：一年。③旨：甜美，指好吃的食物。

【译文】

宰我问："子女为父母服丧三年，时间太久长了。君子三年不治理礼仪，礼制必定面临被荒废；三年不整顿音乐，音乐必定渐趋败坏。旧谷才刚吃完，新谷已经上场，取火用的木材又轮换了一遍，服丧一周年也就可以了。"孔子说："吃着稻粮，穿着锦衣，对你来说心安吗？"宰我说："心里安然。"孔子说："你心里觉得安然就这样去做吧！君子居守父母之丧，吃美味不觉得香甜，听到音乐不知道快乐，所居之处感到心里不踏实，所以不那样做啊。现在你如果感到心里能够过意得去，就按你的意思做吧！"宰我退出后，孔子说："宰我不仁啊！儿女出生三年，然后才能离开父母的怀抱。为父母守丧三年，这是天下通行的丧礼仪制啊。宰我难道就没有受到父母三年的眷爱吗？"

【历代论引】

尹氏曰："短丧之说，下愚且耻言之。宰我亲学圣人之门，而以是为问者，有所疑于心而不敢强焉尔。"

范氏曰："丧虽止于三年，然贤者之情则无穷也。特以圣人为之中制而不敢过，故必俯而就之，非以三年之丧为足以报其亲也。所谓三年然后免于父母之怀，特以责宰我之无恩，欲其有以跂而及之尔。"

【评析】

这一章讲了孔子谴责宰我违背丧礼的不道德行为。孔子认为孩子生下来以后要经过三年才能离开父母的怀抱，所以父母去世了，也应该为父母守丧三年。其实，最主要的孝行，是在父母有生之年，尽赡养和尊敬父母的义务和责任，让父母在物质上吃好、住好，在精神上享有天伦之乐，这才是一个文明社会的标志。而对于那些虐待父母的行为，我们应给予谴责和法律的制裁。因此，尊老、敬老、爱老、养老是我们中华民族提倡的传统美德，是我们每个人应继承和发扬光大的。

17-22

【原文】

子曰："饱食终日①，无所用心，难矣哉！不有博②弈者乎？为之，犹贤乎已。"

【注释】

①终日：整天。②博：古代的一种棋局游戏，双方各六枚棋，黑白分别。先掷骰子，再走棋。

【译文】

孔子说："整天吃饱了饭，一点也不动脑筋，这种懒惰的行为是难以开启的啊！博弈不也是一种有益的游戏吗？天天下棋，也比闲着强啊。"

【历代论引】

李氏曰："圣人非教人博弈也，所以甚言无所用心之不可尔。"

【评析】

一个人饱食终日，不做事，不用心思，孔子便说此人"难矣哉"。诚然，其心无所据，便生淫欲之念。淫念既生，顺其发展，再希望此人有好的品德那就难了。虽然是博弈，也都要用心思，孔子认为"为之，犹贤乎已"。玩玩博弈，也比无所用心好。这一章是孔子规劝那些一天到晚贪图安逸、无所事事的人。在这里，孔子教育我们一个人首先应该把主要精力投注到为国为民的有益的事业上，同时通过文艺活动来寄托情感，陶冶性灵，就能够达到传统文化中理想人格的境界。

17-23

【原文】

子路曰："君子尚勇乎？"子曰："君子义以为上，君子有勇而无义为乱，小人有勇而无义为盗。"

【译文】

子路说："君子尊崇勇敢吗？"孔子说："君子以大义为上德。君子只有勇敢而不顾道义就会作乱而为害国家，小人只有勇力而不守正义则必沦为强盗。"

【历代论引】

尹氏曰："义以为尚，则其勇也大矣。子路好勇，故夫子以此救其失也。"

【评析】

这一章中，孔子告诫子路，做人首先要行仁德道义，不要像小人那样有勇而无道义。

义，是做人的基本要素。宋明理学提倡"生以载义""义以立生"的人生观，以义作为人的价值取向。《左传》说"君子动则思礼，行则思义，不为利回，不为义疚"。每做一件事，都要分清是非善恶、利害关系。作为纯正，处事公道，见得思义，不与不取，这是基本的常识，进而才能达到"富贵不能淫，贫贱不能移，威武不能屈"的境界。

17—24

【原文】

子贡曰："君子亦有恶乎？"子曰："有恶：恶称人之恶者，恶居下流①而讪②上者，恶勇而无礼者，恶果敢而窒③者。"曰："赐也亦有恶乎？""恶徼④以为知者，恶不孙以为勇者，恶讦⑤以为直者。"

【注释】

①下流：下等的，在下的。②讪：毁谤。③窒：阻塞、顽固不化。④徼：窃取、抄袭。⑤讦（jié）：攻击、揭发别人。

【译文】

子贡说："君子也有厌恶的事吗？"孔子说："当然有厌憎的事：最厌恶背地里造谣中伤别人的人，厌恶那些身居下位而讥谤议论上级的人，厌憎那些恃勇斗狠而没有文化礼仪修养的人；憎恨那些果断敢为却顽固不化的人。"孔子又说："赐也有憎恨的事吗？"子贡说："憎恶那种窃取别人的成绩而自以为聪明的人；憎恶不谦逊而以为自己勇敢正直的人；厌弃那些攻讦别人却自以为正直的人。"

【历代论引】

侯氏曰："圣贤之所恶如此，所谓'唯仁者能恶人'也。"

杨氏曰："仁者无不爱，则君子疑若无恶矣。子贡之有是心也，故问焉以质其是非。"

朱子曰："称人恶，则无仁厚之意。下讪上，则无忠敬之心。勇无礼，则为乱。果而窒，则妄作。故夫子恶之。"

【评析】

这一章通过孔子与子贡的对话，表达了他们惩恶扬善、维护仁德道义的思想。此章前后两段，前段四种人为孔子所恶，后段三种人为子贡所恶，学君子者可以此为修身之鉴。每个人都会有自己痛恨厌恶的人或事，标准不同，内容也就不同。虽然，我们不能像圣人一样让人敬仰，但我们还是希望自己千万不要成为别人厌恶的人，自己所做的事不要被别人所厌恶，我们就能做到问心无愧了。

17-25

【原文】

子曰："唯女子与小人为难养也，近之则不孙，远之则怨。"

【译文】

孔子说："唯独女子和小人是最难养的啊。亲近他们，他们就会无礼；疏远他们，他们就会怨恨。"

【历代论引】

朱子曰："君子之于臣妾，庄以莅之，慈以畜之，则无二者之患矣。"

【评析】

孔子认为，那些婢妾、小人是难以相处的。本章在后世有很大争议，主要的原因就在于得罪了全天下的女子。如果去掉女子，单看孔子对小人的评价，那确实是非常有道理的。

《呻吟语》的作者吕坤说："处小人，在不远不近之间。"这和孔子的想法如出一辙。过分地接近小人，对自己而言是一种负担，冷落了他，又会招致嫉恨，不知其心怀何鬼胎。所以，保持适当的距离才是上策。

17—26

【原文】

子曰：“年四十而见恶焉，其终也已。”

【译文】

孔子说：“年过四十岁还被厌恶，那么他这一辈子就算完了。”

【评析】

这一章是讲孔子告诫自己的弟子要努力求学，不然到40岁还无所作为，那一辈子也就完了。

人的一生短暂，但生命的成长和精神境界提升的历程却是一个漫长的过程。许多人都在追逐一些华而不实的东西，却忽视了作为人一生中一切事务的根基的进德修业功课，以致到头来才发觉自己的一生其实都处于浑浑噩噩的状态中，并未取得任何实质性的成就。自我的完善，不仅是为人处世的前提条件，更是自身充实生命的需要，因此，需要时时处处勤奋努力。

微子第十八

18—1

【原文】

微子①去之，箕子②为之奴，比干③谏而死。孔子曰："殷有三仁焉。"

【注释】

①微子：名启，纣王同母兄长。封于微（今山东梁山西北）。商纣之乱时，数谏不听，微子见纣无道，遂出走，去之以存宗祀。周武王灭商，称臣于周。后封于宋，为周代宋国的始祖。②箕子：殷纣王之叔父。名胥余。商代贵族。官太师。③比干：纣王之叔父（一说为纣王庶兄）。官少师。纣淫乱，比干犯颜强谏，纣怒，被剖心而死。相传比干的心有七个孔，是为天生圣人。

【译文】

纣王昏乱残暴，微子离开了，箕子沦为奴隶，比干因谏劝而被杀害了。孔子说："殷商末年有三位仁德的人。"

【历代论引】

杨氏曰："此三人者，各得其本心，故同谓之仁。"

朱子曰："三人之行不同，而同出于至诚恻怛之意，故不咈乎爱之理，而有以全其心之德也。"

【评析】

殷纣王暴虐无道，不听任何人谏诤，微子离去，箕子佯狂为奴，比干谏之尤力，结果被纣剖心而死。微子等三人的行迹不同，孔子认为，他们都是殷家忧国忧民的仁者，所以说："殷有三仁焉。"三仁者如此遭遇，足见纣王暴恶至极，终致殷朝灭亡。

这一章是孔子谈论商朝旧事，认为贤臣尽忠的方式虽不一样，但都不外乎"仁义"二字。

为了国家、民族的利益，不计个人得失，大声疾呼。这种舍生取义的精神，是中华民族之所以长盛不衰的精蕴所在。在中华文明的发展历程中，每当时代变迁的重要关头，都会留下令人荡气回肠的伟业丰碑，那一曲曲英雄的凯歌，传唱着一个个光辉的名字，所有这一切昭示的都是中华民族的气节，是文化的精髓，是中华民族永恒的精神力量。

18-2

【原文】

柳下惠为士师①，三黜②。人曰："子未可以去乎？"曰："直道而事人，焉往而不三黜？枉道而事人，何必去父母之邦？"

【注释】

①士师：古代掌管司法刑狱的官员，也叫典狱官。②黜：罢免。

【译文】

柳下惠任狱官，多次被罢免。人们就说："你不被重用，为什么不离开鲁国呢？"柳下惠说："用正直之道为人做事，到哪里不会被再三罢免呢？以邪门歪道为人做事，又何必离开自己的国家呢？"

【历代论引】

刑昺曰："士师，典狱之官也。三黜者，时柳下惠为典狱之官，任其直道，群邪丑直，故三被黜退。人曰：'子未可以去乎'者，或人谓柳下惠曰：'吾子数被黜辱，未可以去鲁乎？'……枉，曲也。时世皆邪，已用直道以事于人，则何往而不三黜乎？言苟直道以事人，所至之国俱当复三黜。其舍其直道而曲以事人，则在鲁亦不见黜，何必去父母所居之国也。"

朱子曰："柳下惠三黜不去，而其辞气雍容如此，可谓和矣。然其不能枉道之意，则有确乎其不可拔者。是则所谓必以其道，而不自失焉者也。"

【评析】

直道事人而不枉，三黜而不去父母之邦，是柳下惠坚定不移的德行。这一章是记述柳下惠在担任司法刑狱的鲁国官员时，坚持用正道侍奉君主的事情。

正所谓"根深不怕风摇动，树正何愁月影斜。"因为，行正道将名誉远播，品德将永放光辉。所以，这种高风亮节是我们应该提倡和学习的。

18-3

【原文】

齐景公待孔子，曰："若①季氏，则吾不能；以季、孟之间待之。"曰："吾老矣，不能用也。"孔子行。

【注释】

①若：像。

【译文】

齐景公将任用孔子，说："给予你像季氏那样高的待遇，我做不到，只能是介于季氏和孟氏之间。"齐景公又说："我老了，没有什么作为了。"孔子于是离开了齐国。

【历代论引】

程子曰："季氏强臣，君待之之礼极隆，然非所以待孔子也。以季、孟之间待之，则礼亦至矣。然复曰'吾老矣，不能用也'，故孔子去之。盖不系待之轻重，特以不用而去尔。"

【评析】

这一章记述了齐景公不起用孔子，而孔子随即离开齐国的事情，写出了孔子在仕途上的坎坷。孔子志在行道，不是谋求官位，道不能行，故即离去。此章事实，在《史记·孔子世家》里记载得很详细。大意是说，孔子年三十五，鲁昭公到齐国不久，孔子也到了齐国，住了一段时期。就在这期间，景公两度问政于孔子，孔子答以"君君、臣臣、父父、子子"以及"政在节财"。景公喜悦，将欲以尼溪田封给孔子，但被晏婴阻止。后来景公说出待孔子之道，就是此章所记的言辞。

其实人生的选择是多种多样的，不一定非要一竿子插到底，学会选择，学会变通，是一种聪明之举。当不能实现自己设定的理想时，不妨选择另一条路，也许你就会意外地发现自己本来就可以有另外一种活法。

18-4

【原文】

齐人归①女乐。季桓子②受之，三日不朝。孔子行。

【注释】

①归：通"馈"，赠送。②季桓子：名斯。鲁国大夫。

【译文】

齐国人赠送女乐舞艺人。季桓子接受了，三天不理政事。孔子便离去了。

【历代论引】

范氏曰："此篇记仁贤之出处，而折中以圣人之行，所以明中庸之道也。"

尹氏曰："受女乐而怠于政事如此，其简贤弃礼、不足与有为可知矣。夫子所以行也。所谓'见几而作，不俟终日'者与？"

【评析】

这一章是说季桓子沉溺于女色，无所作为，孔子毅然离开自己的国家。据《史记·孔子世家》说，鲁定公十四年，孔子年五十六，由大司寇行摄相事，与闻国政三月，商品不二价，路人不拾遗，鲁国大治。与鲁为邻的齐国，深恐鲁用孔子行霸，不利于齐，因此采用犁锄所说之计，以女乐迷惑鲁君，破坏孔子为政，于是选了八十名美女，能歌善舞，以及文马三十驷，致赠鲁君，陈列在鲁国城南高门外。季桓子引鲁君往观，终于接受。定公果然为女乐所迷，以致连续三日不理朝政。不久，鲁国郊祭，又不依礼将祭毕的膰肉分送大夫。因此，"孔子行"，孔子便辞官离开鲁国，前往卫国。

欲望是人的天性，而对欲望的节制则见出德行的高下。普通的人总是被生活中一些虚浮的物欲诱惑着而不能自拔，但他们的沉迷不会引起什么大的损害，充其量只是其家庭的风波，于他人无碍。当权者就不同了，轻则造成自己政治前途的毁灭，重则祸国殃民。因此，人在任何时候都不能放弃对品德的修养，这对自己对后世都非常重要。

18-5

【原文】

楚狂接舆①歌而过孔子，曰："凤兮！凤兮！何德之衰？往者不可谏，来者犹可追②。已而！已而！今之从政者殆而！"孔子下，欲与之言。趋而辟之，不得与之言。

【注释】

①接舆：楚国人，佯狂辟世。夫子时将适楚，故接舆歌而过其车前。②追：及。

【译文】

楚国的那个狂放不羁的人接舆，唱着歌从孔子身旁走过。他唱道："凤鸟啊凤鸟，你的命运怎么这样的不济？过去的不能再挽回了，未来的还可补救。算了吧！算了吧！现在的执政者危险啊！"孔子下车，想同他谈谈，他却快步避开，孔子没有机会同他交谈。

【评析】

本章主要讲接舆对孔子的处境表示同情，但却对他的做法无法理解，所以，在经过孔子车旁的时候通过唱歌来提示和规劝他。孔子也明白这一点，只是他的思想和责任使他不能隐居山野，逃避现实。

18—6

【原文】

　　长沮、桀溺①耦而耕②，孔子过之，使子路问津③焉。长沮曰："夫执舆者为谁？"子路曰："为孔丘。"曰："是鲁孔丘与？"曰："是也。"曰："是知津矣。"问于桀溺，桀溺曰："子为谁？"曰："为仲由。"曰："是鲁孔丘之徒与？"对曰："然。"曰："滔滔者天下皆是也，而谁以易之？且而与其从辟人之士也，岂若从辟世之士哉？"耰④而不辍。子路行以告。夫子怃然曰："鸟兽不可与同群，吾非斯人之徒与而谁与？天下有道，丘不与易也。"

【注释】

　　①长沮、桀溺：二人皆隐者。②耦（ǒu）而耕：两个人合力耕作。③问津：津，渡口。询问渡口。④耰（yǒu）：用土覆盖种子。

【译文】

　　长沮、桀溺两人并肩在田间耕耘劳作。孔子路过，让子路问去渡口的路怎么走。长沮说："执舆的人是谁呀？"子路说："是孔丘。"长沮说："是鲁国的孔丘吗？"回答说："是的。"长沮说："他是知道渡口在哪里的。"子路又问桀溺。桀溺说："你是谁？"回答说："我是仲由。"说："是鲁国孔丘的学生吗？"回答说："是的。"说："世事像洪水一样的汹涌混浊纷乱，你们同谁去改变它呢？况且，你与其跟从能避开恶人的志士奔走，怎么能比得上跟随着逃避世事的人隐居呢？"然后自顾平土覆盖种子，干个不停。子路赶上前去将此事禀告孔子。夫子怅然叹惜说："飞鸟和走兽是不能够同群相处的，我不与这样的人为伍又与谁为友呢？倘若天下有道，我就不必参与为了改变它而奔走了。"

【历代论引】

程子曰："圣人不敢有忘天下之心，故其言如此也。"
张子曰："圣人之仁，不以无道，必天下而弃之也。"

【评析】

这一章记述的是孔子周游天下时，传播道义，一心想移风易俗，但却为隐士们所讥讽。

儒家不倡导消极避世的做法。儒家认为，即使不能齐家治国平天下，也要独善其身，做一个有道德修养的人。孔子就是这样一位身体力行者。所以，他感到自己有一种社会责任心，正因为社会动乱、天下无道，他才与弟子们不知辛苦地四处呼吁，为社会改革而努力，这是一种可贵的忧患意识和历史责任感。而长沮、桀溺，皆为乱世隐士。孔子在乱世，一心要以大道施济苍生。圣人与洁身自好的隐士分别在此。

18-7

【原文】

子路从而后，遇丈人，以杖荷蓧①。子路问曰："子见夫子乎？"丈人曰："四体不勤，五谷不分。孰为夫子？"植其杖而芸②。子路拱而立。止子路宿，杀鸡为黍而食③之，见其二子焉。明日，子路行以告。子曰："隐者也。"使子路反见之。至则行矣。子路曰："不仕无义。长幼之节，不可废也；君臣之义，如之何其废之？欲洁其身，而乱大伦。君子之仕也，行其义也。道之不行，已知之矣。"

【注释】

①莜（diào）：古代锄草用的农具。②植：插立。芸：通"耘"，锄草。③食：拿东西给人吃。

【译文】

子路跟从孔子游历而落在后面，遇见一个老人，用拐杖挑着锄草工具。子路问："您见到我的老师了吗？"老人说："四肢不劳动，五谷分不清，谁是你的老师？"把手杖插在地上锄起草来。子路拱手站立旁边。老人留子路住宿，杀鸡、煮黄米盛情款待，并让他的两个儿子与子路相见。第二天，子路继续赶路，将他所遇到的情形告诉了孔子。孔子说："隐士啊。"就命子路带路返回拜见。到那里时，老人已经离去了。子路说："不做官不合乎大义。长幼之间的礼节不可废弃。君臣之间的礼仪，又怎么能够废弃呢？只是为了洁身自好，却为什么要败坏君臣之间最重要的关系呢？君子为国家做事，是推行正道大义呀。道之所以不能施行，于此可知啊。"

【历代论引】

朱子曰："盖丈人之接子路甚倨，而子路益恭，丈人因见其二子焉，则于长幼之节，固知其不可废矣。故因其所明以晓之。""仕所以行君臣之义，故虽知道之不行而不可废。然谓之义，则事之可否，身之去就，亦自有不可苟者。是以虽不洁身以乱伦，亦非忘义以徇禄也。"

范氏曰："隐者为高，故往而不反。仕者为通，故溺而不止。不与鸟兽同群，则决性命之情以饕富贵。此二者皆惑也，是以依乎中庸者为难。惟圣人不废君臣之义，而必以其正，所以或出或处而终不离于道也。"

【评析】

本章的要点在于子路后面所作的总结，他认为隐居山林是不对的，老丈与他的儿子的关系仍然保持，却抛弃了君臣之伦。这是儒家向来都不提倡的。

18-8

【原文】

逸①民：伯夷、叔齐、虞仲②、夷逸、朱张③、柳下惠、少连④。子曰："不降其志，不辱其身，伯夷、叔齐与！"谓"柳下惠、少连，降志辱身矣，言中伦，行中虑，其斯而已矣。"谓"虞仲、夷逸，隐居放言，身中清，废中权。我则异于是，无可无不可"。

【注释】

①逸：通"佚"，散失、遗弃。②虞仲：即仲雍，与泰伯一同避往吴越之间。③夷逸、朱张：不见经传。《尸子》："夷逸，夷诡诸之裔，或劝其仕，曰：'吾譬则牛，宁服轭以耕于野，不忍被诱入庙为牺。'"④少连：东夷人。事不可考。为有德而隐的隐民。《礼记·杂记》称其"善居丧，三日不怠，三月不解。期悲哀，三年忧，东夷之子也"。则行之中虑，亦可见矣。

【译文】

避世隐居的高人有：伯夷、叔齐、虞仲、夷逸、朱张、柳下惠、少连。孔子说："不降低自己的志向，不使自己受到侮辱，保持着高贵尊严的是伯夷、叔齐啊！"又说："柳下惠、少连，降低自己的意志，折辱了自己的身份，可是言语合乎法度，行为经过缜密的思虑，那也是可以谅解的啊。"又说："虞仲、夷逸过着隐居的生活，说话无拘无束，保持自身纯洁，放弃官爵合乎权宜。我则与他们都不同，没有什么是可以的，也没有什么是不可以的。"

【历代论引】

孟子曰："孔子可以仕则仕，可以止则止，可以久则久，可以速则速。"

邢昺曰："无可无不可，我之所行，则与此逸民异，亦不必进，亦不必退，唯义所在。"

尹氏曰："七人各守其一节，而孔子则无可无不可，此所以常适其可，而异于逸民之徒也。

扬雄曰："观乎圣人则见贤人。是以孟子语夷、惠，亦必以孔子断之。"

【评析】

这一章中，孔子谈论了古代隐逸之士不同的仁德操行，并把对自己的看法与他们相比较。

"无可无不可"，不偏执一词，不固执一端。不画地为牢，不自我封闭。既有坚持原则的坚定性，又有通权达变的策略上的灵活性。为人处世，"用之则行，舍之则藏"。我们不能迂腐地为一个虚无的符号殉道，要有现实的态度，应该看清楚向哪一个可行的方向迈进。不必为僵死的教条所束缚，应当有与时俱进的勇气和进取精神。既不患得患失，又自觉肩负责任，进退自如。

18-9

【原文】

大师挚适齐，亚饭干适楚，三饭缭适蔡，四饭缺适秦①，鼓方叔②入于河，播鼗武入于汉，少师③阳、击磬襄④入于海。

【注释】

①亚饭、三饭、四饭：都是乐官名。干、缭、缺是人名，鲁国音乐师。②鼓方叔：击鼓的乐师名方叔。③少师：乐官名，副乐师。④击磬襄：击磬的乐师名襄。

【译文】

大师挚逃到了齐国，二饭乐师干逃到了楚国，三饭乐师缭逃到了蔡国，四饭乐师缺逃往秦国去了，大鼓师方叔去河内（黄河上游）一带隐居了，长柄摇鼓师武涉过汉水到长江一带，隐于汉中，少师阳、击磬师襄到了海滨。

【历代论引】

朱子曰："此记贤人之隐遁以附前章，然未必夫子之言也。末章放此。"

张子曰："周衰乐废，夫子自卫反鲁，一尝治之，其后伶人贱工识乐之正。及鲁益衰，三桓僭妄，自大师以下，皆知散之四方、逾河蹈海以去乱。圣人俄顷之助，功化如此。'如有用我，期月而可。'岂虚语哉？"

【评析】

这一章记述了当时鲁国的乐师们四散出走，既反映了当时典雅古乐的没落，也从侧面反映了当时鲁国的政局已经衰微不稳，同时也是孔子政坛失意情感的表露。

18-10

【原文】

周公谓鲁公①曰："君子不施②其亲，不使大臣怨乎不以。故旧无大故，则不弃也。无求备于一人。"

【注释】

①鲁公：周公之子伯禽。封于鲁，故称鲁公。②施：通"弛"，怠慢、疏远。

【译文】

周公告诫鲁公说："君子不疏远他的亲人，不令臣属抱怨得不到重用。以前的老朋友，如果没有大的过失，就不应遗弃他们，不要对任何人求全责备。"

【历代论引】

胡氏曰："此伯禽受封之国，周公训戒之辞。鲁人传诵，久而不忘也。其或夫子尝与门弟子言之欤？"

李氏曰："四者皆君子之事，忠厚之至也。"

【评析】

这一章记述的是周公教育自己的儿子鲁公用宽厚仁义治理国家的道理。

"水至清则无鱼，人至察则无徒。"无论是交友，还是任用人才，以及处理政务，都不能要求太高，更不能凭着自己的喜好和意气用事。每个人都有着自己的生活方式和工作方法，强求一律，就会引起大家的反感。尤其是作为领导，如果对下属过于苛求，则只会让自己陷入孤立无援的境地。所以，做大事的人千万不要拿着显微镜看人，因为在显微镜下绝对没有完人，而要严于律己，宽以待人，不过分吹毛求疵。

18—11

【原文】

周有八士：伯达、伯适、仲突、仲忽、叔夜、叔夏、季随、季骈。

【译文】

周朝的时候有八大名士：伯达、伯适、仲突、仲忽、叔夜、叔夏、季随、季骈（guā）。

【历代论引】

张子曰："记善人之多也。"

朱子曰："此篇孔子于三仁、逸民、师挚、八士，既皆称赞而品列之；于接舆、沮、溺、丈人，又每有惓惓接引之意。皆衰世之志也，其所感者深矣！在陈之叹，盖亦如此。三仁则无间然矣，其余数君子者，亦皆一世之高士。若使得闻圣人之道，以裁其所过而勉其所不及，则其所立岂止于此而已哉？"

【评析】

这一章记述孔子及弟子追忆怀念周朝的贤臣，借以说明周朝的强盛。传说这八位贤士是同一时代同母四胎所生，即四对双胞胎，故其姓名是两两次第相随。由于年代已久，他们的生平事迹已无可考，但这八位贤士为周朝的天下立下了汗马功劳，所以，孔子以此来表彰他们。我们在为人处世、管理工作时，也应该以德才兼备的标准考察、分析、辨别人。

子张第十九

19-1

【原文】

子张曰："士见危致①命，见得思义，祭思敬，丧思哀，其可已矣。"

【注释】

①致：给予、献出。

【译文】

子张说："士面临危险敢于献身，见到利益能够以道义为重，祭奠祖宗神灵思致诚敬，居处亲丧深怀哀痛，这就可以了吧。"

【历代论引】

朱子曰："四者立身之大节，一有不至，则余无足观。故言士能如此，则庶乎其可矣。"

【评析】

本章说明了子张对士的四点理解，对此孔子也是认同的。"见危致命"是指身处逆境，敢于承担；"见得思义"是指见到好处，则守本分，不争名夺利；"祭思敬"是指古代极重祭祀天地祖先鬼神，凡人皆不能忘本；"丧思哀"是指对丧事要有哀痛之情，广义而言，对施政的失败也要有哀思反思之心。

　　然而在当今时下看来，"见得思义"是值得肯定的，"见危致命"则需要斟酌。以前我们的社会一直非常赞赏"见危致命"精神，但是现在我们应该反思：这一条是否过度忽视了生命的价值？忽视了人的价值？比如当火灾发生的时候，我们是首先应该安全地撤离现场，还是应该不顾生命危险去抢救国家财产、去救火呢？现在的消防常识已经明确告诉我们：遇到火警，首先应该撤离火场，生命是比财产更加重要的东西，财产有价，生命无价。在任何时候，我们都应该理性地避免生命受到伤害。

19-2

【原文】

　　子张曰："执德不弘①，信道不笃，焉能为有？焉能为亡？"

【注释】

　　①弘：大，这里引申为动词。

【译文】

　　子张说："固守德操却不弘扬光大，信奉仁道不能坚定不移，这样的人能够算有仁德吗？这样的人能够算没有仁德吗？"

【历代论引】

　　朱子曰："有所得而守之太狭，则德孤；有所闻而信之不笃，则道废。"

【评析】

　　什么是"有"？什么又是"无"呢？我们总是徘徊在"有"与"无"之间，做着毫无实际意义的计较与取舍。对于具体的事疑虑重重，不能够果决地做出取舍。于是，我们失去了很多成就事业的机遇，到头来却抱怨命运对自己不公。我们之所以没有达到目标，只是由于我们的心中总是有着太多的顾虑，缺乏舍身一搏的勇气。患得患失，是我们心中永远的痼疾。

其实，所有的问题都出自我们自己，只要心中有"仁"，自然能够放下一切，坦然自在。

19-3

【原文】

> 子夏之门人问交于子张。子张曰："子夏云何？"对曰："子夏曰：'可者与之①，其不可者拒之。'"子张曰："异乎吾所闻：君子尊贤而容众，嘉善而矜②不能。我之大贤与，于人何所不容？我之不贤与，人将拒我，如之何其拒人也？"

【注释】

①之：交往。②矜：怜悯。

【译文】

子夏的学生问子张如何与人交往。子张说："子夏是怎么说的？"回答说："子夏说：'值得交往的人就与他结交，没有长处的人就拒绝与他来往。'"子张说："这与我所听到的道理不同：君子尊敬贤德的人而且能够容纳众人，嘉勉好的而同情无能的人。我如果是非常贤明的人，那么对于别人有什么不能容纳的呢？我如果不具有令人称道的贤德，人们必将拒绝与我交往，这样我又有什么资格拒绝人呢？"

【历代论引】

朱子曰："盖大贤虽无所不容，然大故亦所当绝；不贤固不可以拒人，然损友亦所当远。学者不可不察。"

【评析】

这一章论述子夏与子张关于交朋友的方法。

朋友就是朋友，没有必要加入太多的功利色彩。所以，我们完全可以以开放的心态去选择、结交朋友，我们要学习别人的长处，帮助需要帮助的人，也坦然接受别人的帮助。

19—4

【原文】

子夏曰："虽小道①，必有可观者焉；致远恐泥②，是以君子不为也。"

【注释】

①小道：指各种具体的方法、知识和技能。②泥：阻滞、不通、妨碍。

【译文】

子夏说："即使是农圃医卜等小技艺，也一定有可供取法的地方；但是要达到的远大目标恐怕就要受到干扰阻滞，所以君子不去从事这些方面的事。"

【历代论引】

何晏曰："小道谓异端。"

杨氏曰："百家众技，犹耳目口鼻，皆有所明而不能相通。非无可观也，致远则泥矣，故君子不为也。"

【评析】

老子曾说："天下难事，必做于易；天下大事，必成于细。"惠普创始人戴维·帕卡得也说过："小事成就大事，细节成就完美。"汪中求也说："能做大事的人很少，不愿做小事的人很多。"年轻人要有理想，要有干大事的雄心，但一定要从小事做起，有把小事做细的韧劲。"不积跬步，无以至千里。"所有的细节都是你的"上帝"。只有脚踏实地从小事做起，把细节做好，你才有可能一步步铸就人生的辉煌。

19-5

【原文】

> 子夏曰："日①知其所亡②，月③无忘其所能，可谓好学也已矣。"

【注释】

①日：每天。②亡：指不知道的东西。③月：指每月。

【译文】

子夏说："每天都学习一些过去所不知道的新知识，每月都不要忘记自己所学到的本领。可以说是好学的人啊。"

【历代论引】

刑昺疏曰："《正义》曰：此章劝学也。亡，无也。旧无闻者，当学之，使日知其所未闻。旧已能者，当温寻之，使日月无忘也。能如此者可谓之好学。"

尹氏曰："好学者日新而不失。"

坡公曰："古之学者，其所亡与其所能，皆可以一二数而日月见也。如今世之学，其所亡者果何物，而所能者果何事欤？"

【评析】

这一章讲了子夏强调学习要持之以恒，每天进步。这一点，对我们今天的学习也有很大借鉴作用。学习是一种日积月累的事情，学习贵在坚持，不管学什么，只要不断复习和练习已学的知识，然后再补充新的知识，才能达到学习的目标。也就是说，只要每天都坚持学习，日积月累就可以达到好学了。

19—6

【原文】

子夏曰："博学而笃志，切问①而近思，仁在其中矣。"

【注释】

①切问：问与切身有关的问题。

【译文】

子夏说："广博地学习，并且坚定自己的志向，恳切地向别人请教并且深刻地思考，仁就在这里面了。"

【历代论引】

朱子曰："四者皆学问思辨之事耳，未及乎力行而为仁也。然从事于此，则心不外驰，而所存自熟，故曰'仁在其中矣'。"

苏氏曰："博学而志不笃，则大而无成；泛问远思，则劳而无功。"

【评析】

这一章中，子夏传授了求取学问、提高自己的方法。在这里，子夏的要求有四点"博学、坚持、多疑、多思"。对于学习来说，这四点是非常重要的。但是很少人能全部做到，尤其是后两点。他们往往摆脱不了对名人、名言、伟人、经典的盲目崇拜，也不敢对这些产生怀疑。事实上，那些真正能有所成就的人，往往都是敢于怀疑和敢于思考的人。

19-7

【原文】

子夏曰："百工居肆①以成其事，君子学以致其道。"

【注释】

①肆：作坊。

【译文】

子夏说："各种工匠居住在制造场所来完成他们的工作。君子只有通过勤学才能达到自己所追求的仁道。"

【历代论引】

朱子曰："工不居肆，则迁于异物而业不精。君子不学，则夺于外诱而志不笃。"

尹氏曰："学所以致其道也。百工居肆，必务成其事。君子之于学，可不知所务哉？"

坡公曰："道可致而不可求。""莫之求而自至，斯以为致也欤！"

【评析】

这一章子夏运用了孔子社会分工的思想，说明各类手工业者要经过实践才能完成自己的工作，而君子则要通过学习才能逐渐懂得做人、做事、做学问的道理。

当今社会，一切都在飞速变化当中，"不是我不明白，而是这世界变化太快"。要想适应这个世界的变化，就必须努力学习，而且要掌握学习的方法。学习能力是一个成功者必须具备的能力，是新一代成功人士的第一特质。

19-8

【原文】

子夏曰："小人之过也必文①。"

【注释】

①文：掩饰。

【译文】

子夏说："小人对待自己的过失，必定加以掩饰。"

【历代论引】

朱子曰："小人惮于改过，而不惮于自欺，故必文以重其过。"

【评析】

这一章子夏告诉人们要善于之知过就改，不要掩饰自己的过错。真正的君子从来都不回避自己所犯的错误，勇于承认自己的错误，而小人正好相反，对待自己的过错，总是挖空心思地寻找原因，总是想尽一切办法找出一套似是而非的理由，把过错掩盖起来，推卸自己的责任。因此，要想成为真正的君子，我们一定要勇于承认和改正错误。

19-9

【原文】

子夏曰："君子有三变：望之俨然①，即②之也温，听其言也厉。"

【注释】

①俨然：庄重、严肃的样子。②即：靠近。

【译文】

子夏说："君子给人的感觉有三种不同：远望，庄重肃穆；接近他，容色温和可亲；听其说话，态度严肃。"

【历代论引】

程子曰："他人俨然则不温，温则不厉，惟孔子全之。"

谢氏曰："此非有意于变，盖并行而不相悖也，如良玉温润而栗然。"

【评析】

这一章中，子夏描述了君子的日常生活状态和面貌。这里的"变"，实际上只是同一事物的三种不同的表现形态，并不是变化无常。子夏所言，从根本上说，是一种高尚的道德修养境界，是君子与小人相处的辩证法则。

19—10

【原文】

子夏曰："君子信①而后劳其民；未信，则以为厉己也。信而后谏；未信，则以为谤己也。"

【注释】

①信：取得信任。

【译文】

子夏说："君子要先得到人们的信任，然后再役使百姓；没有建立诚信，百姓就会认为你在危害他们；君子要先得到信任然后劝谏，如果互不信赖，则会被认为是对自己的诽谤。"

朱子曰："事上使下,皆必诚意交孚,而后可以有为。"

坡公曰："盖未信而谏,圣人不与。交浅言深,君子所戒。"

【评析】

子夏认为,不论做什么事情,都要以互相信任为基础,这是做人处世的基本原则。

人际交往,没有互相的信任,就不可能有深层次的沟通,没有真诚的思想沟通,言辞就应当谨慎,以免引起误解。因为,由于误解而造成的成见,对人的伤害是深入骨髓的,对事业前途的影响是严重的。

19—11

【原文】

子夏曰:"大德①不逾闲②,小德③出入可也。"

【注释】

①大德:指大节。②闲:木栅栏,这里指界限。③小德:小节。

【译文】

子夏说:"大节上是不能逾越界限的,小毛病不必过分苛求。"

【历代论引】

朱子曰:"言人能先立乎其大者,则小节虽或未尽合理,亦无害也。"

【评析】

于无声处听惊雷,于细微处见精神。人的修养要从大处着眼,从小处入手,大是小的积累,小是大的基础。

道德的修养就是从日常生活中的每一个细节中体现出来、积累起来的。注重小节，才能保持大节不受玷污。在具体而琐碎的工作和生活中，首先要讲原则、行大事，但绝不能因此而忽视小节。如果不从小事做起，不通过具体实践去改造自己的主观世界，那么干大事、成大业就必将成为一句空话。

因此，我们还是强调，人应该从小德做起，积小德成大德，也就是所谓的"勿以善小而不为，勿以恶小而为之"。

19-12

【原文】

子游曰："子夏之门人小子，当洒扫、应对①进退，则可矣。抑②末也，本之则无。如之何？"子夏闻之，曰："噫！言游过矣！君子之道，孰先传焉？孰后倦焉？譬诸草木，区以别矣。君子之道，焉可诬③也？有始有卒者，其惟圣人乎！"

【注释】

①洒扫：洒水扫地。应对：应为答应，对为回答。这些内容都是待客之礼的必要环节。②抑：但是、不过。③诬：欺骗。

【译文】

子游说："子夏的学生，担当洒水扫地、招待宾客、应酬问答的工作是可以的。但这只是礼仪的末节，对于更深一层的知识则没有学到，像这样怎么行呢？"子夏听到后，说："唉！子游的话说错了！君子之道，什么是应该先传授？哪些是稍后教诲的？譬如草木，是有所区别的。君子之道，怎么可以如此歪曲呢？善始善终的人，那是只有圣人才做得到的嘛！"

【历代论引】

朱子曰："言君子之道，非以其末为先而传之，非以其本为后而倦教。但学者所至，自有浅深，如草木之有大小，其类固有别矣。若不量其浅深，不问其生熟，而概以高且远者强而语之，则是诬之而已。君子之道，岂可如此？

若夫始终本末一以贯之，则惟圣人为然，岂可责之门人小子乎？"

【评析】

这一章记述的是子夏与子游之间的思想争鸣，实际上是子夏在阐明学习包括人生的道德修养，都要循序渐进，由浅入深，有始有终的道理。他们在这里的要求和主张并没有根本的不同，只是教育方法各有自己的路子。

19-13

【原文】

子夏曰："仕而优①则学，学而优则仕。"

【注释】

①优：有余力。

【译文】

子夏说："做官如果有余力就应该潜心学习，学习如果有余力就去任官。"

【历代论引】

朱子曰："优，有余力也。仕与学，理同而事异。故当其事者，必先有以尽其事，而后可及其余。然仕而学，则所以资其仕者益深；学而仕，则所以验其学者益广。"

【评析】

子夏认为，求学与做官，道理相同，都要在自己现有的位置上努力作为。这一点不仅是早期儒家对求学与从政关系的定义，对我们今天也有很好的指导作用。但是，需要强调一点的是：我们现在的学习，并不完全是为了做官，更多地是为了积累知识，也可以是一种娱乐，一种需求。

19-14

【原文】

子游曰：“丧致①乎哀而止。”

【注释】

①致：极致、竭尽。

【译文】

子游说：“丧祭以致达哀痛之情就行了。”

【历代论引】

朱子曰：“致极其哀，不尚文饰也。”

杨氏曰：“‘丧，与其易也宁戚’，不若礼不足而哀有余之意。”

【评析】

子游认为，守丧重在内心的伤悲，而不在于外表的形式。所以子游主张，服丧没有必要在礼文上铺张，在财力上有过多的花费，更没有必要过度哀伤，以至于毁身灭性。推而广之，我们做任何事情都应恰到好处，既要为之，又不要做得过了头。

19-15

【原文】

子游曰：“吾友张也为难能也，然而未仁。”

【译文】

　　子游说："我的好友子张啊，已经难能可贵了。但是仍然没有能够达到仁德的境界。"

【评析】

　　仁的境界是美好的，令人向往，而能有一个勇于负责的朋友，更是十分难得。人之一生，能够结交到一个诚挚的朋友，是幸运的，纵使他的修养没有达到仁德的境界，又有何妨，何必苛求呢？何况我们自己又做到仁了吗？遍观世人，又有多少人能够达到圣人的修养境界呢？只要是对于社会公德要求的事义不容辞地去做了，并勇于负责到底，这就已经难能可贵了，我们有理由为有这样的朋友而自豪。

19-16

【原文】

　　曾子曰："堂堂①乎张也，难与并②为仁矣。"

【注释】

　　①堂堂：形容容仪庄严大方。②并：一起、一同。

【译文】

　　曾子说："威仪端庄的子张啊，是难以与他共同达到仁德的境界的。"

【历代论引】

　　范氏曰："子张外有余而内不足，故门人皆不与其为仁。子曰：'刚、毅、木、讷，近仁。'宁外不足而内有余，庶可以为仁矣。"

【评析】

这一章是讲曾子规劝子张要在仁德上多下功夫，以达到仁的境界。在这里，曾子认为子张言行常有高傲之气，所以自谦地说自己跟不上子张的步伐，难与子张一起达到仁的修养要求。

19-17

【原文】

曾子曰："吾闻诸夫子：人未有自致①者也，必也亲丧乎！"

【注释】

①致：尽其极，指尽情、尽心等。

【译文】

曾子说："我听夫子说：人到情不能自已时，那肯定是丧失了自己的亲人的时候啊！"

【历代论引】

尹氏曰："亲丧固所自尽也，于此不用其诚，恶乎用其诚？"

【评析】

只有当事情降临到自己的头上，无可回避，需要直接面对的时候，这时才能够真正体悟出做人的哲理。只有经受了那种强加的无可奈何的挫折之后，才能体会到那种无可言说的苦衷，也只有在经历了人生的磨难历练之后，才能深深地体察到人生的真谛。

19-18

【原文】

曾子曰："吾闻诸夫子：孟庄子①之孝也，其他可能也；其不改父之臣与父之政，是难能也。"

【注释】

①孟庄子：姓仲孙，名速。鲁国世袭的大夫。其父献子，名蔑。

【译文】

曾子说："我曾听夫子说：孟庄子有孝行，其他方面别人也可能做到；而他仍然任用父亲的臣子并且能够遵循父亲的治国之道，这是别人难以做到的啊。"

【历代论引】

朱子曰："献子有贤德，而庄子能用其臣，守其政。故其他孝行虽有可称，而皆不若此事之为难。"

【评析】

一个人对父母家庭有真感情，那么也必然有坚定的敬业精神，对自己所担负的责任能够始终如一地负责，具有责任感。孟庄子是一个真孝子，他对于父母的孝行不仅做到了一般人都能做得到的一切，而且做到了别人最难做到的。他在承袭父亲的爵位以后，仍然能够忠于前辈制定的路线，继续执行，并且能够继续任用其父执的人，"无改于父之道"，这是值得人们敬服的。由此可见，他是一个忠诚于自己职责的治国良臣。

事业总是有继承才有发展，创新总是在继承的基础之上将有益的事业继续下去并努力做得更好，而不是一味地否定。只有怀着为前人锦上添花、为前人树德的衷心才是真正的创新者，才是无私地为民谋利者，才能够将事情做得更好。

19-19

【原文】

> 孟氏使阳肤①为士师，问于曾子。曾子曰："上失其道，民散②久矣。如得其情，则哀矜而勿喜。"

【注释】

①阳肤：曾子弟子。②民散：指民心离散、想要背叛。

【译文】

孟孙氏任用阳肤做执法的狱官，阳肤向曾子请教。曾子说："执政的人早已不按正道行事，致使民心离散的时间很长了。如果你能够审理出老百姓所蒙受的冤情，自然应该深怀怜悯，而不应该扬扬得意。"

【历代论引】

谢氏曰："民之散也，以使之无道，教之无素。故其犯法也，非迫于不得已，则陷于不知也。故得其情，则哀矜而勿喜。"

【评析】

这一章是讲曾子告诫阳肤，要他在身处乱世时，注意体恤民情。曾子的话，出于一片仁心，最为可贵。这种思想是符合早期儒家思想的，因为早期儒家就不主张以暴制暴，而主张革新弊政，发扬德政，从根本上消除犯罪的社会基础。因此，我们对待犯人要教育改造，动之以情，使他们从罪恶的泥潭中走出来，重新做人。

【原文】

子贡曰："纣①之不善，不如是之甚也。是以君子恶居下流②，天下之恶皆归焉。"

【注释】

①纣：商朝的最后一个国君。名辛，暴虐无道，为周武王所灭。"纣"是谥号。②下流：这里指众恶所归之处。

【译文】

子贡说："纣王的暴虐，没有传说中的如此严重。所以君子憎恶处于众恶所归的下流之处，一旦处于下流之处，天下所有的坏事就都集中到他身上了。"

【历代论引】

朱子曰："子贡言此，欲人常自警省，不可一置其身于不善之地；非谓纣本无罪而虚被恶名也。"

【评析】

在这里子贡也不是为纣王辩解，而是要告诫君子们为人处世一定要小心谨慎。

其实，一个人是好人还是坏人，不能单凭他做过一件好事还是坏事来判定，这是不客观、不公平的。看待一个人的好坏我们要从实际出发，千万不能因为一个人做过一件坏事就把他曾经的好一概予以否认；也不能因为一个人做过一件好事，就把他塑造成一个完美的榜样。

论语全集

19-21

【原文】

子贡曰："君子之过也，如日月之食^①焉：过也，人皆见之；更^②也，人皆仰之。"

【注释】

①日月之食：指日食、月食。②更：改过。

【译文】

子贡说："君子的过失就像日食月食：所犯的过错，谁都看得见；改了错误，谁都敬仰。"

【历代论引】

坡公曰："圣贤举动，明白正直，不当如是耶？所用之人，有邪有正。所做之事，有是有非。是非邪正，两言而足，正则用之，邪则去之，是则行之，非则改之。"

【评析】

这一章子贡论述孔子关于"过"的观点，语言生动形象，颇有意味。人的智慧是有限的，所以没有不犯错误的人。因此，犯了错误，还是坦率地承认比较好，然后从错误中吸取教训，避免以后再犯，这才是正确对待错误的方法和态度。

【原文】

卫公孙朝①问于子贡曰："仲尼焉学？"子贡曰："文、武之道，未坠于地②，在人。贤者识其大者，不贤者识其小者。莫不有文、武之道焉。夫子焉不学？而亦何常师之有？"

【注释】

①公孙朝：卫国大夫。②坠于地：指失传。

【译文】

卫国大夫公孙朝问子贡："仲尼的学问是从哪里得来的？"子贡说："文王、武王的治道，没有失传，而流传在人世之间。贤德的人理解并记述了其中重要的部分，德才不足的人理解记述了其中的一小部分。因而到处都有文武治道，夫子在哪里不能学呢？夫子又何必一定要有固定的老师呢？"

【评析】

在这一章，子贡认为求学不必有固定的老师，这一点是值得我们学习的。

我们现在的一些家长和学生，往往把学生成绩不好的原因归结为没有好的老师或没有好的学习环境，于是家长千方百计给孩子请各种家教，想方设法让孩子进名校，其结果往往会适得其反。事实上，不管我们在什么样的环境学习，只要留心观察、认真学习、深入思考，就能发现知识无处不在。

19-23

【原文】

叔孙武叔①语大夫于朝，曰："子贡贤于仲尼。"子服景伯以告子贡。子贡曰："譬之宫墙②：赐之墙也及肩，窥见室家之好。夫子之墙数仞③，不得其门而入，不见宗庙之美，百官④之富。得其门者或寡矣。夫子之云，不亦宜乎！"

【注释】

①叔孙武叔：姓叔孙，名州仇，谥武。春秋时鲁国大夫。②宫墙：宫，也是墙。围墙。③仞（rèn）：古代度量单位，七尺或八尺为一仞。④官：这里指房舍。

【译文】

叔孙武叔在朝廷上对大夫说："子贡比仲尼贤能。"子服景伯把这句话告诉了子贡。子贡说："拿房屋的围墙做比喻吧，我家的围墙只有一个人的肩膀那么高，谁都可以探望到房屋的美好。夫子的墙壁高出万仞，如果找不到门进入，则看不见宗庙的华美、房舍的富丽。能够找到门的人是很少的啊。叔孙武叔的话不也是很自然的吗？"

【评析】

这一章通过子贡的自谦之话，既肯定了自己的才能，又说明了圣道的高深莫测，不是一般人所能理解的。

人贵有自知之明，谦虚为本。不能因为某一个人的赞扬而忘乎所以，也不能因为一时的成就而自视天下第一，更不能以其受到时人的推崇而忘本，自然也不能因为某人的否定而失去自信，尤其不能因为某人的否定而沮丧，放弃努力。青虽出于蓝，而未必胜于蓝。而真正胜于蓝者，则总以为己不如蓝。

19-24

【原文】

叔孙武叔毁仲尼。子贡曰："无以①为也，仲尼不可毁也。他人之贤者，丘陵也，犹可逾也。仲尼，日月也，无得而逾焉。人虽欲自绝，其何伤于日月乎？多②见其不知量也！"

【注释】

①以：此、这样。②多：用作副词，只是的意思。

【译文】

叔孙武叔诋毁仲尼。子贡说："没有用啊，仲尼是不可能被毁谤得了的。其他人的贤德啊，就像是丘陵一样，是能够超越的。仲尼的仁德，如同日月，不可能逾越啊。人们即使要自绝于日月，他的行为对日月又能有什么伤害呢？反而让更多的人知道他是多么的不知自量啊！"

【评析】

在这一章里，叔孙武叔又一次诋毁孔子，所以子贡就以比喻论证对老师的崇敬，以及对其地位和威望的维护。

毁谤别人，其实是自损其德。重要的是修养自己的品德，提高自己的才能，不要以诋毁、否定他人来显示自己。有德者相得益彰，无能者互相拆台。认真地做好自己的事情，没有必要因为别人超过自己而使绊子、搞小动作，徒耗精力，招致世人的厌恶。充分发挥自己的才能，做出一点成绩，同样是令人尊敬的。没有必要时时处处与他人比较，更没有必要因为一时的利害而耿耿于怀。嫉妒是无能者的凶器，奋斗是有为者的阶梯。

19—25

【原文】

陈子禽谓子贡曰："子为恭①也，仲尼岂②贤于子乎？"子贡曰："君子一言以为知，一言以为不知，言不可不慎也。夫子之不可及也，犹天之不可阶而升也。夫子之得邦家者，所谓立之斯立，道③之斯行，绥④之斯来，动之斯和。其生也荣，其死也哀。如之何其可及也！"

【注释】

①恭：谦让、恭敬。②岂：难道。③道：通"导"，引导。④绥（suí）：安

抚、安定。

【译文】

陈子禽对子贡说："你对仲尼太恭敬了吧，仲尼难道能比您更贤明吗？"子贡说："君子一句话可以认为是充满智慧的，一句话也可能是不明智的，所以说话不能不谨慎啊。夫子的修养不可企及，就好像青天不可能用梯子爬上去一样。夫子如果得到任用，正所谓立其所当立，引导人们，则能够立即奉行，让远来归附的人安居乐业，鼓舞动员人们，则能得到同声应和。他活着的时候十分荣耀，他死后令人哀痛不已。像这样的人，谁又能够赶得上呢！"

【历代论引】

程子曰："此圣人之神化，上下与天地同流者也。"

谢氏曰："观子贡称圣人语，乃知晚年进德，盖极于高远也。夫子之得邦家者，其鼓舞群动，捷于桴鼓影响。人虽见其变化，而莫窥其所以变化也。盖不离于圣，而有不可知者存焉，此殆难以思勉及也。"

【评析】

这一章中，子贡再次论说了孔子学问的博大精深，人格的高尚伟大，用以表达自己对孔子的敬仰崇拜之情。

尧曰第二十

20-1

【原文】

尧曰："咨！尔舜！天之历数①在尔躬，允②执其中。四海困穷，天禄永终。"舜亦以命禹。曰："予小子履③敢用玄牡④，敢昭告于皇皇⑤后帝：有罪不敢赦。帝臣⑥不蔽，简⑦在帝心。朕躬有罪，无以万方；万方有罪，罪在朕躬。"周有大赉⑧，善人是富。"虽有周亲，不如仁人。百姓有过，在予一人。"谨权量⑨，审法度，修废官，四方之政行焉。兴灭国，继绝世，举逸民，天下之民归心焉。所重：民、食、丧、祭。宽则得众，信则民任焉，敏则有功，公则说。

【注释】

①天之历数：这里指帝王相继的次第。②允：真诚、诚信。③履：商汤的名字。④玄牡：黑色的公牛。⑤皇皇：伟大的。⑥帝臣：天帝之臣，汤自称。⑦简：阅，这里指知道。⑧赉（lài）：赏赐。⑨权量：权，秤砣，指量轻重的标准。量，斗斛，指量容积的标准。

【译文】

尧训诫说："啊！虞舜！帝业的重任已经落到你身上了。要真诚地操守那正确的道路。如果天下的百姓陷入贫困，上天赐给你的禄位就会永远的终结。"舜也以同样的训辞授命夏禹。商汤说："我这个天帝的儿子，谨用黑色的公牛做祭品，明明白白地告诉伟大的天帝：我这个有罪之人，不敢轻易赦免。天帝的臣下如果有罪过也不敢掩盖，这些都记在你天帝的心里。我如果有

论
语
全
集

罪，不要因此连累天下万方；如果天下万方有罪，罪过全在我一人身上。"周朝大赏诸侯，善人因此富了起来。"即使有近亲，不如有仁德之人。百姓有什么过错，罪责全在我身上。"严格地检验和审定度量度标准，修振废弃了的官职责任，则天下政治自然清明顺治了。复兴被灭亡的国家，接续断绝的后代，举用隐逸的贤人，天下的民心就会归服了。要重视的事情是：百姓、粮食、丧事、祭祀。宽厚就能得到民众的拥护，诚信就能得到民众的信任，勤勉就会取得功绩，公平就会使民众心悦诚服。

【历代论引】

《吕氏春秋》曰："昔殷汤克夏，而天下大旱，五年不收。汤乃以身祷于桑林曰：'余一人有罪，无及万方。万方有罪，在予一人。无以一人之不敏，使上帝鬼神伤民之命。'于是剪其发，丽其手，自以为牲，用祈福于上帝。民悦，雨乃大至。"

【评析】

这一章阐发了历代圣明君主的遗训。孔子对三代以来的美德善政作了高度的概括，是道德的至高境界，是做人为政的要旨，也是全书精义所在。

圣人"所重：民、食、丧、祭"。圣人所孜孜以求的目的在于养民，使民安居，使老百姓丰衣足食。换言之，政治的重点就是养生送死。也就是说，必须认真面对群众的疾苦，面对群众的生活。如此我们才能受到人民的拥戴，我们的德绩才能得到上天的垂青，才能得到上天的佑护。

20-2

【原文】

子张问于孔子曰："何如斯可以从政矣？"子曰："尊五美，屏①四恶，斯可以从政矣。"子张曰："何谓五美？"子曰："君子惠而不费，劳而不怨，欲而不贪，泰而不骄，威而不猛。"子张曰："何谓惠而不费？"子曰："因②民之所利而利之，斯不亦惠而不费乎？择可劳而劳之，又谁怨？欲仁而得仁，又焉贪？君子无众寡，无小大，无敢慢，斯不亦泰而不骄乎？君子正其衣冠，尊其瞻视，俨然人望而畏之，斯不亦威而不猛乎？"子张曰："何谓四恶？"子曰："不教而杀谓之虐；不戒视成谓之暴；慢令③致期④谓之贼；犹之与人也，出纳之吝，谓之有司。"

【注释】

①屏：除去。②因：根据、依靠。③慢令：命令松懈。④致期：期限紧迫。

【译文】

子张问孔子："怎样做就可以从事政事呢？"孔子说："尊重五种美德，排除四种恶行。如此就可以从事政务了。"子张问道："什么叫作五种美德？"孔子说："有德行的人给人恩惠但不浪费钱财，役使百姓却不会让百姓抱怨，有所追求而不贪心，安然处事而不骄恣，威严却并不粗鲁。"子张又问："怎样做才能给予恩惠但又不耗费财物呢？"孔子说："从百姓的利益出发让他们得到利益，这不就是给予恩惠却又不必破费吗？选择对老百姓有益的事去做，虽然劳苦，又有谁会抱怨呢？想施行仁德就得到了仁，又何必去贪图其他呢？君子无论人多人少，无论势力大小，从不敢怠慢，这不也是安泰而不骄傲吗？使自己的衣帽整齐，目不斜视，庄重威严使人望而有所畏惧，这不就是威严而又不凶猛吗？"子张又问："那么什么是四种恶行呢？"孔子说："不加以教育便杀戮叫作暴虐；不加以申诫便要求做出成绩叫作欺凌；起先怠惰，突然限期完成叫作狠毒；同样是给人以财物，却出手吝啬，叫作小家子气。"

【历代论引】

尹氏曰："告问政者多矣，未有如此之备者也。故记之以继帝王之治，则夫子之为政可知也。"

【评析】

这是子张向孔子请教为官从政的要领。这里孔子提出了崇尚五种美德，排除四种恶政，既有正面的要求，也有负面的告诫。而这五美四恶，写出了治国安邦的大道理，不仅对当时有用，而且足可以成为千古之垂训，执政者能受益终身。

执政官员任期内有无政绩、政绩大小，最终应当由群众评价，应通过实践的结果来检验，由历史来做结论。只要是真心为群众办事，给群众谋福利，必然会得到百姓的拥戴。那种好为"政绩"而不顾客观，依靠行政命令强制实施的劳民伤财的形象工程，必然会被群众抵制，尤其是为了个人的升迁而大搞瞒上欺下，玩弄权术，必然引起人们的愤慨。那种急功近利、极尽心思搞"显性政绩"的"政绩观"贻害无穷，必将导致群众生活更加贫困。奉劝那些急于出政绩而搞"政绩"者有所警惕。有无政绩，关键在于：是否全心全意地为群众谋利益。

20–3

【原文】

孔子曰："不知命，无以为君子也。不知礼，无以立也。不知言，无以知人也。"

【译文】

孔子说："不懂得命运，就不能称其为君子。不懂得礼仪，就不能立身处世。不能分辨别人的话语，就无法理解别人。"

【历代论引】

程子曰："知命者，知有命而信之也。人不知命，则见害必避，见利必趋，何以为君子？"

尹氏曰："知斯三者，则君子之事备矣。弟子记此以终篇，得无意乎？学者少而读之，老而不知一言为可用，不几于侮圣言者乎？夫子之罪人也！可不念哉？"

【评析】

　　这一章中，孔子阐述论说了关于做人处世的三个知识。在孔子看来，由自然时势形成的事物发展的必然取向就是"命"，是常说的"天命"。所以，在这里孔子说，只有认识到"命"，才有资格做君子。

　　孔子说的"天命"就是时势时务，就是潮流，一种必然趋势。我们应该以顺应时代趋势作为立身处世、成事谋业的基本依据。这对于我们立身做人，尤其在面临人生抉择和大事危局的时候，具有很强的指导意义。

中华传统文化核心读本书目

【处世经典】

《论语全集》

享有"半部《论语》治天下"美誉的儒家圣典
传世悠久的中国人修身养性安身立命的智慧箴言

《大学全集》

阐述诚意正心修身的儒家道德名篇
构建齐家治国平天下体系的重要典籍

《中庸全集》

倡导诚敬忠恕之道修养心性的平民哲学
讲求至仁至善经世致用的儒家经典

《孟子全集》

论理雄辩气势充沛的语录体哲学巨著
深刻影响中华民族精神与性格的儒家经典

《礼记精粹》

首倡中庸之道与修齐治平的儒家经典
研究中国古代社会情况、典章制度的必读之书

《道德经全集》

中国历史上最伟大的哲学名著，被誉为"万经之王"
影响中国思想文化史数千年的道家经典

中华传统文化核心读本书目

《菜根谭全集》

旷古稀世的中国人修身养性的奇珍宝训
集儒释道三家智慧安顿身心的处世哲学

《曾国藩家书精粹》

风靡华夏近两百年的教子圣典
影响数代国人身心的处世之道

《挺经全集》

曾国藩生前的一部"压案之作"
总结为人为官成功秘诀的处世哲学

《孝经全集》

倡导以"孝"立身治国的伦理名篇
世人奉为准则的中华孝文化经典

【 成功谋略 】

《孙子兵法全集》

中国现存最早的兵书，享有"兵学圣典"之誉
浓缩大战略、大智慧，是全球公认的成功宝典

《三十六计全集》

历代军事家政治家企业家潜心研读之作
中华智圣的谋略经典，风靡全球的制胜宝鉴

中华传统文化核心读本书目

《鬼谷子全集》

风靡华夏两千多年的谋略学巨著
成大事谋大略者必读的旷世奇书

《韩非子精粹》

法术势相结合的先秦法家集大成之作
蕴涵君主道德修养与政治策略的帝王宝典

《管子精粹》

融合先秦时期诸家思想的恢弘之作
解密政治家齐家治国平天下的大经大法

《贞观政要全集》

彰显大唐盛世政通人和的政论性史书
阐述治国安民知人善任的管理学经典

《尚书全集》

中国现存最早的政治文献汇编类史书
帝王将相视为经时济世的哲学经典

《周易全集》

八八六十四卦，上测天下测地中测人事
睥睨三千余年，被后世尊为"群经之首"

中华传统文化核心读本书目

《素书全集》

阐发修身处世治国统军之法的神秘谋略奇书
以道家为宗集儒法兵思想于一体的智慧圣典

《智囊精粹》

比通鉴有生活，比通鉴有血肉，堪称平民版通鉴
修身可借鉴，齐家可借鉴，古今智慧尽收此囊中

【文史精华】

《左传全集》

中国现存的第一部叙事详细的编年体史书
在"春秋三传"中影响最大，被誉为"文史双巨著"

《史记·本纪精粹》

中国第一部贯通古今、网罗百代的纪传体通史
享有"史家之绝唱，无韵之离骚"赞誉的史学典范

《庄子全集》

道家圣典，兼具思想性与启发性的哲学宝库
汪洋恣肆的传世奇书，中国寓言文学的鼻祖

《容斋随笔精粹》

宋代最具学术价值的三大笔记体著作之一
历史学家公认的研究宋代历史必读之书

中华传统文化核心读本书目

《世说新语精粹》

记言则玄远冷隽，记行则高简瑰奇
名士的教科书，志人小说的代表作

《古文观止精粹》

囊括古文精华，代表我国古代散文的最高水准
与《唐诗三百首》并称中国传统文学通俗读物之双璧

《诗经全集》

中国第一部具有浓郁现实主义风格的诗歌总集
被称为"纯文学之祖"，开启中国数千年来文学之先河

《山海经全集》

内容怪诞包罗万象，位列上古三大奇书之首
山怪水怪物怪，实为先秦神话地理开山之作

《黄帝内经精粹》

中国现存最早、地位最高的中医理论巨著
讲求天人合一、辨证论治的"医之始祖"

《百喻经全集》

古印度原生民间故事之中国本土化版本
大乘法中少数平民化大众化的佛教经典